Liebe Mila

Wir sind alle
Menschen
Wir sind alle gleich

DROEMER

ÜNSAL ARIK

ALMAN VS. KANAKE

DER KAMPF GEGEN DEUTSCHE, TÜRKEN UND MICH SELBST

In Zusammenarbeit mit
Hendrik Heisterberg

DROEMER

Besuchen Sie uns im Internet:
www.droemer-knaur.de

Aus Verantwortung für die Umwelt hat sich die Verlagsgruppe
Droemer Knaur zu einer nachhaltigen Buchproduktion verpflichtet.
Der bewusste Umgang mit unseren Ressourcen, der Schutz unseres Klimas und
der Natur gehören zu unseren obersten Unternehmenszielen.
Gemeinsam mit unseren Partnern und Lieferanten setzen wir uns für
eine klimaneutrale Buchproduktion ein, die den Erwerb von Klimazertifikaten
zur Kompensation des CO_2-Ausstoßes einschließt.
Weitere Informationen finden Sie unter: www.klimaneutralerverlag.de

FSC www.fsc.org MIX Papier aus verantwortungsvollen Quellen FSC® C014496

Originalausgabe März 2023

Redaktion: dots & plots by Lisa Bitzer & Björn Rustemeyer
Dieses Werk wurde vermittelt durch die
AVA international GmbH Autoren- und Verlagsagentur, München.
www.ava-international.de
Covergestaltung: Isabella Materne nach einer Idee von Stolli
Coverabbildung: Lars Walther
Alle Fotos im Innenteil: Archiv Ünsal Arik außer S. 4 Mitte Felix Jung,
Mittelbayerische Zeitung; S. 6 unten Mittelbayerische Zeitung;
S. 8 imago images/kolbert-press/Burghard Schreyer
Satz: Adobe InDesign im Verlag
Druck und Bindung: GGP Media GmbH, Pößneck
ISBN 978-3-426-27903-8

2 4 5 3 1

ALMAN VS. KANAKE

PROLOG

STAREDOWN – GHANA 2011

Der Kopf dröhnt, alles klebt vor Schweiß. Du kannst nur durch den Mund atmen, der Krach und der Gestank im Gedränge bringen dich halb um. Du folgst Lord, dem Guide, über den Basar, durch die Massen lächelnder Schwarzafrikaner in bunten Klamotten. Wirst gemustert. Angelacht. Angefasst. Dealer und Geldwechsler an den Ecken rufen dir nach, machen Klick- und Zischlaute mit dem Mund. Die wollen erst Aufmerksamkeit, dann Geld, so läuft es überall. Frauen kommen dir entgegen, balancieren riesige Pakete auf den Köpfen, Kinder an beiden Händen. Links und rechts der Straßen stehen Männer, alte und junge, die einfach nur rumhängen.

»Niemals allein aus dem Hotel gehen, zu gefährlich«, sagt Lord. »Passt auf euer Zeug auf!«

Ohne Guide wären mein Trainer Juri und ich komplett verloren in diesem Chaos aus Menschen und Marktständen. Drei, vier Jungs kommen angerannt und ballen die Fäuste. »Hey, Boxer! Boxer!« Jetzt erkennen mich schon irgendwelche Teenager in Accra auf der Straße. Nur wegen einem Bild in der Zeitung, als wäre ich Muhammad Ali oder sonst wer. Die haben meinen einzigen Profikampf nicht gesehen. Die checken nicht, dass Ghana meine letzte Chance ist. Wenn ich morgen verliere, ist meine Boxkarriere vorbei. Dann sind die 10 000 von Hayri im Arsch, und ich gehe zum Jobcenter.

Lord führt uns in eine Seitengasse voller brauner Pfützen. Links und rechts türmen sich Müll und Pappkartons. Ein nacktes Kind kackt in ein Erdloch. Gleich daneben rupft eine Frau ein Huhn. Die Gasse wird zwischen den Wellblechhütten so eng, dass wir seitwärts gehen müssen. Weiter, immer weiter, zur nächsten größeren Straße, vorbei an abgefuckten Autos und überladenen Mopeds. Schwarze Männer, Frauen und Kinder hocken am Straßenrand im Dreck. Kein Plan, ob sie betteln oder auf irgendwas warten.

30 Minuten Fußmarsch, dann erreichen wir die Moschee, das erste schöne Gebäude heute, sauber, grün gestrichen, keine kaputten Fenster. Es geht eine Treppe hoch, wir hören den Ruf zum Freitagsgebet. Drinnen wieder Gedränge. Ich ziehe meine Schlappen aus und wasche mich, wie jeder gute Muslim.

Die Gläubigen hocken dicht an dicht auf ihren Teppichen. Es stinkt nach Schweiß und alten Männern. Man kann sich nicht zu Boden werfen, ohne an den Füßen des Vordermanns zu riechen. Die Luft steht. Ich schließe die Augen, versuche, mich auf das Gebet zu konzentrieren. Folge den Worten des Imams. »Allahu akbar.« Ich erhebe mich. Bitte Allah um Kraft für meinen Kampf.

Doch irgendwas irritiert mich. Irgendwas ist falsch, aber ich komme nicht drauf. Der Imam wechselt zu Englisch, dann spricht er eine andere Sprache. Was stimmt hier nicht?

Alle werfen sich nieder. Mein Blick fällt auf zwei Männer rechts neben mir, und ich weiß, was mich stört: Die folgen nicht dem Imam wie alle anderen. Die sind auch nicht zu den Worten »Allahu akbar« aufgestanden. Die beten anders, scheißen auf die Vorgaben, hocken da und legen die Hände aneinander. Was ist hier los?

Ich stehe auf, obwohl es verboten ist. Keiner merkt es, ich drehe mich einmal im Kreis. Da, noch einer. Und da, ein Scheißkreuz auf der Brust. Was haben Christen hier zu suchen? Das sind Ungläubige, die müssen in der Hölle brennen! Reiß dich zusammen. Fokus aufs Gebet, lass dir nichts anmerken! Ich knie nieder, aber es ist vorbei. Habe vergessen, wozu ich hergekommen bin, denke nicht mehr ans Boxen, steigere mich rein in meine Wut.

»Allahu akbar.«

Los, hoch mit dir, du Hund, denke ich, Allah ist groß! Was machst du ungläubiger Hurensohn in meiner Moschee? Das ist mein Islam, mein Glaube! Du verfickter Bastard wirst in der Hölle schmoren, draußen im Dreck, da kannst du beten, da gehörst du hin, nicht hierher.

So geht es ab in meinem kranken Hirn. Wieso beten hier Ungläubige? Warum stört das keinen? Das ist eine islamische Moschee! Da stehen Koranverse an den Wänden! Was haben diese respektlosen Hurensöhne hier verloren? Das Ende des Gebets bekomme ich gar nicht richtig mit. Mein Kopf rotiert. Ich wollte Klarheit, jetzt ist da nur noch Verwirrung.

Ich muss eigentlich zu meinen Leuten nach draußen, aber in mir brodelt es. Will das nicht einfach schlucken, will verstehen, was hier abläuft. Drängle mich durch nach vorn, muss das jetzt klären. Die Leute merken was, machen mir Platz, haben Schiss, dass es Ärger gibt. Als würde ich in einer Moschee zuschlagen! Dann stehe ich vor dem Imam, blicke in seine großen schwarzen Augen.

Wisst ihr hier nicht, wie Islam funktioniert, will ich sagen, hier läuft was falsch! Versuche es mit meinem katastrophalen Englisch: »Excuse me, why … the other peoples … they make so …«

Ich kann es nicht, finde keine Worte, das macht mich noch wütender, ich werde immer lauter. Keiner sagt was. Alle

Köpfe in meine Richtung gedreht, die weißen Augen. Sie schauen mir zu, wie ich hilflos rumfuchtle, stottere, schreie und schimpfe. Allah, Kirche, Jesus … was soll das?

Schließlich nimmt der Imam meine Hand und nickt. Seine Hände sind so groß und rau, dass meine darin aussieht wie die eines kleinen Jungen. Warum sagt er nichts? Kein Standardtext, Allah, der Barmherzige, der Große, der alles sieht und verzeiht … und so weiter. Dieser Mann starrt mir in die Augen, dass es schon anfängt, mich zu nerven. Wie er immer näher kommt, bis sich unsere Nasen beinahe berühren, bis ich seinen Atem spüre, und er sagt immer noch kein Wort.

Dann sind wir zwei plötzlich allein. Ich weiß nicht, ob das Hypnose ist oder irgendein verfickter Trip. Kriege nichts mehr mit vom Lärm und vom Gestank. Da sind keine anderen Leute. Kein Stress, kein Druck. Nur noch wir beide. Bloß noch diese zwei großen dunklen Augen mit meinem Spiegelbild darin.

Wen sieht der Mann? Den Boxprofi kurz vorm K. o.? Den aggressiven Türken, den Deutschlandhasser? Den Vater ohne Sorgerecht? Den kriminellen, obdachlosen Junkie? Oder einen ganz anderen Ünsal, den noch keiner kennt? Ich weiß nicht, wie lange wir so dastehen. Vielleicht eine Minute, vielleicht zehn. Dann bewegen sich endlich seine Lippen. Von irgendwoher höre ich seine sanfte, aber feste Stimme.

»Brother.« Ganz leicht drückt er meine Hand. »Bread. Water. Peace.«

Er nickt mir zu, als wüsste er Bescheid über mich. Als hätte er mich komplett durchschaut, als würde er mich besser kennen als mein eigener Vater. Mir steckt noch was im Hals, aber ich kann nichts sagen. Es dauert noch mal eine gefühlte Ewigkeit, bis er mich einfach stehen lässt und geht. Seine Worte sacken. Brennen sich ein, bleiben in meinem Kopf.

Brot, Wasser, Frieden. Mehr braucht es nicht, denke ich. Mehr brauchen wir nicht.

Als ich wieder klar im Kopf bin, habe ich die Moschee längst verlassen. Hier draußen sind nur Minuten vergangen, aber meine Welt hat sich gerade komplett gedreht. Alles ist neu. Das hier ist nicht das Ende. Das hier ist ein neuer Anfang.

RUNDE I

MIT HARTEN BANDAGEN

Du stehst allein im Dunkeln, und sie sagen deinen Namen. Wenn deine Musik beginnt und du den schweren Gang zum Kampf antrittst, liegt der härteste Teil des Weges schon hinter dir. Die Scheiße mit dem Geld. Die schlaflosen Nächte. Die endlosen Stunden im Hotel, in denen du dir den Kopf zerbrichst, Selbstgespräche führst. Du stehst noch nicht mal im Ring und bist jetzt schon so fertig, dass du am liebsten wieder abhauen würdest. Dieser Kampf kann dein letzter sein. Es geht um alles.

Tausende Erdoğan-Fans warten nur darauf, dass du versagst, damit sie dir ihren ganzen Hass in die Kommentare rotzen können. »Du lächerlicher kleiner Alman warst schon immer ein beschissener Boxer, such dir mal einen richtigen Gegner! Aber dazu fehlt dir ja der Mut, weil er dich sofort vernichten würde. Große Fresse, nichts dahinter, geh arbeiten, du Hund.« So pissen sie dich an, jeden Tag.

Was, wenn sie recht haben? Was, wenn ich verliere?

Dann kann ich nicht mehr weitermachen. Dann bin ich am Arsch, dann verdiene ich kein Geld mehr, und die lachen mich aus. Zu Hause sitzt mein Vater, der kann dann keinem mehr ins Gesicht schauen. Ich weiß, wie die Türken ticken. Sie werden ihn ansprechen. Besonders die, die sonst nie mit ihm re-

den. »Na, hat dein Haustürkensohn endlich auf die Fresse bekommen? Richtig so.«

***

Seit zwei Wochen sind wir zurück aus Ghana, unsere Haut immer noch leicht gebräunt, nur mein Trainer Juri wirkt blass. Man sieht ihm seine Sorgen an. Es geht ums Ganze, für jeden von uns. Wir haben alles aufs Boxen gesetzt, jetzt müssen wir liefern. Und das werden wir. Vor einer Stunde habe ich einen in Koblenz umgehauen, K. o. in der zweiten Runde. Ohne Dusche ging es direkt weiter nach Köln, umziehen während der Fahrt in Dalibors altem 180er Benz. Noch einmal gewinnen, und ich darf in Regensburg um den GBA-Gürtel boxen.

Seit der Blamage in meinem ersten Profikampf habe ich mich monatelang mit öffentlichen Ansagen zurückgehalten, jetzt pokere ich wieder höher. Erzähle rum, dass ein Highlight kommt, dass ich zu Hause um einen Titel boxe, live bei Eurosport.

Mama ist hin und weg. Sie ruft alle Nachbarn an, als Erstes die, die sie nicht mag: »Mein Sohn boxt im Fernsehen um die deutsche Meisterschaft. In 14 Tagen. Wollte ich euch nur mitteilen.« Sie ist so stolz. Diesmal glaubt sie fest an mich. Wie viel haben wir dagegen früher wegen meiner Fußballkarriere gestritten? Egal wie gut ich gespielt habe, sie war nie überzeugt. Hat nie verstanden, wie Papa sich damals für mich reingehängt hat. Fürs Boxen ist sie Feuer und Flamme, dafür ist jetzt Papa skeptisch.

Der Kampf in Köln kostet wenig, vier Runden, nur 800 Euro. Dalibor, Juri und ich kratzen das Geld irgendwie zusammen. Dali bezahlt lieber einen Kampf als eine Autoreparatur. Nachvollziehbar. Mitten in einer Baustelle fängt der

Kühler an zu kochen, wir sollten Wasser drüberkippen, aber es gibt keinen Seitenstreifen. Nach wenigen Minuten dampfen wir wie eine Shisha und bleiben liegen, niemand kann vorbei, wir müssen raus und schieben. Darüber können wir noch lachen.

Nach einer Stunde läuft der Wagen wieder, und wir schaffen es gerade noch rechtzeitig zum Wiegen. Sehen uns die Halle an, dann schlägt die Müdigkeit zu.

»Wie lange fahren wir zum Hotel?«, frage ich Dalibor.

»Jungs …« Er holt tief Luft. Ich kenne diesen Blick. »Jungs, wir haben kein Geld mehr für ein Hotel.«

Juri flucht auf Russisch, ich auf Türkisch.

»Und wo schlafen wir, Mann?«

Dalibor zeigt auf sein Auto. Typisch, mit so was erst kurz vorm Kampf rauszurücken, wenn du nicht mehr Nein sagen kannst. Bei ihm musst du immer mit Überraschungen rechnen.

Trotzdem bin ich nicht lange sauer. Dali ist mehr als ein Manager – er ist ein Magier. Afrika war seine Idee, ein Geniestreich. Ünsal Arık bringt drei Siege durch K. o. nach Hause, die Presse beißt an, plötzlich bin ich wieder im Gespräch. Diese kleinen Wunder verdienen Respekt, auch bei einem, der noch kein Topmanager ist. Der noch keine riesigen Summen beschaffen kann. Soll wegen so was alles scheitern?

Wir parken direkt vor der Halle, Abendessen fällt aus. Dalibor und Juri sitzen vorn, ich lege mich auf die Rückbank und versuche zu entspannen. Es wird dunkel. Es wird kalt. Dali lässt den Motor laufen, aber nicht zu lange, um Sprit zu sparen. Ein paarmal nicke ich ein, bis mich sein Schnarchen wieder weckt. So soll ich morgen boxen. Verliere ich, zerbricht alles, dann bin ich für meine Mutter wieder dieser Versagersohn, dann ist sie blamiert, dann geht gleich wieder das Geläster los.

Wir schlafen schlecht, wenn überhaupt. Morgens um sechs werden wir wach, alle schlapp, alle steif. Es riecht wie im Viehstall. Dalibor organisiert uns irgendwo Studentenfutter. Bis wir in die Halle können, müssen wir zehn Stunden totschlagen. Zeit – einer der härtesten Gegner überhaupt. Die Warterei killt mich, ich drehe halb durch. Nachmittags um fünf lässt mich der Supervisor endlich in die Kabine, ich mache mich warm, steige in den Ring, haue meinen Gegner in der ersten Runde k. o., und wir setzen uns direkt wieder ins Auto. Wer weiß, wie lange die Karre durchhält.

***

»Ich bin jetzt da!«

Samstagvormittag, halb elf, ungefähr 2004. Ich liege noch im Bett.

»Wo bist du?«

»Vor deiner Tür natürlich. Machst du mir auf, oder willst du mich ewig auf der Straße warten lassen?«

Was macht sie hier in Regensburg? Warum sagt sie nicht Bescheid, dass sie kommt? Ich stehe auf, werfe das Handy aufs Bett, ziehe mir eine Hose an. Zum Glück bin ich allein. Im Flur drücke ich den Knopf und öffne die Tür.

Energisch, kraftvoll, wie nur sie es kann, marschiert sie die Treppe rauf, eine schwere Tasche in der Hand. Sie küsst mich kurz und wuchtet die Tasche auf den Küchentisch.

»Ruf doch eher an«, sage ich. »Ich hätte dich vom Bahnhof abgeholt.«

»Ich bin nicht mit dem Zug da.«

Stolz hält sie mir Papas Autoschlüssel vors Gesicht, dann räumt sie Einkäufe und Selbstgekochtes in meinen leeren Kühlschrank. So ist meine Mutter, so war sie immer. Sie fragt gar nicht erst, steigt einfach in den Wagen und fährt die

45 Kilometer zu mir. Eine türkische Frau. Allein. Das ist eine Sensation. Autofahren ist Männersache, fertig, so habe ich es gelernt. Aber wenn irgendeine Türkin so was Verrücktes tut, dann ist es meine Mutter.

Mitte der 90er konnte keine türkische Frau in Parsberg Auto fahren. Eines Tages kam sie heim und legte ihren Führerschein auf den Tisch. Dafür hatte sie geübt und gespart, ohne dass wir es mitbekommen hatten. Kaum fuhr sie in Papas Passat durch den Ort, ging bei den türkischen Frauen das Gerede los: »Hast du gesehen? Die Frau vom Mustafa fährt Auto.« Und zu ihren Männern: »Warum darf ich keinen Führerschein machen? Bezahl mir den!« Ein paar Jahre später fuhren sie fast alle.

Meiner Mutter macht keiner was vor. Sie zieht radikal ihr Ding durch, ohne Kompromisse. Sie ist in einer Großfamilie in Kadirli aufgewachsen, einem Ort bei Adana in der Südtürkei, und war schon als Kind eine sehr dominante Person. Niemand konnte sich gegen sie durchsetzen. Niemand legte sich mit ihr an, sie schlug ihre großen Brüder und prügelte sich mit den Jungs aus dem Dorf. Mit acht konnte sie große Pferde reiten wie eine Erwachsene. Sie platzte vor Energie, hatte vor nichts Angst. Eine Naturgewalt. Und dieses türkische Mädchen vom Dorf, das jüngste von 13 Kindern, das sein halbes Leben auf dem Feld gearbeitet hat, sagt mit nicht einmal 20 Jahren: »Ich gehe nach Deutschland!«

Jetzt steht sie an meinem Elektroherd, kocht ihre Linsensuppe, für die ich sterben würde, und erzählt, was es in Parsberg Neues gibt.

Ich sehe Mama zu und sehe mich selbst. Ich bin eins zu eins ihre Kopie, habe ihr Temperament geerbt, ihren Kampfgeist und ihren Willen. Ich liebe sie, auch wenn ich ihr das niemals sage.

Ich wünschte, sie hätte mich genauso geliebt, aber Mamas

Liebling war ich nie. Ein Freund aus der Nachbarschaft hat mir erzählt, was seine Mutter über mich sagt: »So viele Schläge wie der Ünsal habt ihr alle zusammen nicht kassiert.«

Das könnte stimmen. Wie in fast allen türkischen Familien war bei uns die Mutter die Grobe. Wenn du Scheiße gebaut hattest, kannte sie nur eine Erziehungsmaßnahme: Sie schlug zu, genauso wie sie wahrscheinlich selbst als Kind geschlagen wurde.

Du hast wieder mal einen Sechser und läufst mit Angstschweiß nach Hause, weil du weißt, was auf dich zukommt. Du redest nicht darüber, zeigst deine Arbeit nicht vor. Du traust dich nicht. Du weißt genau: Es gibt von ihr erst mal eine aufs Maul. Eine ordentliche osmanische Klatsche, wie man sagt. Eine richtig stramme Ohrfeige. Danach sitzt du zuerst mal nur da und lässt es brennen.

Oft nahm sie einen langen, dünnen Holzstab zum Teigrollen. Damit gab es dann fest eins auf den Hintern oder auf die Knie. Und meine Mutter hatte Kraft. Eine hammerharte Frau. Sie wusste genau, wo sie hinschlagen musste, damit es ordentlich wehtat. Niemals auf den Kopf, niemals ins Gesicht. Niemals diese Schläge, von denen du grün und blau wirst. Diese Art der Bestrafung hat bei uns Türken Tradition wie in anderen Kulturen der Rohrstock.

Mama rührt mit dem langen Holzlöffel in ihrer fantastischen Linsensuppe, und wir lachen über damals. Ich trage ihr die Schläge nicht nach. Sie wurde selbst so erzogen, wusste nicht, wie sie sich anders helfen sollte. Was hätte ich an ihrer Stelle mit mir angefangen? Welche andere Lösung hätte es für sie gegeben? Sie und mein Vater arbeiteten von früh bis spät, um Geld zu verdienen. Um uns Kindern ein besseres Leben zu bieten. Dann kamen sie von der harten Schichtarbeit nach Hause, bekamen Anrufe von der Schule, von der Polizei, der

Sohn hat Mist gebaut, Mist gebaut, Mist gebaut. Sie wurden zu Recht wütend.

Du pubertierst, fängst an, dich zu wehren, zu provozieren: »Sagt mal, bin ich eigentlich adoptiert?«

Kein 14-Jähriger sollte so eine Frage stellen. Für einen Teenager ist allein der Gedanke, seine ganze Existenz infrage zu stellen, der reinste Hirnfick. Es gibt einen Riesenkrach, aber wenigstens klärt sich einiges auf.

Es war so: Als mein älterer Bruder Üstün zur Welt kam, freuten sich meine Eltern über ihn wie über ein Wunder. Sie waren sich vorher nicht sicher gewesen, ob sie überhaupt Kinder kriegen würden, und hatten mehrere Fehlgeburten erlebt. Dann kam ich, und es passierte etwas, woran niemand die Schuld trägt: Meine Mutter nahm mich nicht an. War mit der Situation überfordert.

Sie wurde depressiv. Hielt es mit dem neuen, schreienden Baby nicht aus und sah keine andere Lösung, als mich zu ihrem ältesten Bruder nach Adana zu geben. Da blieb ich neun Monate lang, ohne Mutter, ohne Vater. Mit knapp einem Jahr holten meine Eltern mich zurück nach Deutschland und setzten mich meinem 14 Monate älteren Bruder vor die Nase. Damit begann mein ständiger Kampf um Anerkennung. Um Aufmerksamkeit. Um irgendeine Art von Zuwendung von meiner Mutter. Notfalls auch in Form von Schlägen.

Du rebellierst, setzt immer noch eins obendrauf, spielst den Pascha. Draußen auf der Straße bin ich der King, was willst du? So viel Wut und Aggressivität bringst du von draußen mit nach Hause, dass man mit dir nicht mehr vernünftig reden kann. Schläge sind die einzige Sprache, die du noch verstehst.

Daran gibt es nichts schönzureden. Nach wie vor werden türkische Kinder von ihren Eltern geschlagen, weil die sich nicht anders zu helfen wissen. Weil sie es selbst nicht anders gelernt haben. Es ist Teil der strengen türkischen Kultur. Aber es ist kein Teil, auf den wir stolz sein können.

***

Deine Hände sind hart bandagiert, die Handschuhe fest verschnürt. Der Izmir-Marsch erklingt, die Hymne Atatürks, des türkischen Staatsgründers, des Vaters aller Türken. Der Chor setzt ein, du gehst los, die Hurensöhne fangen an zu pfeifen. Sie wollen Patrioten sein, aber dich pfeifen sie aus, obwohl du für ihr Mutterland boxt. Und sie pfeifen Atatürk aus. Sie rufen »Alman köpeği!«, deutscher Hund. Für diese Leute bist du kein Türke mehr, gehörst nicht mehr zu ihnen. Lass die ehrlosen Bastarde rufen. Würdige sie keines Blickes. Keiner von denen weiß, was du durchmachen musstest, um überhaupt bis hierher zu kommen. Die wissen nichts.

Vor dem Ring bleibst du stehen und sprichst dein Gebet. »Vergiss nicht die Namen der drei Propheten«, hat Papa wie immer gesagt. Sein altes Brillenband, oft gerissen, immer wieder neu geknotet, hängt um deinen Hals. Daran der erste Ring, den du Xenia geschenkt hast, und ein kleiner silberner Boxhandschuh, ein Geschenk von Mama. Wie immer hat Papa diese Gegenstände mit den 40 Gebeten aus dem Koran gesegnet, damit sie dir Glück bringen und dich vor dem Bösen beschützen.

Du steigst die Stufen hinauf, nimmst jede mit rechts zuerst. Ein Kämpfer braucht seine Rituale.

***

»Ey, du Hurensohn!«

»Du beleidigst meine Mutter?«

Ich überlege nicht lange, gehe zu dem Bastard hin und schlage ihm meine Faust ins Gesicht. Ich bin gerade mal elf oder zwölf. Meine erste Schlägerei. Meine erste Fahrt im Polizeiauto. Vor den Beamten scheißt mich mein Papa scheinheilig zusammen. Als sie weg sind, fragt er nach dem Grund.

»Du, Papa, der hat Mama Hure genannt!«

Er setzt sich hin und sagt: »Na gut, mein Sohn, dann war es zu Recht. Du hast deine Familie, deine Mutter, deinen Stolz und deine Ehre verteidigt. Wir leben für Stolz und Ehre. Hast du diese zwei Dinge nicht, bist du niemand, dann kannst du nicht leben.«

So läuft es bei uns zu Hause. Stolz heißt, die Familie zu beschützen. Die Familienehre geht bei uns über alles. Erst recht über deutsches Gesetz.

Unser Gesetz lautet: Wir sind keine Deutschen, wir sind Türken! Wir halten an unserer Kultur und an unserem Glauben fest. Das zeigen wir auch. Je türkischer, desto besser. Die Türkei ist zwar weit weg, wir sind in Deutschland und gehen mit deutschen Kindern zur Schule und zum Fußball – aber zu Hause sind wir immer in der Türkei. Es läuft türkisches Fernsehen, türkisches Radio, türkische Musik. Bei uns ist es so türkisch, dass mein Bruder und ich glauben, Mustafa Kemal Atatürk sei unser Großvater, weil im Wohnzimmer ein Foto von ihm hängt. Der Nationalstolz unserer Eltern ist unser Nationalstolz. Wir fühlen uns zu einhundert Prozent als Türken.

Jeden Tag laufen türkische Filme auf TRT. Historische Filme, die unser Geschichtsbild prägen: Wer war dieser Krieger? Wer war jener Feldherr? Wie hat es ein Türke geschafft, eine komplette christliche Armee zu besiegen? Wir sehen, wie es einer allein mit zehn Gegnern aufnimmt, und erinnern uns an die Sprüche der Erwachsenen: »Ein Türke ist so viel wert wie zehn Deutsche.« – »Ali Khan, der Ritter von 1830, der hat ja allein gegen 30 Mann gekämpft.« Solche Legenden und Mythen halten wir für Geschichte. Keiner erklärt es uns.

Unser Held ist Emrah, ein Schauspieler und Sänger, türkischer Superstar. In einem Film wird seine Schwester vergewaltigt, und er muss den Täter umbringen. Im nächsten sitzt sein Vater unschuldig im Knast, und Emrah bringt aus Rache den Verleumder um. Dafür geht er zwar ins Gefängnis, aber mit Stolz, erhobenen Hauptes. Im nächsten Teil kommt er frei und wird vom Dorf als Held gefeiert.

Diese Filme passen mit dem zusammen, was unsere Eltern und unsere türkischen Bekannten sagen. Es prägt sich tief ein. Wir gucken solche Filme täglich und denken: So läuft es. So funktioniert die Welt. So müssen wir uns verhalten. Niemand guckt deine Schwester an. Fasst der eine die Schwester von dem anderen an – Ehrenmord. Hat dein türkischer Freund eine Schwester, ist sie zugleich auch deine Schwester. Niemand guckt die Türkin an. Guckst du eine Türkin an, schlage ich dich. Sie ist tabu für mich, also ist sie auch tabu für alle anderen. Als Türke musst du automatisch die Ehre der anderen mitbeschützen. Darum geht es: Stolz und Ehre.

***

Der Gong ertönt, ich nenne die Namen der drei Propheten Mohammed, Ali und Ömer und bitte sie um ihre Kraft für den Kampf. Die erste Runde ist oft die schwerste. Du musst dich rantasten, willst zeigen, dass du der Boss im Ring bist. Willst Eindruck schinden. Verlierst du die ersten zwei, drei Runden, wird es schwierig, hintenraus noch was zu reißen. Dann musst du auf K. o. gehen. Und das ist reine Glückssache.

* * *

Du kommst in die Pubertät und fängst an, dich für Mädchen zu interessieren. Du bringst eine mit nach Hause, und sofort denken die Eltern ans Heiraten. Natürlich wollen sie eine türkische Schwiegertochter, eine Muslima. Alles andere wäre anscheinend eine Katastrophe. Also setzt sich mein Vater, ein sehr lieber und sanfter Mensch, mit uns zwei Jungs hin, und wir führen ein Gespräch.

»Üstün, Ünsal, ich erkläre euch mal was. Ihr kennt doch Murat, meinen Arbeitskollegen. Das ist der, der eine deutsche Frau geheiratet hat. Letztes Jahr habe ich ihn zusammen mit zwei anderen Freunden besucht. Wir kommen da an, setzen uns hin – und wisst ihr, was passiert? Es kommt kein Tee, es kommt kein Kaffee. Er sagt es seiner Frau, da sagt sie: ›Hol's dir doch, wenn du's brauchst! Es sind deine Gäste. Ich bin nebenan.‹ Er musste in die Küche. Er.« Papa schüttelt den Kopf. »›Deine Gäste.‹ Eine Türkin würde das niemals sagen! Solche Sachen gehen bei uns nicht. Wenn Gäste da sind, ist es die Aufgabe des Mannes, sie zu empfangen und zu unterhalten, und die Frau bringt Getränke und bereitet das Essen zu. Das ist einfach die Tradition, das ist die Kultur. Aber so ist das mit den Deutschen. Die werden uns Türken nie verstehen. Wenn ihr eine Deutsche nehmt, werdet ihr immer Probleme mit ihr haben. Wie wollt ihr eure Kinder erziehen? Werden sie Muslime oder Christen? Soll euer Sohn Hassan heißen oder Helmut? Nein, bloß keine Deutsche. Heiratet eine Muslima, am besten eine Türkin. Gleiche Kultur, gleicher Glaube. Ihr versteht sie, so wie sie euch versteht.«

Mein Vater ist nicht mal ein besonders strenger Türke. Aber er trichtert uns diese Geschichte noch tausend Mal ein.

Du bist also Teenager und sollst keine Deutsche haben. In deiner Stadt gibt es nur Deutsche und Türken, aber mit einer Türkin ausgehen, Eis essen oder so was – unmöglich. Türkische Mädchen anmachen, mit ihnen flirten – gibt es nicht.

Zu Hause klingelt das Telefon, ich höre Mama laut reden: »Was? Unser Ünsal? Deine Ayşe?« Sie lacht. Dann schreit sie ins Telefon: »Mein Sohn hat genug andere Schlampen, da braucht er deine nicht!« Ich gehe zu ihr hin, sie scheißt mich zusammen: »Was fällt dir ein? Warum machst du die Ayşe von den Yıldırıms an? Du weißt, dass wir die kennen! Was willst du von der?«

Meine Eltern leben zwar nicht ganz so traditionell, dass sie erst zum *Kuzizdimek* müssen, also bei diesen Yıldırıms in meinem Namen um die Hand ihrer Tochter bitten, bevor ich sie kennenlernen darf. Aber ich will diese Ayşe ja auch gar nicht heiraten. Ich will leben, Spaß haben. Keine Ahnung, ob ich mit dem Mädchen geflirtet habe oder nicht, ich bin mir nicht mal ganz sicher, wer das überhaupt sein soll. Jetzt ist die Kleine für mich eh kein Thema mehr.

Also gut, suche ich mir ein türkisches Mädchen aus einer Familie, die wir nicht kennen. Sibel. Sie ist 16, so wie ich, und trägt Kopftuch, aber nur, weil ihre Eltern es wollen. Wir treffen uns heimlich. Es ist nicht die große Liebe, aber wir mögen uns. Erst machen wir nur rum, dann wollen wir mehr und haben Sex. Ein paar Mal. Für moderne Türken, zum Beispiel in Istanbul-Bebek, ist Sex vor der Ehe relativ normal. Die sammeln erst Erfahrungen mit verschiedenen Partnern, bevor sie heiraten. Sie amüsieren sich, halten Händchen und knutschen in der Öffentlichkeit.

Aber wir sind eben keine modernen Türken, und wir sind erst recht nicht in Istanbul-Bebek. Parsberg in der Oberpfalz ist mehr wie ein Viertel auf der anatolischen Seite, wo nur Zugezogene aus der Provinz leben. Wie in den aktuellen türkischen Seifenopern, in denen es immer nur um Stolz und Ehre geht. Sex vor der Ehe? Das machen nur Ungläubige! Das gibt es bei uns nicht! Tja, so kann man sich selbst belügen.

Die strenge türkische Tradition kombiniert mit dem islamischen Glauben, das ergibt eine explosive Mischung. Jeder weiß: Im Islam ist Sex vor der Ehe Sünde. Wie viele Ehrenmorde haben in Deutschland schon stattgefunden, weil ein Deutscher eine Türkin nur angemacht hat?

Nach einer Weile erzählt mir Sibel, dass wir uns nicht mehr treffen können, weil sie mit ihrem Cousin verheiratet wird. Sie wusste, dass es so kommt, es ist also keine große Überraschung. Wir sind auch nicht am Boden zerstört deswegen. Da ist nur diese eine Sache. Man kennt die Geschichten von der blutigen Bettwäsche, die man früher nach der Hochzeitsnacht rausgehängt hat, als Beweis, dass die Ehe vollzogen wurde. Dass die Braut Jungfrau war. Das machen heute zwar nur noch die allerletzten Bauern, aber stattdessen kommt garantiert irgendein Bastard aus der Familie an und fragt den Mann direkt: »Hat sie geblutet?«

Diese Idioten verbreiten immer noch das Märchen vom Jungfernhäutchen, das angeblich die Vagina verschließt, bis es beim ersten Sex reißt und die Frau blutet. Und wenn nicht? Aha, dann ist sie keine Jungfrau mehr! Dann hatte sie Sex vor der Ehe, also hat sie gesündigt! Ja, das ist alles Bullshit, aber woher sollen wir Kinder das wissen? Wir wissen nur, was uns erzählt wird. Ich begleite Sibel zu einem türkischen Arzt, der sie wieder »zunäht«, wie man so sagt. Damit sie im richtigen Moment hoffentlich blutet, wenn ihr Cousin sie zum zweiten Mal entjungfert. Dieser beschissene Hirnfick kostet ein paar Hundert Mark.

Ein Jahr später lerne ich Gülay kennen, ein wunderschönes türkisches Mädchen, sehr ehrenvoll, sagen ihre Eltern. Wir sind 17, voller Hormone und verliebt, die Eltern sind bei der Arbeit, und ich bin mit Gülay im Bett. Das geht wochenlang so, eigentlich eine normale Teenager-Lovestory – wenn wir keine Türken wären, wenn wir uns nicht permanent verstecken müssten. Das ist aber nicht der Grund, warum ich sie schließlich verlasse. Mit mir passiert etwas, das ich noch nicht verstehe. Ich liebe Gülay, aber ich suche etwas bei ihr, das sie mir nicht geben kann.

Dann wird es schlimm. Sie will die Trennung nicht akzeptieren, macht mir Vorwürfe, weil ich verliebt war und Sex mit ihr hatte, dabei hat sie mitgemacht, wollte es genauso. Doch sie sagt, ich hätte ihr Leben zerstört, weil sie nun keine Jungfrau mehr ist und ihre Ehre verloren hat.

Zum zweiten Mal begleite ich eine Frau zum Arzt, damit der sie »zunäht«, aber diesmal kommt alles raus. Es folgt tagelanger Telefonterror, bis schließlich sogar Gülays Vater bei uns aufkreuzt und von meinem Vater verlangt, ihn für mich um die Hand seiner Tochter zu bitten. Ich liebe meinen Papa dafür, dass er über so einen Schwachsinn gar nicht erst nachdenkt.

Gülay ist meine erste große Liebe, die Zeit mit ihr bleibt unvergesslich, aber das Ende traumatisiert uns beide. Sie wird mit dem Gefühl leben müssen, Stolz und Ehre verloren zu haben, ein Niemand zu sein, nicht mehr leben zu können. Wie es uns tagaus, tagein eingetrichtert wurde. Ich werde jahrelang keine Türkin mehr anschauen.

Als Nächste date ich ein deutsches Mädchen. Caro. Es ist die große Befreiung. Endlich kann ich mich draußen mit meiner Freundin sehen lassen, auf Partys gehen, alles ist möglich. Nach einer Weile stellt sie mich ihrer Mutter vor. Wir sitzen zusammen im Café, und die Mutter sagt: »Wenn ihr Sex habt, dann bitte mit Kondom.«

Noch nie bin ich so rot geworden. Ich habe mich auch noch nie so geschämt, dass ich nicht mehr sprechen konnte. Ja, wir haben bestimmt irgendwann Sex, und natürlich benutzen wir dann ein Kondom – aber dass die Mutter mir erst mal sagt, wie ich ihre Tochter ficken soll, das ist eine komplett andere Welt!

Daheim erzähle ich es meiner Mutter: »Mama, die finden es normal, wenn ich Sex mit ihrer Tochter habe.«

Es kommen die üblichen Sätze: »Ich habe es dir immer gesagt. Die Deutschen haben keinen Stolz. Die haben keine Ehre. So sind die halt.«

Mit Caro geht es nicht lange, genau wie mit den Mädchen danach.

Es läuft immer gleich. Sie haben alle dieses gewisse Etwas, das mir irgendwie gefällt, das mich unwiderstehlich anzieht. Bestimmte Charakterzüge. Diese kühle Strenge, wenn sie sauer werden. Dieses blöde Daherreden, dieses Gemecker, wenn ihnen etwas nicht passt, wenn ich zu weit gehe, das liebe ich einfach. Und dann – von einer Minute auf die nächste – wird es mir zu viel. Es nervt mich. Dann suche ich mir was Neues, hinter ihren Rücken. Ich lüge, betrüge, breche Herzen, aber das berührt mich überhaupt nicht. Da bin ich knallhart.

Als ich 20 bin, macht mein bester Freund Erkan mir einen Job in Regensburg klar. Ich verkaufe Markenklamotten in einem angesagten Laden, wo den ganzen Tag Hip-Hop läuft und scharenweise heiße Bräute shoppen gehen. Eines Tages kommen zwei deutsche Frauen rein, eine von ihnen gefällt mir sofort, wir tauschen Blicke, ich spreche sie an, wir unterhalten uns länger als normal. In der nächsten Woche taucht sie allein auf. Als sie wieder geht, hat sie eine neue Hose und ich ihre Nummer.

Ich date Martina vier, fünf Mal, bevor etwas läuft. Irgendwas ist anders als bei meinen Bisherigen. Sie hat zwar auch diese Art, kann sauer werden und mir die kalte Schulter zeigen, aber da ist noch mehr. Sie interessiert sich wirklich für mich. Fühlt mit mir. Bei ihr spielt es keine Rolle, dass sie Deutsche ist und ich Türke. Da sind nur sie und ich, zwei Menschen, die sich verlieben, Zeit miteinander verbringen, Spaß haben. Einfach leben.

Nach ein paar Wochen nehme ich Martina mit zu mir nach Hause. Meine Eltern gucken zwar schief, schon wieder eine Deutsche, aber sie sind nett zu ihr. Sonst habe ich mich mit den Mädchen immer möglichst schnell wieder verdrückt – nicht mit Martina. Sie geht von Anfang an auf meine Eltern zu, interessiert sich für alles. Mein Vater erklärt es ihr geduldig mit seinem Kanakendeutsch. Martina darf zu meiner Mutter in die Küche, darf in ihre Töpfe gucken, die beiden reden mit Händen und Füßen, bringen sich gegenseitig Wörter bei, sie lachen sogar! Es ist phänomenal, das gab es noch nie. Was ist aus den Vorurteilen gegenüber deutschen Frauen geworden?

Abends wird es spät. Martina will sich verabschieden.

»Wohin musst du?«, will Papa von ihr wissen.

»Nach Bad Abbach, bei Regensburg.«

»Bad Abbach«, sagt Papa nachdenklich. Er kennt die Gegend gut. »Das sind fast 50 Kilometer, und es ist nach elf. Warum übernachtest du nicht hier? Nicht dass am Ende was passiert.«

Natürlich widerspreche ich nicht. Martina guckt mich an, und ich sage nur so was wie: »Ja, sicher ist sicher.« Papa ist schon klar, dass wir oben Sex haben werden, oder?

Nicht lange danach lädt Martina mich zu sich nach Hause

ein. Es ist das erste Mal überhaupt, dass ich die Familie einer deutschen Freundin zu Hause besuche. Ich sehe mir alles ganz genau an, die Möbel, die Fotos an der Wand – einige zeigen Martinas verstorbenen Vater –, die Gardinen, das Kaffeegeschirr. Ihre Mutter hat nie viel mit Türken zu tun gehabt. Sie stellt mir die typischen Alman-Fragen: »Wie heißt du? Wo arbeitest du? Was macht dein Vater beruflich?«

Was bei mir ankommt: Aber dein Vater liegt nicht dem Staat auf der Tasche, ne? Früher wäre ich halb ausgerastet, hätte mich einer wegen meiner Eltern so ins Kreuzverhör genommen. Aber wenn du verliebt bist, nimmst du so was locker und beantwortest alles brav.

Sie fragt: »Und? Gefällt's dir bei uns in Deutschland?«

Darüber muss ich sogar lachen. Martinas Mutter schämt sich in Grund und Boden und entschuldigt sich tausendmal, als ich ihr erkläre, dass ich hier geboren wurde und dass mir Deutschland teilweise schon irgendwie ganz gut gefällt. Besonders seit Martina mich glücklich macht.

Unsere Beziehung läuft gut. Auch weil ich ein türkischer Mann bin und sie eine deutsche Frau. Was, wenn es umgekehrt wäre? Ein deutscher Schwiegersohn würde von einer türkischen Familie allerhöchstens dann akzeptiert, wenn er zum Islam konvertiert, sich beschneiden lässt, den Ramadan mitmacht, zum Freitagsgebet geht und so weiter. Er muss komplett türkisch leben, darf nicht bleiben, wie er ist. Oder es läuft so wie bei meinem Fußballkollegen Thorsten. Eine vielleicht 17-jährige Türkin aus Nürnberg verliebt sich in ihn. Natürlich ist ihre Familie strikt dagegen. Das Mädchen geht aufs Ganze und zieht zu dem Jungen nach Parsberg. Von da an haben die beiden keinen Frieden mehr. Einmal bin ich live dabei, wie die Parsberger Türken auf offener Straße auf die Frau losgehen: »Du dreckige Deutschenhure, sind deutsche Schwänze vielleicht besser?« Solche Sprüche. Um selber mitzumischen, bin ich noch zu jung, aber als Teenager finde ich es richtig so. Die hat keinen Stolz und keine Ehre mehr, also verdient sie es. Im Prinzip verdient Thorsten es auch. Er hat sie nicht anzufassen. Aber als die Parsberger Türken ihn aufs Extremste bedrohen und ihm richtig Psychoterror machen, tut er mir doch leid. Die beiden lieben sich, und man kann die Liebe nicht verhindern. Vielleicht schweißt der Druck sie sogar noch stärker zusammen. Sie geben nicht auf, ziehen es durch und heiraten. Am Ende muss es auch ihre Familie hinnehmen. Die verstoßen sie, betrachten sie als entehrt, aber sie haben verloren. Thorsten und seine Frau sind bis heute glücklich verheiratet und haben Kinder. Sie haben bewiesen, dass es funktionieren kann. Die erste Generation ist jetzt lange genug in Deutschland, um einzusehen, dass solche Beziehungen einfach ganz normal sind.

Früher, als wir noch Kinder waren, musste jede deutsche Frau zum Islam konvertieren, wenn sie in Deutschland in eine türkische Familie einheiraten wollte. Nicht beim Standesamt, sondern vor einem Imam, vor Allah. Sie musste Kopftuch tragen und die Gäste bedienen. Sie wurde um 180 Grad gedreht, bis sie so geformt war, wie es die Familie wollte. Bis von der Frau, in die der Mann sich verliebt hatte, kaum noch etwas übrig war. Was für eine Liebe soll das sein?

Jetzt sind wir erwachsen, und das Blatt hat sich gewendet. Mein Vater sagt: »Ich muss lieben, was ihr liebt. Ihr seid meine Kinder, und es ist euer Leben, eure Entscheidung.« Ich glaube, so sehen es mittlerweile alle, abgesehen von den letzten konservativen Dummköpfen, die immer noch den Ehrenmord fordern. Die meisten nehmen es hin, bevor man groß Ärger macht und sein Kind vielleicht ganz verliert. Man lästert auch nicht mehr über Familien, in die Deutsche eingeheiratet haben. In Parsberg gibt es sicher fünf oder sechs türkische Familien mit deutschen Schwiegersöhnen oder Schwiegertöchtern. Sogar bei denen, die damals Thorsten und seine Frau bedroht haben. Im Laufe der Jahre haben sie aus ihren Erfahrungen gelernt. Innerlich wurmt es einige natürlich, aber auch die wollen ihre Kinder glücklich sehen.

Meine Eltern lieben meine deutsche Freundin wie ihre eigene Tochter. Papa fragt regelmäßig, wann Martina mal wieder zum Essen kommt. Mama lernt Deutsch, um sich mit ihr unterhalten zu können. Irgendwann höre ich die sensationelle Frage: »Die Martina ist ein super Mädel, warum heiratest du sie nicht? Die ist sauber, ordentlich, die respektiert unsere Kultur, die passt zu uns, heirate sie doch!« Diese Sätze von früher – »Die Deutschen haben keine Ehre, keinen Stolz!« – höre ich gar nicht mehr. Stattdessen bringt meine Mutter Martina ein Geschenk aus der Türkei mit: das vergoldete Auge der Fatima als Anhänger, der sie beschützen soll.

Aber vor dem, was ich Martina antue, kann sie nichts und niemand beschützen. Ich kann das Flirten nicht lassen, feste Freundin hin oder her. Sie ist zu Recht eifersüchtig. Wenn wir streiten, dann deswegen. Und wenn meine Eltern es mitbekommen, halten sie zu ihr. Die Frau ist die Nummer eins, und ich bin das Arschloch, das ich bin. Obwohl ich Martina liebe, betrüge ich sie schließlich doch, wie ich es bei allen Frauen mache. Die andere kann ihr nicht das Wasser reichen, trotzdem werde ich schwach.

Im Haus meiner Eltern in Parsberg beichte ich Martina den Seitensprung. Sie macht mir eine Szene, und es passiert, was mir immer passiert. Was mich sonst so an ihr anzieht, stößt mich jetzt ab, es wird mir zu viel, und ich werde laut: »Halt die Fresse, jetzt reicht's endlich!«

Sofort kommt mein Vater hoch, er scheißt mich zusammen wie früher. »Schreist du sie noch einmal an, dann fliegst du raus!«

Egal was ich bisher angestellt habe – das hat er mir noch nie angedroht. Ich sehe meinen Fehler ein, bitte Martina um Entschuldigung, ziehe alle Register. Am Ende verzeiht sie mir, und wir bleiben noch mal ein Jahr zusammen.

Dann baue ich denselben Mist wieder. Nach fünf Jahren Beziehung macht sie endgültig Schluss, und ich bin am Boden. Habe alles zerstört. Warum? Wird das immer so weitergehen? Werde ich ständig nach etwas Neuem suchen? Was läuft falsch bei mir?

Ich sitze mit Mama am Küchentisch in meiner Regensburger Singlewohnung in der Schattenhofergasse. Sie hat gleich Linsensuppe für die ganze Woche gekocht, wie früher, als ich noch in Parsberg gewohnt habe. Als könnte ich nicht selbst für mich sorgen, jetzt, wo Martina mich verlassen hat. Meine Eltern haben alles Mögliche versucht, Papa hat sogar bei ihr zu Hause angerufen, um sie vielleicht doch noch umzustimmen, damit wir wieder zusammenkommen. Mama liegt mir in den Ohren deswegen, schimpft mich aus, macht mich runter: »Was denkst du dir?! Wie kannst du das versauen?«

Es tut weh, gleichzeitig genieße ich es. In diesem Moment ist sie zu 100 Prozent bei mir. Um sie zu besänftigen, esse ich noch einen Teller Suppe, obwohl ich satt bin. Ich sollte aufpassen. Seit ich nicht mehr Fußball spiele, werde ich langsam fett.

***

Du hast vergessen, was du dir vorgenommen hast. Falls du dir etwas vorgenommen hast. Er gibt dir einen weichen Jab, schaut, wie weit du ihn heranlässt. Dann schlägt er hart, will dich testen.

Dein erster Schlag. In die Luft.

Er ist schnell, ahnt deine Angriffe, bevor sie kommen. Holt aus, trifft. Dieser erste Schlag von ihm bleibt in deinem Kopf, schüchtert dich ein. Er darf nicht sehen, dass du beeindruckt bist.

Du führst Selbstgespräche: Ich muss punkten, brauche einen Treffer. Du schlägst zu, er blockt dich, als könnte er voraussehen, was du tust. Als könnte er deine Angst riechen.

* * *

Oktober 2011. Vor nur einem Monat, einen Schritt vom Abgrund entfernt, habe ich in einer Moschee in Ghana den Weg hierher eingeschlagen – zum Titelkampf um den GBA-Gürtel. Ich boxe zu Hause in Regensburg, ohne Reisestress, ohne Hotelkosten, bin Lokalmatador und motivierter als je zuvor, die Sache mit dem Profiboxen durchzuziehen. Eurosport überträgt live. Zum ersten Mal ist meine Mutter bei einem Kampf dabei. Sie spricht kaum Deutsch und kennt hier keinen Schwanz, aber läuft rum wie die Queen und hockt sich gleich in die erste Reihe auf einen VIP-Platz. Ich will ihr den Sieg schenken, will ein deutscher Meister mit türkischem Namen sein.

Wir reden kurz. »Mama«, sage ich, »ich hab Schiss zu verlieren.«

»Was, verlieren?« Sie lacht. »Als hättest du noch nie eine Schlägerei gehabt!«

Ein Boxkampf ist keine Schlägerei, aber so sieht sie es.

Die erste Runde boxe ich sehr nervös. Es ist ein Abtasten, viel passiert nicht. In die zweite starte ich dank Juri besser. Er hat einen Schwachpunkt gefunden, ein-, zweimal trifft mein Leberhaken, im Publikum wird es laut. Sie feiern, rufen meinen Namen. Mein Gegner geht auf Abstand. Vielleicht sitzen da draußen sein Vater, seine Mutter oder seine Frau, spüren jeden meiner Schläge. Mein Papa weiß, wie das ist, er könnte es nicht ertragen, darum ist er gar nicht erst mitgekommen. Mein Gegner greift an, ich fange mir auch eine. Wir schenken uns nichts.

Anfang der dritten Runde fällt mein Blick auf meine wütende Mutter. Sie ist mit Fleisch und Blut dabei, als würde sie gleich mit ihrer Handtasche auf den Typen losgehen, der da ihrem Sohn wehtut. Ich höre sie lautstark schimpfen. Dieses Draufgängertum, diese Unbeugsamkeit, diese eiserne Härte hat sie mir vererbt, genau für diesen einen Moment.

Ein paar feuern mich an, ich höre Mamas Stimme: »Jetzt schlag zu! Schlag richtig zu!«

Der Gedanke an sie pusht mich radikal hoch, weckt meinen Instinkt. Ihr Blut rauscht durch meine Adern, ich fühle ihre Kraft und ihren unbeugsamen Willen. Ich blocke und setze die erste Rechte. Diese Faust ist meine Waffe Nummer eins. Auf sie ist Verlass, sie schlägt zu, wie sie es mein ganzes Leben lang getan hat. Ich funktioniere nur noch. Bin wie losgelöst. Alles, was ich denke, ist: Ganz oder gar nicht. Kein Mitleid. Kein Erbarmen. Er oder ich.

In der dritten Runde siege ich durch technischen K.o., werde mit nur sechs Profikämpfen deutscher GBA-Meister. In der Boxwelt kein großer Titel, aber für mich der Durchbruch, mit über 30 Jahren. Vorher war ich im Sport ein Niemand, ein Türke ohne Schulabschluss, Ex-Fußballer, Ex-Amateurboxer. Bald werden sie mich für die Wahl zum Regensburger Sportler des Jahres nominieren.

Mein Sieg beschert mir sehr gemischte Gefühle. Ich bekomme meinen ersten Gürtel, aber ich verliere meinen Trainer. Juri Steiner verabschiedet sich nach dem Kampf. Ihn zu verlieren, ist wie eine Niederlage. Ich liebe ihn sehr, er ist wie ein

Bruder für mich, ein toller Mensch, dem ich viel verdanke. Einen Trainer wie ihn werde ich nie wieder finden.

Doch direkt nach meinem Sieg feiere ich noch einen zweiten, größeren. Voller Stolz auf ihren jüngeren Sohn steigt meine Mutter in den Ring, kommt zu mir in die Ecke, Brust rausgestreckt, Handtasche in der Hand. Sie gratuliert mir, umarmt mich, küsst mich. Ein Reporter hält den Augenblick im Foto fest, widmet uns eine ganze Seite. Es ist der schönste Moment zwischen uns, seit ich lebe. Dies wird der einzige Kampf von mir bleiben, den sie live gesehen hat.

ZWISCHEN DEN RUNDEN

Frauen schenken Leben. Unsere Mütter tragen jede und jeden von uns im Bauch, bis wir geboren werden. Sie verdienen es, geehrt zu werden. Es geht dabei niemals um »Stolz und Ehre« der Familie. Es geht nur um die Frauen selbst. Wir ehren sie nicht, indem wir sie unterdrücken und ihnen Gewalt antun. Sie sollten dasselbe lernen, dieselben Berufe ergreifen können und dasselbe verdienen wie wir Männer. Das wäre ein Anfang.

Selbst wenn Frauen und Männer auch bei den Deutschen noch nicht überall gleichberechtigt sind: Uns Türken sind sie in dem Punkt weit voraus. Das war nicht immer so. In der Türkei hat Atatürk Frauen und Männer vor dem Gesetz schon in den 1920ern gleichgestellt. Er wollte gebildete, berufstätige, patriotische, modisch gekleidete Türkinnen. Dank ihm dürfen sie am gesellschaftlichen Leben teilnehmen, sich von Männern scheiden lassen, an Schulen lehren, zur Wahl gehen und sich als Politikerinnen zur Wahl stellen – und das seit 1930, lange vor irgendwelchen westlichen Ländern.

Meine Mutter war nicht perfekt, aber sie war eine starke, emanzipierte Frau. Und wohin entwickeln wir Deutschtürken uns heute? Die Mehrheit unterstützt einen Präsidenten, der die »Istanbul-Konvention« aufkündigt, genauer: das »Übereinkommen des Europarats zur Verhütung und Bekämpfung von Gewalt gegen Frauen und häuslicher Gewalt«. 2022 ist die Familienministerin Derya Yanık die einzige Frau in Erdoğans Regierung. Frauen, die in der Türkei politisch etwas zu sagen haben, kann man an einer Hand abzählen. Anscheinend entwickelt sich das Land zurück, Richtung Osmanisches Reich, Richtung islamisches Kalifat, Richtung Unterdrückungsstaat. Ein Armutszeugnis.

RUNDE II

IN DER ECKE

Deine Ringecke. Da ist ein Hocker, auf dem du ausruhen kannst. Wasser, das dich abkühlt. Und einer, der hinter dir steht, der dir deinen Fokus zurückgibt, wenn du ihn verlierst. Der dir einen Ausweg zeigt, wenn du keinen findest. Der dich vor dir selbst beschützt, wenn du zu viel willst. Wenn du den Kopf verlierst.

Du hörst den Gong und musst raus aus deiner Ecke, auf die Beine, endlose drei Minuten deinen Mann stehen. Auf dich allein gestellt. Dein Gegner ist überall, er drängt dich zurück, treibt dich in die Enge. Er kämpft, als wäre es sein Ring. Als wäre er hier der Boss.

***

Als kleine Jungs gehen wir in den katholischen Kindergarten, benannt nach einem christlichen Heiligen, mit einem Kreuz an der Wand. Morgens müssen wir im Kreis sitzen und mit den anderen Kindern beten. Als mein Vater das hört, wird er wütend. Er stellt die Erzieher zur Rede: »Reicht es nicht, wenn die muslimischen Kinder beim Gebet zuschauen?« Zum ersten Mal kriege ich mit, dass wir anders sind als die Deutschen.

Zum Glück ergeben sich aus diesem Streit keine Nachteile für uns. Wir haben tolle Erzieher, es gibt keine rassistischen Vorfälle oder Ausgrenzung. Was es gibt, ist Abgrenzung. Ich spiele nie mit deutschen Kindern, sondern nur mit meinen türkischen Freunden Erkan und Ahmet, auch wenn es mir nicht bewusst ist.

Mit vier kriege ich eine Brille. Im Kindergarten setzt sich der Peter versehentlich darauf, und sie geht kaputt. Ich zeige es ihm, zeige es der Erzieherin. Ich soll es meinen Eltern sagen, die würden sich schon darum kümmern. Mein Vater spricht mit Peters Eltern, damit die den Schaden über die Haftpflicht regeln. Aber angeblich ist ihr Sohn es nicht gewesen. Meine Eltern regen sich auf: Die Deutschen weigern sich, einem Türken seine kaputte Brille zu zahlen. Als würden wir nur die Schuld auf jemand anderen schieben, um uns neue Sachen zu besorgen! Der Streit geht fast bis zum Anwalt. Nach Tagen schaltet sich endlich der Kindergarten ein. Die Erzieher bezeugen, dass Peter sich auf die Brille gesetzt hat, und seine Eltern übernehmen die Kosten.

Obwohl wir erst Kindergartenkinder sind, bleibt eine gewisse Spannung zwischen uns, wir gehen uns aus dem Weg. Später sind wir zusammen in einer Schulklasse. Die Sache mit der Brille spielt keine Rolle mehr, aber wir werden auch keine Freunde.

Mein Schulweg, mein erster Kontakt mit der Straße. Ich laufe allein nach Hause, da versperrt mir ein großer blonder Junge mit seinem BMX-Rad den Weg. Er ist viel älter als ich, mindestens zehn oder elf. Ich habe ihn schon öfter gesehen. Jeder weiß, er ist einer von den Deutschen, denen man besser aus dem Weg geht. Jeder weiß, wer sein Vater ist.

»Da schau her, ein kleiner Scheißtürke.«

Ich will weglaufen, aber er ist nicht allein.

»Wo willst du hin, Scheißtürke?«

Hinter mir steht der fette Schorsch. Vor ihm haben alle Angst. Ein großer, massiger Kerl mit ganz kurzen Haaren. Wahrscheinlich 100 Kilo schwer, so denke ich damals. Die beiden keilen mich ein zwischen ihren Rädern. Schubsen mich rum. Schorsch muss sich nicht mal anstrengen, um mich umzuschmeißen mit meinem Schulrucksack.

»Hat nichts drauf, der Kanake.«

Ich rapple mich hoch. »Lasst mich in Ruhe«, sage ich. Versuche, nicht zu heulen. »Ich will nach Hause.«

Der blonde Junge rammt mich mit seinem BMX, ich falle rückwärts gegen Schorschs Rad.

»Ey, du Kanake, willst du mein Bike kaputt machen?«

Er schubst mich noch mal, diesmal richtig. Ich fliege rückwärts auf den Schotter, bekomme einen Tritt.

»Lasst mich nach Hause!« Ich fange doch an zu weinen. Kann nicht anders. Ich habe draußen noch nie Schläge kassiert. Blut an Knien und Händen.

Der große blonde Junge drückt mich zu Boden, würgt mich. Fahrradreifen drücken gegen meine Beine. »Du kleiner Dreckstürke gibst mir jetzt erst mal alles, was du hast.«

Ich gebe ihm mein Taschengeld. 50 Pfennig, von denen ich mir eine Brezel und einen kleinen Kakao kaufen wollte. Mein Mittagessen.

»Okay, hau ab, Scheißtürke!« Er lacht. »Geh zurück, wo du hergekommen bist. In deine Scheißtürkei.«

Ich renne weg, zittere. Sie laufen mir nicht nach. Als ich weit genug weg bin, drehe ich mich noch mal um und rufe: »Ich schwöre, irgendwann schlag ich euch zusammen!«

Er lacht immer noch. Höhnisch.

Mit den Schmerzen kommt der Hass. »Ich schwöre dir, bei meiner Mutter«, schreie ich, »ich schlag dich zusammen! Der Tag kommt, da mache ich dich fertig!«

Den ganzen Weg nach Hause weine ich. Schäme mich für meine Tränen. Steigere mich rein in meinen Hass. Male mir meine Rache aus. Bluten soll er! Krankenhausreif schlagen will ich den Deutschen! Der Tag wird kommen, da zahle ich es ihm heim, so, wie ich es geschworen habe. Wenn keiner da ist und ihn beschützt.

Zu Hause sehen meine Eltern das Blut, und natürlich erzähle ich, was passiert ist. Ich sage, wer das gemacht hat. Jeder kennt den Namen, jeder weiß, wer der Vater des Jungen ist. Auch mein Papa, darum wird nichts unternommen. Ein Polizistensohn kann mit uns kleinen Kanaken machen, was er will. Wir können ihm nichts. Niemals würden wir zu seinem Alten laufen, um zu petzen. So was musst du als Türke schon selber regeln. Aber er ist nun mal größer und stärker als ich. Der fette Schorsch hört auf ihn. Er ist der Boss.

Diese zwei Jungs haben mich vergiftet. Mein Hirn, meine Seele, mein Herz. Jahrelang werde ich an sie denken müssen. Meinen Hass aufstauen. Hass auf den Polizistensohn, auf seinen Freund und seinen Vater, Hass auf die Polizei, auf ganz Parsberg, auf ganz Scheißdeutschland. Ich kann nicht mehr auseinanderhalten: War es nur der eine? Waren es ein paar? Oder waren es alle Deutschen? Für mich werden es erst mal alle Deutschen sein.

***

Ich bin ein Türke, der in Deutschland lebt. Die Deutschen haben Wörter für Leute wie mich. Ein paar davon sind normale Beleidigungen. Ein paar brauchen sie selbst, um klarzukommen.

Was mir schon als Kind auffällt: Kaum einer nennt uns Türken. Entweder sind wir Kanaken oder einfach »die Ausländer«. Du sprichst nur Englisch? Kein Problem, das lernt man ja in der Schule. Du bist Franzose? Toll, Paris, Chanson, Côte d'Azur! Du kommst aus Brasilien? Super, Fußball, Samba, Caipirinha! Aber wenn jemand nur Türkisch oder Arabisch kann – tja, dann ist er eben ein Ausländer. Das habe ich nie verstanden.

Wenn du in Deutschland geboren wurdest, hier lebst und einen deutschen Pass besitzt, dann wollen die Deutschen, dass du sagst: Ich bin Deutscher. Wenn du sagst: Meine Eltern sind aber Türken und ich deswegen auch, dann akzeptieren sie das nicht. Ein richtiger Deutscher bist du für sie dann aber auch nicht mehr. Dann wird dir ein Adler draufgedrückt, und du bist »Deutschtürke«. Inzwischen habe ich mich an das Wort gewöhnt und benutze es manchmal selbst. Es gibt Schlimmeres.

Zum Beispiel: Der »Vorzeigetürke«. Also der (Deutsch-) Türke, der sich immer so benimmt, wie die Deutschen es haben wollen. Ich hasse diese Bezeichnung. Dahinter steckt ein dreckiger Rassismus. »Leute wie dein Vater, die sind ja in Ordnung. Gegen die haben wir nix!« Wie oft ich das von Parsberger Deutschen gehört habe. Mit so einem Satz gehen sie in Vorleistung, um dann gegen möglichst viele andere Türken zu hetzen: »Solche bräuchte es mehr! Der Rest kann zurück in die Türkei …« – »Das sind noch die guten Beispiele. Wenn alle so wären …« – »Gegen den einen haben wir ja nichts. Aber der, der und der …« Dann kommen immer mehr Wenns und Abers, bis am Ende nichts Türkisches mehr übrig bleibt. Das gefällt den Türken in Deutschland gar nicht, die werden sich das Türkischsein niemals verbieten lassen. Die fühlen sich abgelehnt, bauen eine Mauer auf, wenden sich ab und laufen zu Erdoğan. Warum versucht man immer, die Menschen zu ändern, anstatt sie zu akzeptieren?

Noch so ein Kampfbegriff: Integration. Was ist damit gemeint? Werde ich integriert, oder muss ich mich selbst integrieren? Kann ich ich bleiben, muss ich mich verändern, oder reicht es, wenn ich meine Klappe halte? Wann bin ich fertig integriert, kann man das messen? Gibt es dafür ein Zeugnis oder ein Diplom?

In meinen Augen ist zum Beispiel mein Vater gut integriert. Jeder grüßt ihn. Der Mann respektiert das Land, in dem er lebt, er respektiert seine Mitmenschen und tut keinem etwas Böses. Er kennt die deutsche Kultur, er weiß, wie er sich zu benehmen hat. Er ist fleißig, hat sich ein Haus gekauft, zahlt brav seine Steuern.

Jeder würde sagen, dass mein Vater super integriert ist – aber leider spricht er nur gebrochenes Kanakendeutsch. Er sagt zwar Dinge wie »Servus, wie geht's?«, hat sogar einen bayerischen Dialekt, und wenn man langsam spricht, kann sich auch jeder Deutsche normal mit ihm unterhalten. Vielen reicht das aber anscheinend nicht. Für die scheint zu gelten: Er kann meine Sprache nicht gut sprechen, also ist er nicht gut integriert.

Natürlich hilft es sehr, die deutsche Sprache zu beherrschen, wenn man in Deutschland lebt. Aber nicht einmal perfektes Deutsch garantiert gute Integration. Nicht einmal deutsch sein. Ich kenne viele Deutsche, die das Wort Integration immer nur in Richtung Ausländer schieben, dabei aber weder ihr Land noch ihre Mitmenschen respektieren. Diese Leute sollten sich dringend fragen, wie sie sich noch selbst im Spiegel ansehen können.

***

Egal mit wem ich es zu tun habe: Ich spüre immer, dass es bei uns anders läuft als bei deutschen Kindern. Viele von denen bekommen Hilfe bei den Hausaufgaben. Wenn die im Unterricht mal etwas nicht verstehen, erklären es zu Hause die

Eltern. Ich verstehe vieles nicht, was in der Schule erzählt wird. Aber mir hilft keiner, wenn ich nach Hause komme. Oft sind meine Eltern noch auf der Arbeit. Außerdem können die ja kein Deutsch und haben selbst keine gute Schulbildung. Wie sollen sie unsere Schulbücher verstehen? Die verstehen ja nicht mal ihre eigene Post.

Es kommt ein Brief von der Krankenkasse. Wir Kinder können Deutsch, also müssen wir übersetzen. Meistens Üstün, weil er der Ältere ist. Heute ist er nicht da.

»Was steht da?«, will Papa wissen.

»Vor-sorge-unter-suchung.«

Es ist ein Formular dabei. Sie wollen wissen, ob Papa schon mal krank war und was er hatte. Er zählt ein paar Sachen auf, ich verteile Kreuzchen auf gut Glück. Die meisten deutschen Wörter kenne ich nicht.

Wir gehen zur Bank. Ich muss mit zum Schalter, als Dolmetscher. Erst für Papa übersetzen, dann für den Angestellten. Ich fülle Überweisungsformulare aus, erkläre Papa, wie eine EC-Karte funktioniert, wie man am Automaten Geld abhebt, wie man eine Überweisung vor Ort machen kann. Mit zehn, elf Jahren müssen Üstün und ich mit dem Bankdirektor darüber sprechen, ob mein Papa den Kredit fürs Haus bekommt. Der Druck, keine Fehler zu machen, ist kaum auszuhalten.

Wir kriegen fast nur Post auf Deutsch. Natürlich nicht nur Briefe, sondern auch Werbung für lauter Sachen, die wir meistens nicht kaufen, weil sie zu teuer sind.

Einmal liegt eine Broschüre von Plan International Deutschland im Kasten. Ich lese mir alles durch: Du übernimmst eine Patenschaft für ein Kind, das zum Beispiel krank oder behindert ist oder in Armut lebt, spendest Geld und kriegst sogar persönlichen Kontakt. Eine gute Sache.

»Da mache ich mit«, sage ich zu Papa und zeige ihm das

Faltblatt. Er ist baff, dass ich mit 14 mein Taschengeld für so was hergeben will, aber er redet es mir nicht aus. Ich werde Pate von Roberto, einem brasilianischen Waisenjungen. Anfangs spende ich nur ein paar Mark, dann schreibe ich mit ihm Briefe und kriege sogar Fotos und selbst gemalte Bilder. Es fühlt sich gut an, jemanden zu unterstützen, dem es schlechter geht. Man soll helfen, wo man kann. Barmherzigkeit zeigen.

Meine Eltern leben es mir vor, besonders mein Vater. Wir haben zwar selbst nicht viel, aber immer wird Geld in die Türkei zu unseren ärmeren Verwandten geschickt. Oft kommen Anrufe: Der braucht Geld, der braucht Geld, der braucht Medikamente. Zum Glück ist das Geld da unten viel wert. 100 Mark reichen dort monatelang, für uns sind sie verkraftbar. Nein ist keine Option. Keine Chance. Immer wird gespendet, geteilt, abgegeben. Auch unter uns Kindern: Wenn einer Kaugummis hat, bekommt jeder eines, bis die Packung leer ist.

Irgendwann kommt ein Brief von Papas Arbeit, es fehlen Arztunterlagen. Da stehen Adressen: Sie müssen erst in die Obermünsterstraße, dann in die Untermünsterstraße, hierhin, dorthin. Wir gehen zusammen, damit ich übersetzen kann. Wie sich rausstellt, habe ich neulich das halbe Formular falsch ausgefüllt, und wir sind umsonst gekommen.

Papa schimpft mich aus. »Warum machst du das nicht richtig? Wozu schicken wir dich zur Schule?«

Da reicht es mir, und ich raste aus: »Dann lern halt Deutsch und mach's selber!«

Es gibt einen riesigen Streit, und ich werde bestraft.

Ein andermal baue ich in der Schule Mist, und Papa muss hinkommen. Der Lehrer erzählt ihm, was ich gemacht habe, ich muss es übersetzen. In so einem Moment kannst du es niemandem recht machen. Es ist der pure Stress. Du gibst dein Bestes, aber der eine Depp kapiert nicht, was der andere meint, und der scheißt dich zusammen, weil ihm die Antwort nicht gefällt. Diese Situation überfordert dich komplett, und am Ende bist du immer der Dumme. Nur weil deine Eltern kein Deutsch können.

Ich spreche im Laufe der Jahre mit vielen fremden Erwachsenen, mit Bänkern, Ärzten, Versicherungsleuten. Bin jedes Mal froh, wenn es geschafft ist und ich wieder spielen darf. Einen guten Effekt hat das Dolmetschen trotzdem: Es zwingt mich, schneller selbstständig zu werden. Ich kenne mich schon aus, als es irgendwann um meine eigenen Angelegenheiten geht. Ich lerne viel über die deutsche Sprache und geschäftliche Umgangsformen. Ich lerne, auf fremde Leute zuzugehen und mit ihnen ins Gespräch zu kommen. Das wird mir im Leben noch sehr helfen.

An meinen Problemen in der Schule ändert es leider wenig. Ich habe immer noch Schwierigkeiten beim Lernen und keine Lehrer, die es interessiert. Es gibt keine besondere Förderung. Es heißt einfach: Aus dir wird nichts. Wenn du das immer wieder hörst, dann glaubst du es irgendwann. Diese Sprüche können Kinder richtig kaputtmachen. Viele lassen den Kopf hängen, die geben auf und nehmen, was sie bekommen.

Ich reagiere anders. Bösartig. Aggressiv. Ich entwickle so ein Selbstbewusstsein, dass ich schon mit zehn, elf Jahren sage: Scheiß auf Schule, ich schaffe es so oder so im Leben. Es gibt ja noch die Straße, wo ich mich beweisen kann. Dort sind Erkan und ich die großen Kings. Alle deutschen Kinder haben vor uns respektvoll die Straßenseite zu wechseln.

Meistens werden wir einfach allein gelassen. Haben jede Menge Zeit, Mist zu bauen. Niemand passt auf uns auf. Niemand redet uns ins Gewissen. So kommt es, dass die Polizei mich und Erkan schon ziemlich früh auf dem Kieker hat.

Irgendwann wird in unserer Straße ein Kaugummiautomat kaputt gemacht. Jemand hat mit einem Feuerzeug ein Loch in die Plastikscheibe gekokelt und ein bisschen was geklaut. An dem Abend klingelt es bei uns an der Tür. Die ganze Familie ist zu Hause. Ich mache auf, Papa kommt dazu.

Draußen stehen zwei Polizisten. Sie kennen meinen Vater, sie wissen, dass er nicht gut Deutsch kann, und sprechen mich direkt an.

Sie sagen nicht: »Hast du was mit dem kaputten Kaugummiautomaten zu tun?« Nein, sie sagen: »Das kannst bloß du gewesen sein. Oder dein Freund, der Erkan.«

Keine Fragen. Direkte Anschuldigung. Ich muss meinem Vater übersetzen und streite natürlich alles ab. Aber es bleibt an mir hängen, obwohl es weder Zeugen noch Beweise gibt. Ich bin schuld. Der wirkliche Täter kommt davon.

Eine Strafe kriege ich nicht. Dafür aber mehrere Lektionen: Die Polizei ist nicht mein Freund und Helfer. Die Polizei respektiert mich und meine Familie nicht. Die Polizei behandelt mich nicht wie alle anderen. Für mich gilt keine Unschuldsvermutung. Ich bin suspekt.

Und weil Erkan und ich sowieso zu den üblichen Verdächtigen gehören, machen wir einige Zeit danach aus Langeweile das einzig Logische: Wir nehmen ein Feuerzeug und versuchen, damit einen Kaugummiautomaten zu knacken. Wir verkacken es total. Nach fünf Minuten kommen sie mit zwei Streifenwagen und Blaulicht. Anscheinend hat jemand die stadtbekannten Kaugummigangster gesehen und angezeigt. Es ist sinnlos abzuhauen. Die Polizisten haben Erkan und mich längst erkannt.

Mit dabei ist unser neuer albanischer Freund Agon. Papa hat seiner Familie die erste Etage in unserem Haus vermietet, sie sind erst seit zwei Wochen in Deutschland und haben sonst nichts bekommen. So hängt Agon natürlich sofort mit uns Türken ab. Er spricht fast kein Deutsch und kennt die deutsche Polizei noch nicht.

Sie umstellen uns mit vier Mann. Wir sind zwölf Jahre alt und müssen uns breitbeinig an den Streifenwagen stellen, Hände ans Dach, uns filzen lassen wie die Schwerverbrecher. Kann ja sein, dass wir bewaffnet sind, falls der Automat Widerstand leistet. Aber okay, diesmal sind wir eindeutig schuldig. Da kann man auch mal eine kleine Show für die 20 Schaulustigen abziehen.

Agon checkt gar nichts. Er hat nicht mitgemacht, nur zugeguckt. Er weiß nicht, was die Polizei von ihm will. Für die gehört er zu uns. Vielleicht macht er eine komische Bewegung oder guckt einen der Polizisten falsch an. Fakt ist: Er fängt sich einen Faustschlag, blutet aus der Nase wie ein Schwein. Sein erster Polizeikontakt in Deutschland. Er ist richtig verstört, aber keiner hilft ihm, keiner verarztet ihn. Gegen jeden anderen Gegner würden Erkan und ich ihn, ohne zu zögern, verteidigen, so hart wie möglich zurückschlagen. Aber gegen die Polizei? Wir müssen uns an Regeln halten, werden zur Rechenschaft gezogen – und die nicht? Wir können nichts für ihn tun. Wir müssen zusehen, wie sie ihn festhalten und durchsuchen. Welche Scheiße wir gebaut haben, haben wir längst vergessen. Am Ende bleibt nur noch größerer Hass auf die Polizei. Und noch weniger Respekt vor der Uniform.

Mit der Zeit provozieren wir immer mehr, reizen es immer weiter aus, werden immer aggressiver. Es gibt nichts, was wir nicht machen. Es fängt an mit Klauen und geht so weit, dass wir irgendwelche deutschen Kinder schlagen, weil sie uns drei Sekunden zu blöd anschauen. Standardreaktion der deutschen Kinder: die Türken bei den Lehrern verpetzen. Dann sind sie deren Liebling, und wir bekommen einen auf den Deckel.

Ganz anders wir Türken. Bei uns gibt es kein Petzen. Wir nehmen lieber die Strafe in Kauf und rächen uns danach. Wir warten auf sie auf dem Schulweg und verprügeln erst mal jeden, der uns verpetzt hat. Dann haben sie Angst und machen gar nichts mehr. So verschaffen wir uns Respekt.

Ab der siebten werden wir muslimischen Kinder alle zusammen in eine Klasse gesteckt. Wenn die christlichen Kinder Religion haben, sollen wir eben anderen Unterricht kriegen. Klingt logisch – kriegen wir aber nicht. Wir haben Freistunden. Man setzt uns acht einfach ohne Aufsicht in ein leeres Klassenzimmer.

Erkan sagt: »Wären wir acht deutsche Kinder, säßen wir jetzt wahrscheinlich im Computerraum oder würden etwas anderes Sinnvolles machen.« Traurig, aber wahr. Sie lassen uns allein, trauen uns eh nichts zu, wir sind denen scheißegal. Und wir haben Narrenfreiheit. Randalieren, machen Sachen kaputt. Werden dafür bestraft.

Wenn du Mist gebaut hast, musst du ins Sekretariat, zu Hause anrufen und sagen: »Papa, ich habe Mist gebaut, du musst herkommen.« Seit der fünften Klasse regeln sie es so. Sie wissen, dass du Angst vor deinen Eltern hast, dass dein Vater sich extra freinehmen muss, dass sie danach eine Weile Ruhe vor dir haben. Erst lassen sie dich allein, dann liefern sie dich aus, und dein Hass auf sie wird immer größer und größer und größer. Bis du wieder Mist baust. Dieser Kreislauf wird zum Machtkampf. Du nimmst ihn an und denkst dir: Wollen wir doch mal sehen, wer am Ende gewinnt. So läuft es jahrelang.

Wir pubertieren. Rebellieren. Ecken überall an. Versuchen unsere Macht auszuspielen, lassen den kleinen Gangster raushängen, verlieren jeglichen Respekt und haben ständig Ärger mit der Polizei. Unsere Eltern kriegen von den meisten Vorfällen erst mal gar nichts mit. Die sind weit weg bei der Arbeit, und von mir aus erzähle ich zu Hause aus gutem Grund kein Wort davon. Aber irgendwann erfahren sie es dann doch, und es kracht.

Du testest Grenzen aus. Schreibst Sechsen und fängst an, Unterschriften zu fälschen. Du wirst richtiger Profi darin. Wenn die Lehrer es merken, rufen sie sofort deine Eltern an und knallen es denen vor den Kopf. Ohne zu überlegen, warum Kinder so was tun. Ohne das Gespräch zu suchen. Die interessieren sich ja nicht mal für deine Talente oder wofür du dich begeisterst. Erst recht fragen sie nicht nach deinen Sorgen und Ängsten. Für die bist du einfach nur ein dummer kleiner Türke.

* * *

Andere Jungen spielen Game Boy oder Atari – ich spiele Fußball. Jeden Tag, stundenlang. Nach Hause, Schultasche in die Ecke und rüber zum Bolzplatz. Da verbringe ich meine halbe Kindheit. Eigentlich ist das nicht mal ein echter umzäunter Bolzplatz, wie man ihn kennt. Es ist einfach eine verkommene Grünfläche mit zwei rostigen Toren ohne Netz und ohne Gitter. Das Vereinsgelände liegt direkt daneben, aber der Platzwart jagt uns sofort weg, wenn wir den heiligen Rasen außerhalb des Trainings betreten.

Den Bolzplatz lässt er uns. Der ist für uns gut genug, und da sind wir die Chefs. Wenn wir zu fünft auflaufen, und da spielen zehn Deutsche – »Yallah, verpisst euch, jetzt spielen wir!« Die werden in der Schule, im Verein und überall sonst schon genug bevorzugt.

Wenn wir fünf Türken und fünf Deutsche sind, machen wir natürlich Länderspiel. Mannschaften vermischen kommt nicht infrage. Wir nehmen die Sache todernst, als ginge es um die Weltmeisterschaft. Hängen uns genauso rein wie im Verein, vielleicht sogar noch mehr. Es herrscht bittere Rivalität, da ist richtig Gift drin. Schiedsrichter haben wir nicht. Foult einer und die Deutschen wollen keinen Freistoß geben oder du machst ein Tor und es soll nicht zählen, dann gibt es auch mal Schläge. Das ist kein Spiel mehr.

Seit ich laufen kann, bin ich sportverrückt. Will schon als Fünfjähriger Fußballstar werden. Talent habe ich mehr als genug, bin schnell, ausdauernd, mit Gefühl im Fuß. Der geborene Stürmer.

Seit der G-Jugend spiele ich beim TV Parsberg. In den ersten Jahren fühle ich mich wohl im Verein. Das Fußballfeld ist meine Rettung, der Sport wird zum sozialen Projekt. Es gibt feste Regeln. Fair Play. Man verhält sich sportlich. Alles macht mir Spaß. Ich kann zusammen mit Erkan trainieren, aber nach der Schule auch zu einem Thorsten, Tobias oder Konrad sagen: »Hey, wir sehen uns beim Training.« Wir haben eine gemeinsame Ebene. Berührungsängste lassen nach, ich finde neue Freunde. Dieser ewige Hass ist weg. Jedenfalls in der Mannschaft.

Es könnte funktionieren, wäre TV Parsberg nicht der Verein, der er ist. Wäre da zum Beispiel kein Vereinsfunktionär, der im eigenen Verein den Ausländerhass vorlebt. »Wir müssen mal diese ganzen Kanaken loswerden.« Wie kann ein erwachsener Mensch so etwas laut vor uns Kindern sagen? Wie kann er uns so direkt spüren lassen, dass er uns nicht will? Jeder Türke im Verein hasst diesen Mann. Wir überlegen schon mit elf, zwölf Jahren ernsthaft, ob wir ihn nicht mal zusammenschlagen sollten. Aber so weit gehen wir nie.

Normal sind rassistische Beleidigungen von gegnerischen Spielern. In jedem Spiel gibt es Idioten, die uns provozieren wollen: »Du Dreckstürke, ich mach dich fertig.« Dann fangen sie an zu foulen. Aber meistens juckt mich das nicht. Meine Antwort ist Leistung. Tore. Für mich zählt nur der Sieg.

Du hörst es auch von der Tribüne: »Haut den Scheißkanaken weg!« Irgendeine Mutter schreit das, voller Hass, vor ihren eigenen Kindern. »Fotze«, antwortest du – natürlich so, dass sie dich nicht hört. Du willst ja keine rote Karte kassieren, sondern Fußball spielen. Ihr Sohn kriegt es mit, läuft dir hinterher und sagt: »Halt die Fresse, du Scheißkanake!« Und schon ist er ein Feind.

An manchen Tagen lasse ich mich provozieren. Ich gehe dann immer direkt zu Erkan: »Der mit der Sechs.« Nach dem Spiel, auf dem Weg zur Kabine, wo es keiner mitkriegt, schlagen wir den Jungen zusammen. Keine Diskussion, keine Gnade. Wir machen ihn richtig fertig, setzen ein Zeichen: Uns beleidigt niemand als Scheißtürken. Wer es doch tut, wird bestraft. Spricht uns später jemand darauf an, streiten wir alles ab, decken uns gegenseitig. Wie immer. Die wirklich Schuldigen sitzen auf der Tribüne und auf den Trainerbänken, aber dass diese Jungs selbst nur von anderen vergiftet werden, interessiert uns nicht. Auch nicht, dass unsere Gewalt noch mehr Hass auf Ausländer schürt.

Viel schlimmer als der Hass unserer Gegner ist die Diskriminierung aus den eigenen Reihen. Wenn ein großes Tier offen rassistische Bemerkungen über die eigenen Spieler macht und niemand sein Verhalten kritisiert, vergiftet es den ganzen Verein. Es zieht sich durch alle Ebenen. In der C-Jugend werden wir eingeteilt: Wer kommt in die Stammelf? Wer spielt in der ersten Mannschaft? Wer in der zweiten? Da sagt ein Trainer: »Alle Ausländer sind noch fraglich.« Warum sagt ein erwachsener Mann so etwas zu pubertierenden, benachteiligten Jugendlichen?

Einmal fliege ich mit Rot vom Platz. Das kommt sonst nicht vor. Ich löse Situationen spielerisch, Fouls habe ich nicht nötig. Bin ich ein Unschuldsengel? Eher nicht. Auf die Entscheidungen der Schiedsrichter reagiere ich oft impulsiv, meckere, bekomme viele gelbe Karten. Anscheinend brauche ich das, aber danach halte ich immer die Klappe. Mehrere Spiele gesperrt zu sein, ist für einen 15-Jährigen eine hammerharte Strafe, wenn auch in diesem Fall wahrscheinlich verdient. Ich komme direkt vom Spielfeld, da sagt einer, der im Verein viel zu sagen hat: »Endlich ist der Kanake geflogen, jetzt haben wir ein paar Wochen Ruhe.« Ich erwarte ja keine Aufmunterung oder Trost – aber muss er unbedingt verbal nachtreten? Was glaubt er, was das mit mir macht?

Mit der Zeit werden wir immer offensichtlicher gegenüber den deutschen Jungs benachteiligt. Ich habe noch Glück, denn mich als Leistungsträger können sie nicht auf die Bank setzen. Sie müssen mich spielen lassen, wenn sie gewinnen wollen. Der Zug zum Tor, dieser unbedingte Siegeswille, ist mir einfach angeboren. Trotzdem ist auf meiner Position links außen ein anderer gesetzt. An ihm komme ich nicht vorbei. Warum? Weil ich schlechter bin als er oder weil er Sohn des Trainers ist? Ich würde auf Option zwei wetten. Ich lasse mich nach hinten stellen, wo ich als Libero »dringender gebraucht« werde. So lasse ich mich verarschen, fühle mich wichtig, beschwere mich nicht. Es hätte mich schlimmer treffen können, wie Erkan. Er ist auch sehr talentiert, versauert aber auf der Bank, damit bloß nicht zu viele Türken auf dem Platz stehen.

Was passiert? Immer wenn ein deutscher Junge aufgestellt oder eingewechselt wird, empfinden wir das vor allem als Entscheidung gegen uns Türken. Wenn der Deutsche dann auf dem Feld patzt, macht uns das noch wütender, weil kaum einer von uns die Chance bekommt, es besser zu machen.

Eigentlich sind wir ein herausragender Jahrgang mit vielen starken Spielern. Unser Innenverteidiger Thomas Paulus wird später mit dem 1. FC Nürnberg den DFB-Pokal gewinnen. Vorn haben wir Jürgen Schmid, später Stürmer bei Jahn Regensburg. Dazu noch einige andere, die es bis in die Ober- oder Regionalliga schaffen. Für einen Ort mit 7000 Einwohnern ist so eine Mannschaft einfach phänomenal, sportlich erfolgreich, mit riesigem Potenzial für den Verein. Ich werde nie verstehen, dass man uns so im Stich lässt, dass man junge Spieler so nach ihrer Herkunft beurteilt, anstatt ihr Talent und ihren Zusammenhalt zu fördern.

Ohne dass wir Kinder wirklich etwas dafürkönnen, kommt es allmählich zum Bruch. Wir lassen die Deutschen links liegen, weil sie uns vorgezogen werden. Sie distanzieren sich genauso. 13-, 14-jährige Jungs, die seit Jahren zusammen in einer Mannschaft Fußball spielen. Die Atmosphäre geht in den Keller, sportliche Erfolge bleiben aus. Die Verantwortlichen lassen uns mit dem Problem allein, damit ist die Chance verpasst. Vereinsfußball als soziales Projekt in Parsberg – gescheitert.

* * *

Wir sitzen brav ganz hinten im Klassenraum und reden über Fußball. Auf Türkisch. Der Herr Gruber kommt rein, die Stunde hat noch gar nicht angefangen, aber er kackt uns an: »Hier wird Deutsch gesprochen!«

Mit diesem arroganten Ton wachsen wir auf. Wir hassen ihn wie die Pest. Ja, wir sind die kleinen Kanakenkids. Ja, wir lästern gern auf Türkisch, damit uns keiner versteht. Unsere Sprache ist alles, was wir haben, das ist unser Rückzugsbereich, der gehört uns. Und den wollt ihr uns verbieten?

Die deutschen Kinder kriegen so was mit, übernehmen

das. Plötzlich hörst du auch von denen: »Du bist hier in Deutschland, also rede Deutsch! Wenn's dir nicht passt, dann verpiss dich.« Du kommst dir wirklich vor wie bei den Nazis.

Anderes Beispiel: Erkans Federmappe fällt runter, alles kippt aus. Er kriecht auf dem Boden rum und sammelt seine Stifte auf, da sagt der Herr Breitlinger: »Bleib am besten gleich da sitzen auf dem Boden. Da, in eurer Muschi ...« – er grinst – »ah, Entschuldigung, Moschee! Da hockt ihr ja auch immer am Boden.«

Ein paar lachen, Erkan wird knallrot und setzt sich wieder auf seinen Platz. Nach der Stunde geht er zum Rektor, um sich zu beschweren. Ich komme mit, als Unterstützung. Der Rektor will uns nicht glauben. Wir bitten ein paar Deutsche aus unserer Klasse, die Sache zu bezeugen. Niemand erklärt sich dazu bereit. Auf dem Heimweg geben wir erst mal jedem von denen eine Klatsche.

Oder diese Sache. Der Traundorf kommt rein, stellt seine Tasche hin und sagt: »Erkan, du hast frei.« Er macht es immer so. Er schmeißt ihn einfach jedes Mal aus der Geschichtsstunde raus, weil er ihn nervt. Ein Störfaktor, raus damit. Mit einem Deutschen könnte er das nicht machen. Erkan bekommt am Schluss eine Vier, auch wenn er nichts über Geschichte weiß. So einigt man sich dann.

Mit Lehrern haben wir viel Pech. Nicht alle sind Arschlöcher, aber die wenigsten lassen sich überhaupt auf uns Schwererziehbare ein. Kaum einer versucht, irgendwie eine Ebene aufzubauen. Kaum einer redet normal mit uns, ohne zu schimpfen oder Strafen anzudrohen.

Aber es gibt eine Ausnahme: Herrn Winterfeld. Er unterscheidet sich schon optisch vom Rest der Lehrer, trägt Skaterhosen und Adidas-Sneaker. Vor allem aber ist es ihm wirklich egal, ob ein Schüler Mehmet oder Matthias heißt. Er behandelt jeden gleich, ist zu jedem korrekt und sowieso der Liebling aller Schüler. In der siebten gibt es zwei Englischgruppen, weil die Klassen zu groß sind. Alle kämpfen, um bei Winterfeld zu sein. Wir wissen: Bei ihm macht der Unterricht Spaß.

Wenn andere Lehrer uns in der Mittagspause sehen, gehen sie einfach vorbei. Er nie ohne einen lockeren Spruch oder ohne uns humorvoll zu verarschen. »Warst du beim Friseur oder musstest du Rasen mähen?« So etwas. Schlagfertig, nie respektlos. Nicht diese typische Lehrerattitüde. Er macht das mit jedem, und man darf ihn zurückverarschen. »Ich hab dem Friseur gesagt, ich will wie Winterfeld aussehen.«

Manchmal setzt er sich dazu, bleibt ein paar Minuten und quatscht mit uns. Kleinigkeiten, die uns glücklich machen. Viel Englisch lernen wir bei ihm nicht. Aber allein mit seiner Art erreicht er bei uns mehr als alle anderen Lehrer zusammen.

* * *

Was die Schule angeht, hat mein älterer Bruder Üstün mehr Glück als ich. Er erwischt bessere Lehrer, kapiert alles schnell und schafft es sogar aufs Gymnasium, als einer der beiden ersten Türken aus Parsberg überhaupt. Es gefällt mir, bei anderen mit Üstün anzugeben, das machen wir Türken sehr gern. »Fickt euch alle, mein Bruder ist auf dem Gymnasium, was wollt ihr Pisser?« Gymnasium – für mich ist das ein Fremdwort. Dafür bin ich der bessere Fußballer, damit kann er sich vor seinen Freunden brüsten.

Üstüns Freundeskreis ist komplett anders als meiner. Er ist oft mit deutschen Kindern unterwegs, geht zum Beispiel gern mit ihnen auf Faschingszüge. Eine Weile gehe ich mit, aber das ist einfach nicht meine Welt. Ansonsten mischen wir uns nicht ins Leben des anderen ein, verbringen nicht viel Zeit miteinander. Nur manchmal, wenn ich Mist gebaut habe, sagt er was dazu. Aber er hat mir eben nichts zu sagen. Ich bin der coole Ünsal, und er ist nicht mein Vater.

Was uns verbindet, ist der Fußball. Der türkische Nationalsport. Der Sport, der dich aus dem Dreck retten kann. Bestimmt zwei-, dreimal in der Woche gehen wir aus Langeweile zusammen zum Bolzplatz. Nur wir beide. Wir spielen gegeneinander von Tor zu Tor, den Ball zurückschieben mit nur zwei Kontakten. Stundenlang. Es geht immer um etwas, Süßigkeiten, Taschengeld, zwei Mark, fünf Mark, doppelt oder nichts. Dann streiten wir uns, typisch Brüder, wenn er gewinnt und ich verliere. Ich bin der schlechteste Verlierer der Welt. Ich beleidige ihn, und er beleidigt mich, wirklich hart, wie man es unter Brüdern nie tun sollte. Hinterher reden wir eine Weile nicht miteinander. Aber irgendwann ziehen wir doch wieder zusammen los, und dann läuft es umgekehrt.

Wir sind so unterschiedlich, dass ich mich manchmal frage, ob wir wirklich Brüder sind. Ich bin wie meine Mutter, er wie mein Vater. Ich bin der Mann fürs Grobe, er der für Millimeterarbeiten. Er hat was auf dem Kasten, schafft es aufs Gymnasium, aber er weiß schon früh, was er will und was nicht. Statt 13 Jahre zur Schule zu gehen, lernt er lieber Maschinenbau, macht das Abitur an der Abendschule und legt noch den Industriemechaniker nach. Er ist gut darin, Pläne zu machen. Arbeitet sich zielstrebig hoch. Ein Bruder, mit dem man angeben kann. Und ich?

Mit 16, in der neunten Klasse, haben Erkan und ich Megaschiss sitzen zu bleiben. Ich habe viel verpasst, hatte das letzte Jahr nur meine Sportlerkarriere im Kopf. Für ein paar

Monate gehe ich in ein türkisches Fußballinternat, aber hinterher schaffe ich den Wiedereinstieg in die Schule nicht, bekomme vom Stoff nichts mehr mit. Trotz allem, egal wie schlecht man in der Schule ist und wie viel verpasst wurde – im letzten Jahr Hauptschule sitzen bleiben will man auf keinen Fall. Das den Eltern erzählen zu müssen, wäre die größte Blamage.

Da sagt unser Lehrer zu uns: »Macht euch keine Sorgen. Die Sechs werten wir als Fünf, dann reicht es auf dem Zeugnis für eine Vier – Hauptsache, ihr seid weg von der Schule.« Was für ein gottverdammter Lehrer sagt das zu einem Kind? Hauptsache, ihr seid weg. Soll sich doch jemand anderes mit euch rumschlagen. Wir finden das natürlich erst mal super. Wir müssen nicht wiederholen, sind raus aus der Schule, ohne die Schande, das zu Hause erklären zu müssen.

Aber dann stehst du da, ohne qualifizierenden Abschluss. Der Berufsberater sieht dein Zeugnis und sagt: »Na, bei den Noten … Maler, Maurer, Mechaniker, für mehr wird es nicht reichen.« Mit sauberen, gebügelten Klamotten in einem Büro Kaffee trinken? Unerreichbar.

***

Du bist im Nachteil, immer einen Schritt langsamer, dir fehlen die Optionen. Aber du hast dasselbe Recht, hier zu stehen, wie er! Er will dich festnageln, links und rechts die Seile, hinter dir nur noch der Eckpfosten. Du musst reagieren, kannst ihm nicht endlos davonlaufen.

***

Warum schreiben die nicht gleich in die Jobbeschreibung: »Bitte keine Kanaken!«? Das würde vieles erleichtern. Genau wie bei Wohnungsbesichtigungen. Man müsste weniger Bewerbungen schreiben, zu weniger Vorstellungsgesprächen gehen, man könnte sich die Erniedrigung ersparen. Sie sehen, du heißt Mehmet, Torgun oder Alparslan, also wirst du aussortiert. Kanaken wollen sie nicht. Wir Türken in Deutschland werden benachteiligt, also halten wir umso stärker zusammen. Helfen einander. Öffnen uns gegenseitig Türen, wo immer es geht. Wie auf dem Bau, wo mein Vater mir über Beziehungen einen Job als Gerüstbauer besorgt. Wie in Regensburg, wo mein bester Freund seine Beziehungen für mich spielen lässt. Erkan ist vor mir aus Parsberg abgehauen. Wenn wir telefonieren, schwärmt er von den vielen hübschen Mädchen, die er in Regensburg kennenlernt. Wie sie zusammen in die Disco gehen. Das will ich auch. Beim Gerüstbau habe ich gut verdient, es reicht für ein paar Mieten. Jetzt jobbe ich im selben Klamottenladen wie Erkan. Saubere Arbeit. Definitiv besser als das, was Türken normalerweise machen – Mechaniker, Maurer oder Maler. Sie haben dich in die Ecke geschoben wegen einer Note. Ja, du warst scheiße in der Schule, du warst kriminell, du hast geraucht und gekifft, du warst im Jugendarrest. Du bist ein Nichts. Aber wer sagt, dass aus dir deswegen kein guter Verkäufer werden kann? Endlich werde ich für das Einzige bezahlt, was ich noch besser kann als zuschlagen: quatschen. Irgendwas mache ich richtig, die Kasse klingelt, und ich habe sogar Spaß dabei.

Ein Türke kommt in den Laden. Nicht so einer, wie ich sie kenne, keiner, der verdreckt von der Arbeit nach Hause läuft. Er trägt Hemd und schicke Schuhe, interessiert sich für Jeans von Diesel und Levi's. Ich berate, so gut ich kann, fahre alles auf, was ihm gefallen könnte. Am Ende kauft er zwei Hosen, gibt mir seine Karte und sagt: »Das ist mein Büro. Komm doch mal vorbei, gute Verkäufer kann ich immer brauchen.«

Ich lese: Hayri Şükür, halix GmbH. Nie davon gehört, aber ein paar Tage später gehe ich hin, in Jeans und T-Shirt. Die Adresse entpuppt sich als IT-Firma, die später einmal zum internationalen Provider Nummer eins in Europa gehören wird. Ein schickes, modernes Gebäude in der Innenstadt. Der Chef, Hayri Şükür, hat alles aus dem Nichts aufgebaut. Wer würde auf die Idee kommen, dass ausgerechnet ich da reinpasse?

Es wird mein erstes Vorstellungsgespräch. Ich soll im Vertrieb arbeiten. Eigentlich muss man dafür BWL studiert haben – ich habe nicht mal Bewerbungsunterlagen dabei, nur mein katastrophales Zeugnis. Aber Hayri sieht irgendwas in mir. Vielleicht sich selbst als junger Typ, dem nichts zugetraut wurde, bevor ihm jemand eine Chance gegeben hat.

Wir reden fast eine Stunde. Der Geschäftsführer kommt dazu, guckt auf mein Zeugnis und fragt: »Warum soll ich dich einstellen?«

»Weil ich der Beste bin«, sage ich. »Ich weiß zwar nichts von der Materie, aber ich verkaufe einem Scheich Sand in der Wüste.«

Wie immer: Wo die Faust nicht hilft, schlägt mein Mundwerk zu. Die Chefs hocken da mit ihren Krawatten und gucken sich an, dann sagt Hayri: »Der Junge hat Talent. Lass ihn Probe arbeiten, und wir werden sehen.«

Die ersten Tage in der Firma öffnen mir die Augen. Man kann Geld auch schnell verdienen. Man muss gar nicht so viel arbeiten wie meine Eltern damals im Vierschichtsystem. Meine ganze Vorstellung von Arbeit verändert sich komplett, und das verändert mich. Nach 14 Tagen habe ich einen festen Arbeitsvertrag. Nach drei Wochen habe ich mehr Verträge abgeschlossen als jeder meiner drei Kollegen, alle mit

Abschluss in BWL oder Informatik. Ich drücke es ihnen richtig rein: »Jungs, ihr macht was falsch. Ich habe ohne Schulabschluss mehr Verträge als ihr, also gebt mal Gas!«

Ich übernehme ein wunderschönes kleines Apartment in der Schattenhofergasse, das auch zu halix GmbH gehört. Toplage direkt am Dom, zehn Meter neben der Donau. Für unter 400 Euro warm. Im Büro fühle ich mich genauso zu Hause, trage dort Schlappen und verdiene eine Schweinekohle.

Von Servern und Domains verstehe ich zwar nichts, aber ich kann sie gut verkaufen, wachse in die Aufgabe hinein, immer nach dem Prinzip Trial and Error. Der Techniker kontaktiert mich und sagt: »Ünsal, das hast du scheiße erklärt!« Und schon ist es gespeichert. Mein Leben lang habe ich immer erst aus Fehlern gelernt. So läuft es auch hier.

Die nächsten sieben, acht, neun Jahre geht es für mich steil bergauf. Ich werde Großkundenbetreuer, verkaufe die ersten WLAN-Router, treffe Geschäftspartner von eBay, Alice Internet und dem Hamburger Dollhouse. Der kleine Parsberger Kanake ohne Schulabschluss macht richtig Business.

Trotzdem fängst du an, dir Gedanken zu machen. Du bist gut in deinem Job, aber irgendwann könnte das nicht mehr reichen. In Deutschland zählt leider nur Papier. Du denkst über eine Ausbildung nach, vielleicht als IT-Systemkaufmann, du informierst dich und merkst: Diese ganzen Zahlen, das schaffst du nicht. Du bist kein Theoretiker. Du kannst dich nicht hinsetzen und lernen, da bleibt im Kopf nichts hängen. Du hast nie gelernt zu lernen. Außer aus Fehlern.

ZWISCHEN DEN RUNDEN

In Deutschland gibt es Rassismus und Diskriminierung. Das ist traurig, aber es macht Deutschland noch nicht zu einem rassistischen Land. Es bedeutet nicht, dass Deutschland alles falsch macht. Dafür gibt es hier zu viele gute Gegenbeispiele.

Trotzdem hat sich seit meiner Jugend vieles leider nicht verändert. Wenn ich in deutschen Schulen mit den Schülern spreche, erzählen viele immer noch die gleichen Geschichten, die ich in meiner Kindheit und Jugend erlebt habe: Deutsche Kinder werden bevorzugt, Kinder ohne deutsche Herkunft werden benachteiligt. So schnell wird sich daran wohl auch nichts ändern. Es wäre gut, wenn mehr deutsche Lehrer, aber auch Polizisten, Arbeitgeber oder Nachbarn das einfach mal verinnerlichen und danach handeln würden.

Bringt mehr Zeit, Geduld und Interesse für Kinder und Jugendliche aus ausländischen Familien auf! Schaut weniger auf ihre Schwächen, sondern mehr auf ihre Talente. Versucht wenigstens, eine gemeinsame Ebene zu finden, direkt, offen und ehrlich, ohne euch zu verstellen. Drückt vielleicht auch öfter mal ein Auge zu. Denn die meiste Zeit verbringen diese jungen Menschen in einer ganz anderen Welt.

Gebt ihnen mehr Chancen und fragt nicht, ob sie diese Chancen auch verdienen! Oder fragt ihr etwa bei deutschen Kindern, ob die es verdienen, bevorzugt zu werden?

RUNDE III

CLINCH

Der Druck treibt dich direkt in seine Arme. Er ist nicht dein Freund, er will dich schlagen und du ihn, aber in diesem Moment klammerst du dich an ihm fest, suchst bei ihm Halt, atmest durch. Die Nähe ist intim, fast wie beim Sex, Haut auf Haut, du riechst ihn, fühlst seinen Schweiß, sein Keuchen, seinen Herzschlag.

* * *

»Pass auf«, sagt Dalibor, »eine gute und eine schlechte Nachricht. Die gute: Du kannst in der Türkei live im Fernsehen boxen.«

Mir bleibt die Luft weg. Von so einem Kampf habe ich immer geträumt, das muss ich machen, auf jeden Fall.

»Und die schlechte Nachricht?«

»Der Kampf findet in 36 Stunden statt.«

»Dali, wie soll das gehen?«, frage ich. »Wir haben keine Sponsoren, kein Geld für die Flugtickets, kein Hotel, keine Gegnergage, wir haben nichts!«

Es wäre eine Riesenchance: Ali Yilmaz veranstaltet eine Boxgala in Tekirdağ, und ihm ist ein Kampf ausgefallen. Als Türke und frischgebackener GBA-Champion wäre ich der perfekte Ersatz. Ich denke darüber nach. Ali Yilmaz ist nicht irgendwer, sondern ein Star-Promoter. Ein paar Skandale, okay – aber er soll auch schon türkische Boxer nach Miami und Las Vegas gebracht haben.

»Gegen wen boxen wir?«

»Egal. Irgendeinen billigen Serben, Hauptsache, wir boxen.«

Er hat es geschafft, mich anzufixen, wie immer. Aber woher soll das Geld kommen?

»Gib mir ein paar Stunden«, sage ich, überlege fünf Minuten, dann rufe ich zu Hause an. »Papa, ich brauche dein Auto.«

Unser 1990er VW Passat ist rot, wie die türkische Flagge. Dieser Wagen ist mehr als ein Auto. So einen Wagen wirklich zu besitzen, bedeutet Freiheit, es bedeutet, dass du es geschafft hast in Deutschland. Da sind die einen, die machen schnell ein Polaroid von irgendeinem Mercedes, schicken es mit der Post nach Hause in die Türkei, und dort sagen sie: »Boah, schau mal, der Mehmet hat einen super Mercedes.« Und da sind die anderen, wie meine Eltern, die sich so einen Wagen hart erarbeitet haben.

Mein Vater ist mein größtes Vorbild. Wie kann ich jemals so viel schaffen wie er? Er musste schon mit 13 auf der Haselnussplantage seines Vaters ackern. »Schule brauchst du nicht«, hieß es. »Du musst arbeiten, wir brauchen das Geld.« Ein ganz normaler türkischer Junge. Mit Anfang 30 hat er kaum etwas von der Welt gesehen, die Türkei hat er noch nie verlassen. Dann kommen Anwerber in sein Dorf. Sie suchen Gastarbeiter, die nach Deutschland gehen wollen. Das Wirtschaftswunderland! Reichtum und Wohlstand! Von den Türken, die in Deutschland leben, hört man immer, wie wohlhabend sie dort geworden sind. Mein Vater bewirbt sich. Er wird gemustert, sie checken seine Gesundheit, seine Zähne. Als Einziger von neun Geschwistern wird er ausgewählt.

Aber die Sache ist riskant. Deutschland bezahlt nichts, weder die Reise noch die Unterkunft. Mein Vater muss einen Kredit aufnehmen. Er landet in Parsberg mit einem Koffer und 3000 Mark, die nicht ihm gehören. Über die deutsche Kultur weiß er buchstäblich nichts. Mit der Sprache wird es schwierig, das ist ihm klar, aber keiner hat ihm erzählt, dass es in Deutschland einen anderen Glauben gibt als den Islam. Keine Gelegenheit, Land und Leute kennenzulernen. Keine Informationen, schon gar keine Integration. Wozu auch? Er ist einzig und allein zum Geldverdienen gekommen. Oder nicht?

Papa steigt also in Deutschland aus dem Zug und steht einen Tag später schon am Band. Akkordarbeit von Anfang an. Ausbeutung? Kennt er nicht. Es ist normal, so war es sein ganzes Leben lang. Er fühlt sich wertgeschätzt, ist topmotiviert.

»Wir wurden willkommen geheißen wie Freunde«, wird er uns erzählen. »Die waren so nett zu uns, die haben uns mit Musik empfangen.«

Deutschland, in den 70ern. Ein fremdes, neues Land. Du bist Gastarbeiter, kennst dich nicht aus, verdienst zwar gutes Geld in der Fabrik, aber wie ein Gast fühlst du dich hier nicht. Anscheinend bist du nur als Arbeiter willkommen. Die Deutschen bleiben unter sich, die Türken halten es genauso. Echte Freundschaften scheinen sich nicht zu lohnen. Es gibt immer Ausnahmen, aber es bleibt auch immer eine Kluft.

Also hältst du dich an deinen Kollegen. Mehmet. Der ist schon länger da, der kennt sich aus. Bei Mehmet kannst du dir etwas abgucken. Mehmet wird dein Freund. Du triffst nur noch Mehmet. Wo findest du eine Wohnung? Mehmet hat Kontakte. Du ziehst dahin, wo Mehmet wohnt, wo schon andere Türken wohnen, da brauchst du die deutsche Sprache nicht. So richtest du dich ein. Die Türkenclique wird größer, und Deutschland bleibt fremd.

Nur fünf oder zehn Jahre gutes Geld verdienen und wieder zurück in die Türkei, so war der Plan. Aber das Leben läuft eben nicht nach Plan. Bei der Arbeit lernt mein Vater meine Mutter kennen, sie verlieben sich, finden besser bezahlte Jobs bei Grundig und ein schönes Haus zur Miete. Sie leben sich ein, meine Mutter wird schwanger, mein Bruder kommt zur Welt. Meine Mutter wird noch mal schwanger. Mit der Zeit kommt die Überzeugung: Das Leben ist in Deutschland einfach besser als in der Türkei. Unsere Kinder haben hier eine bessere Zukunft, hier sollen sie aufwachsen. Dafür werden wir alles tun, arbeiten von früh bis spät, um Geld zu verdienen.

Mein Vater läuft morgens zur Bushaltestelle, um Richtung Nürnberg zu Grundig zu fahren. Eine Stunde mit dem Bus, dann eine volle Schicht knochenharter körperlicher Arbeit. Hinterher eine Stunde auf den Bus warten und eine weitere fahren. Mein Vater ist zwölf Stunden unterwegs, um eine Schicht zu arbeiten. Immer wenn er zu Hause ist, müssen wir leise sein, weil er sich ausruht.

Er arbeitet mehr als die meisten Deutschen. Vierschichtsystem. Sieben Tage arbeiten, zwei Tage frei. Jahrelang. Das muss er, um zu überleben. Für ein bisschen Wohlstand. Nicht für sich, sondern für uns. Er verwöhnt uns im Rahmen seiner Möglichkeiten, als wäre er ein Millionär. Was er hat, gibt er für uns aus.

Mit dem eigenen Auto wird alles etwas leichter, alles rückt näher – die Arbeit, die türkischen Supermärkte, meine Fußballturniere, unsere Verwandtschaft, die Türkei. Papa arbeitet immer komplett durch, nimmt keinen Urlaub, damit er auf jeden Fall die Sommerferien mit uns Kindern in der Türkei verbringen kann. Die unbeschwerteste Zeit des Jahres. Das ganze Jahr leben wir auf diese wenigen Wochen hin. Es gibt keinen Stress in der Schule, unsere Eltern können sich von der Arbeit erholen, wir treffen Großeltern, Onkel, Tanten, Cousins und Cousinen. Überall werden wir herzlich empfangen, es wird andauernd gekocht und gegessen, es gibt immer Kinder zum Spielen und keine Anfeindungen. Die Türkei ist für mich der schönste Ort der Welt.

Es ist jedes Mal eine lange, anstrengende Autofahrt. 24 Stunden, 2000 Kilometer über Österreich, Ungarn, Serbien, Bulgarien, Bosporus. Stundenlanges Anstehen an den Grenzen. Der Passat komplett überladen. Üstün und ich haben kaum noch Platz zum Sitzen, können uns gegenseitig nicht einmal mehr sehen, weil sich zwischen uns das Gepäck türmt.

Unser Urlaub besteht zum größten Teil darin, Hunderte Verwandte zu besuchen. Alle bekommen Massen an Geschenken. Am begehrtesten sind Markenprodukte, die man in der Türkei nicht kaufen kann – Coca-Cola zum Beispiel oder Milka-Schokolade. Damit bestechen wir auch den Zoll, damit wir schnell weiterkommen.

Da unten spielen wir uns als Deutschtürken richtig auf. Plötzlich sind wir stolz darauf, wie wir in Deutschland leben. Wir lassen es richtig raushängen – coole Schuhe, coole Klamotten. Wir zeigen den Älteren: Ey, ich bin der Deutsche, da in Deutschland lebt es sich super. Über unsere Probleme zu Hause reden wir nicht. Dass wir in Wirklichkeit putzen gehen müssen. Dass wir in vier Schichten am Band stehen. Dass wir jeden Tag dieselben coolen Schuhe anziehen, weil wir keine anderen haben. Dass für das Auto ein Kredit aufgenommen wurde, den wir noch in zehn Jahren abbezahlen. Die Entscheidung meiner Eltern, nach Deutschland zu gehen und für den Rest ihres Lebens dortzubleiben, darf nicht infrage gestellt werden. Wir geben mit etwas an, das wir eigentlich gar nicht haben. Wir spielen in der Türkei die Überlegenen, die wir in Deutschland nicht sein können, denn da sind es die deutschen Kinder, die auf uns herabschauen. Wir blenden die Leute, und die Leute denken: Ich will auch nach Deutschland – anscheinend bekommt man das Geld da in den Arsch geschoben!

Den türkischen Familien in Parsberg bringen wir immer bergeweise Geschenke aus der Türkei mit, vor allem Lebensmittel, die man in Deutschland schwer bekommt. Wir versuchen, uns so viel türkische Lebensart wie möglich nach Hause zu holen. Wir tun so, als wären wir immer noch in der Türkei. Genauso wie damals unsere Eltern, als sie nach Deutschland kamen.

Bei uns spielt sich das kulturelle Leben komplett daheim ab, und es ist ganz und gar türkisch. Man geht nicht ins Restaurant, um Freunde zu treffen. Das tun nur Deutsche. Man macht es wie früher in der Türkei: Da war es Tradition, an jedem Tag, wo man zu Hause war, eine andere Familie einzuladen. Gastfreundschaft ist das Wichtigste. Für den Besuch ist das Beste gerade gut genug. Natürlich haben die deutschen Nahrungsmittel nicht die Qualität wie die aus der Türkei, also macht man sich die Mühe und fährt extra nach Regensburg oder nach Nürnberg zum türkischen Supermarkt. Das Leben in Deutschland ist zwar gut, aber unser eigenes Essen ist besser. Und mehr. Es wird übertrieben viel gekocht. Die Frauen treffen sich zur Kochparty, das ist die beste Gelegenheit zum Tratschen und um über andere herzuziehen. Erkan und ich hören immer heimlich zu, wenn unsere Mütter kochen. Nach einer Stunde wissen wir über alles Bescheid, was in Parsberg gerade passiert, und können mitlästern.

Jede der Frauen, die da klatschen und tratschen, hat eigene Söhne und Töchter. Über die wird immer nur gut geredet.

Gleichzeitig interessiert man sich vor allem dafür, was die Kinder von anderen türkischen Leuten Verbotenes gemacht haben. »Hast du gehört? Die Tochter vom Halil hat sich mit einem Deutschen getroffen.« Aber dass ihre eigenen Töchter das auch machen könnten - unvorstellbar. »Meine Kinder? Nein. Niemals.«

Alles dreht sich um die Frage: Was denken die Nachbarn? Kann ich dies oder jenes tun - oder reden sie dann schlecht über mich? Wenn ich Mist gebaut habe, höre ich zu Hause immer als Erstes: »Was sollen die Nachbarn denken?« Oder: »Jetzt wissen es alle Nachbarn.« Das Schlimmste, was passieren kann. Sätze, die einen irgendwann brutal nerven. Die man nicht mehr ernst nehmen kann.

Einerseits sind wir Türken nur mit Türken zusammen, und der Zusammenhalt bedeutet uns alles. Andererseits ziehen wir gnadenlos übereinander her, vergleichen und konkurrieren darum, wer am besten dasteht. Selbst Freunde und gute Bekannte werden beneidet, das können wir einfach nicht lassen. Der Nachbarsjunge hat eine Drei, warum hast du eine Fünf? Der Ismet von denen ist auf dem Gymnasium! Dann muss es mein Sohn auch schaffen, und er muss besser sein. Der da hat seiner Frau eine neue Waschmaschine gekauft. Warum habe ich noch die von 1980? Der da verdient 3000 im Monat, warum du nur 2000?

Wenn wir unseren Vätern zuhören, geht es oft ums Geld. Sie sagen dann Sätze wie: »Der einzige Freund des Türken ist der Türke« - außer, wenn es um Geschäfte geht, die macht man lieber mit Deutschen, da ist man auf der sicheren Seite.

Ein türkischer Bekannter eröffnet ein Restaurant in einer anderen Stadt. »Warum dort?«, fragt man ihn. »Da wohnen doch gar keine Türken.«

Und er sagt: »Allah, Bruder, mit türkischen Kunden hast du nur Ärger. Dem Türken musst du erklären, warum fünf

Euro dies, warum zwei Euro das. Dann will er nicht bezahlen, weil er dein Kumpel oder Bruder oder Cousin ist. Nein, ich mache meinen Laden für Deutsche. Die essen, dann zahlen sie und gehen.«

Mein Leben lang höre ich das von Türken, wenn sie unter sich sind: »Ja, Bruder, Geschäfte darfst du nur mit Deutschen machen. Die sind ehrlich. Pünktlich. Zuverlässig. Oder hast du schon mal einen Deutschen gesehen, der seine Rechnung nicht pünktlich bezahlt? Der will keine Mahnung, der dreht den Euro dreimal um! Hallas, wallah, ich schwöre auf meine Mutter, mit Deutschen machst du Geld.«

So reden Türken untereinander andauernd, heute noch. So werden die Deutschen tatsächlich gesehen. Wenn Türken in Deutschland in der Öffentlichkeit zusammen sind, wird über die Deutschen hergezogen, weil man ja Erdoğan beschützen muss, dann heißt es: »Diese gottverdammten Nazis, diese kulturlosen Ungläubigen, die sollen in der Hölle schmoren!«

Aber insgeheim wissen wir Türken alle, wie gut Deutschland zu uns ist, Benachteiligung hin oder her. Es ermöglicht uns ein sehr viel besseres Leben als in der Türkei, und insgeheim lieben wir die Deutschen dafür. Wenn die wüssten, wie die Türken untereinander über sie reden, sie würden uns auch lieben und uns nicht wie Bürger zweiter Klasse behandeln. Wir sehen sie wirklich so, wie sie von sich selbst denken: pünktlich, anständig, korrekt.

Aber wehe, ein Türke lobt die Deutschen öffentlich! Wehe, er sagt, dass ihn auch nur ein Deutscher gut behandelt hat. Dann geht's los: »Ah, du gottverdammter Alman, so einer bist du also. Du dreckiger Arschkriecher! Du Landesverräter!« So einfach ist das. Solche Heuchler sind wir Deutschtürken. Im Grunde wissen wir, wie gut die Deutschen zu uns sind, dürfen es aber niemals öffentlich sagen. Jeder Türke, der diese Sätze liest, weiß im tiefsten Herzen, dass sie wahr sind – und es ist vielleicht noch schlimmer, als ich es hier schreibe.

***

Unsere Eltern können sich für uns aufopfern, so viel sie wollen: Als Kind habe ich deutschen Kindern nur wenig zu bieten. Mein einziger Trumpf ist mein Fußballtalent, dadurch komme ich in Kontakt mit einigen deutschen Jungs, die sich mit mir anfreunden. Ab und zu verabrede ich mich auch nachmittags mit jemandem zum Spielen. Zu uns nach Hause möchte ich aber niemanden einladen, aus Scham. Ich weiß genau, die deutschen Kinder haben von allem mehr als ich. Die bekommen neue Adidas-Schuhe – ich die alten von meinem Bruder. Ich will keinen reichen deutschen Jungen in der kleinen Kammer haben, wo Üstün und ich schlafen und wo man ansonsten kaum etwas tun kann. Also besuche ich die deutschen Jungs daheim.

Mein Freund Tobias wohnt in einem sehr großen Haus mit alten Bäumen, Doppelgarage und einem schönen Garten. Schon ein anderes Flair. Ich komme pünktlich, nicht zu früh, nicht zu spät, wie es die Deutschen mögen. Seine Mutter lässt mich rein. Ein riesiger, heller Flur. Eine riesige, topmoderne Küche, aus der es lecker duftet. Ein riesiges Wohnzimmer mit Wintergarten und Terrasse. Tobias sitzt mit seinem Vater und seiner Schwester beim Mittagessen, vier Plätze, vier Teller. Keiner sagt Hallo.

»Der Tobias isst gerade noch. Du kannst in seinem Zimmer warten. Er kommt dann hoch, wenn er fertig ist.«

Habe ich mich verhört? Wir sind doch verabredet! Diese Leute haben so ein Haus und nur vier Teller? Tobias' Mutter scheint tatsächlich darauf zu warten, dass ich mich endlich nach oben verpisse, damit sie weiteressen kann. Wie ein

Hund schleiche ich die Treppe rauf. Was für Arschlöcher, was für verfickte Arschlöcher! Es ist so, wie unsere Eltern sagen. Ganz genau so! Die Deutschen laden sich Gäste ein und bieten ihnen nichts an. Geben nichts ab. Dabei sind sie stinkreich! Ich sollte direkt wieder abhauen.

Aber ich bleibe. Will ja unbedingt mit Tobias' Sachen spielen. Ich habe zehn Minuten allein. Unser Kinderschlafzimmer hat mit seinem nichts gemein. Es würde dreimal hineinpassen. Hier gibt es einen Balkon und ein breites Bett in der Ecke, groß genug für zwei. Einen Schreibtisch mit Computer, daneben jede Menge Platz zum Hausaufgabenmachen. Wenn ich Hausaufgaben mache, dann auf dem Fußboden oder am Esstisch.

Was mich in Tobias' Zimmer am meisten fasziniert und ebenso deprimiert, ist die Ecke mit den Spielsachen. Es ist keine Ecke, es ist eine ganze Wand. Das meiste habe ich noch nie gesehen. Was hat er hier alles? Und warum habe ich das alles nicht?

Den Rest des Tages spielen wir mit Masters-Figuren. Krass muskulöse Typen, von denen jeder etwas Besonderes kann. Tobias besitzt auch die Comics dazu und erklärt mir jede einzelne Figur. He-Man, den blonden Schwertkämpfer, seine Schwester She-Ra, Battlecat und den bösen Skeletor. Tobias hat sie alle. Er besitzt einfach alles. Lego. Playmobil. Ferngesteuerte Autos. Alle möglichen Brettspiele und Bücher. Ich bewundere ihn, schaue zu ihm auf. Traue mich nicht, ihn zu fragen, ob er mir etwas ausleiht. Fühle mich unwürdig. Minderwertig. Das zieht mich extrem runter.

Es beschäftigt mich lange Zeit, dass Tobias' Mutter mich in sein Zimmer geschickt hat, ohne mir etwas zu essen anzubieten. Ich suche nach Entschuldigungen. Vielleicht gab es ja Schwein, und sie hatte nichts anderes. Vielleicht dachte sie auch, ich hätte um die Zeit wahrscheinlich schon gegessen.

Oder sie setzt einfach aus Prinzip niemanden an den Mittagstisch, der nur zum Spielen eingeladen ist.

Tobias spreche ich nicht darauf an, aber zu Hause erzähle ich es sofort meiner Mutter.

»Habe ich es nicht gesagt?«, antwortet sie. »So sind die Deutschen. So läuft es bei denen immer. Die Deutschen passen nicht zu uns. Die haben eine ganz andere Kultur, eine andere Mentalität als wir.«

Das hören wir als Kinder zu Hause andauernd. Mit diesen Vorurteilen gehen wir aus dem Haus, und draußen werden sie bestätigt. Ich sehe keinen Grund, meiner Mutter nicht zu glauben. Solche Geschichten passieren immer wieder. Vieles passt zu dem, was für unsere Eltern typisch deutsch, typisch alman ist: Die Deutschen teilen nicht. Die Deutschen verstecken ihr Essen. Die Deutschen verleihen ihre Sachen nicht, jedenfalls nicht an uns Türken. Ich kenne es aus der Schule. Deutsche Kinder kaufen sich Süßigkeiten und geben nichts ab. Sie essen alles allein auf, außer man hat etwas zum Tauschen. Bis zum nächsten Tag ein T-Shirt ausleihen oder ein Fahrrad, das ist undenkbar. Wir Ausländerkinder sind nicht so pünktlich und zuverlässig wie die Deutschen, also wird uns nichts anvertraut. Es könnte ja beschädigt werden oder irgendwie verloren gehen. Wir sind ja noch nicht einmal versichert.

Für sich genommen sind es Kleinigkeiten, aber auf Dauer reichen sie aus, um unser Bild von den Deutschen zu bestätigen. Im Kopf verfestigt sich der Gedanke: Von denen ist nichts zu erwarten. Die wollen uns nicht. Umso mehr müssen wir Türken zusammenhalten.

* * *

Die jahrzehntelange harte Arbeit hinterlässt bei meinen Eltern natürlich Spuren. Mein Vater wird mit 55 in Frührente geschickt. Seine Abfindung und ein Kredit von der Bank reichen aus, um das Haus zu kaufen, für das er bis dahin Miete gezahlt hat. Er wird für den Rest seines Lebens darin wohnen. Türken mit einem eigenen Haus gibt es in Parsberg bisher kaum. Ein kleiner anatolischer Bauernjunge hat das geschafft, ohne deutsche Sprachkenntnisse, ohne Ausbildung, nur mit seiner Hände Arbeit.

Auch meine Mutter ist praktisch veranlagt, packt an, kann hart arbeiten, obwohl sie immer gesundheitliche Probleme hat. In der Fabrik ist für sie schon nach nur knapp zehn Jahren Schluss. Ihre schmerzenden Hände können die schweren Teile nicht mehr halten, das lange Stehen an der Stanze ist nicht mehr möglich.

Das deutsche Gesundheitswesen war ein Hauptgrund, warum sie unbedingt nach Deutschland wollte und weshalb die Familie es erlaubte. Sie nimmt Tabletten gegen die Schmerzen, aber sie spricht nie über ihre Krankheit, schiebt sie nie als Ausrede vor. Jammert nie deswegen. Arbeitet, als wäre nichts, geht zwar nicht mehr in die Fabrik, aber dafür im Supermarkt putzen, damit Geld für den Hauskredit reinkommt. Mit meinem Vater trägt sie Bretter, läuft Hunderte Male unsere Treppen hoch und runter, bis alle Zimmer fertig vertäfelt sind.

Schon lange will Papa die Einfahrt neu pflastern. Alles wird selber gemacht, wie immer, Bandscheibe hin, Schulterschmerzen her. Die ganze Familie packt mit an, auch meine Mutter, trotz ihrer schlimmen Hände. Vom alten Mercedes-Gelände, wo Wohnungen gebaut werden sollen, darf Papa sich so viele Pflastersteine holen, wie er will. Hundertmal fahren wir mit dem alten Passat hin, reißen die Steine einzeln raus, fahren zurück, laden sie bei uns ab und wieder von vorn. Auch meine Mutter trägt Steine durch den Garten. Keine Spur von Krankheit und Schmerz. Ich ahne nichts. Wochenlang geht es so.

Es ist mordsanstrengend in der Sommerhitze. Ich schleppe Pflastersteine, Papa platziert sie sauber und ordentlich, Reihe für Reihe, im Sand vor der Garage und klopft sie fest. Den halben Vormittag sind wir schon dabei, da kommen zwei deutsche Frauen, etwa so alt wie meine Mutter, den Fußweg hoch. Ich kenne sie vom Sehen, sie wohnen in unserer Straße. Anscheinend waren sie einkaufen.

»Oh, Herr Arık, Baustelle?«

»Ja«, sagt mein Vater, »Haus gekauft, viel Arbeit, viel Arbeit.«

Sie gucken irritiert. »Ach, haben Sie denn vor, noch länger in Deutschland zu bleiben?«

Was für eine Arschlochfrage! Vielleicht liegt es an der Hitze oder an der Pubertät, aber ich raste total aus und schmeiße einen Stein nach ihnen. Zum Glück nicht weit genug, sondern nur knapp bis vor ihre Füße. Ich drehe richtig durch, will auf sie losgehen, will sie packen, will sagen: ›Du dreckige Fotze, du Schlampe, verpiss dich und geh hier nie wieder vorbei!‹

Die beiden laufen weg. Papa hält mich total erschrocken fest und schreit mich an: »Nein! Junge, was machst du?!«

»Hast du gehört, was die blöde Kuh gesagt hat?«

Er hat es nicht verstanden.

Ich erkläre ihm, was für eine ausländerfeindliche Frage das in meinen Augen war.

Papa ist schockiert. »Ich kenne die Frau seit 20 Jahren! Sie ist nett. Ich grüße sie. Und jetzt sagt sie so etwas?« Er macht sich ein Bier auf. »Vielleicht war es gar nicht so gemeint«, wendet er ein. »Vielleicht hat sie einfach gesagt, was sie dachte, ohne lange zu überlegen.«

Verkehrte Welt. Früher waren es unsere Eltern, die uns sagten: »So sind die Deutschen.« Jetzt rege ich mich über die Deutschen auf, während mein Vater sie verteidigt.

»Die Zeiten haben sich geändert«, sage ich. »Deutschland ist nicht mehr wie früher! Heute heißen die Deutschen uns nicht mehr mit Musik willkommen, heute würden sie uns lieber mit Musik verabschieden!«

Ich erzähle ihm von Skinheads aus dem Osten, von Schönhubers Nazipartei, von Angriffen auf Asylanten.

»Was kann die gute Frau dafür?«

Papa ist so angepisst und genervt von mir, dass wir an dem Tag erst mal gar nichts mehr machen. Wir streiten eine Stunde lang über diesen Scheiß. Ganz wird dieser Streit nie aufhören.

Die Sache mit dem Pflasterstein spricht sich herum, trotzdem hat sie für mich kein Nachspiel. Außer dass ich mir anscheinend mal wieder Respekt verschafft habe. Jetzt machen auch Erwachsene einen Bogen um mich.

***

Bei meiner Mutter häufen sich die ärztlichen Untersuchungen. Seit ich denken kann, bilden sich an ihren Fingern, im Gesicht, am ganzen Körper kleine rote Flecken. Mit den Jahren wird sie immer öfter gelasert, damit es nicht zu viele werden.

Ich bin schon 24, als ich mit meinen Eltern in eine Spezialklinik nach München fahre. Es geht um einen Knorpel an Mamas Handgelenk. Der Arzt erklärt es mir, ich übersetze für meine Eltern.

»Ihre Mutter hat einen sehr bösartigen Tumor. Er hat schon im ganzen Körper gestreut und greift jetzt die Lunge an. Die Lunge funktioniert nur noch zu 90 Prozent. Irgendwann werden ihr schon wenige Schritte so viel Kraft abverlangen wie ein Sprint.«

Jetzt checke ich erst, worum es geht, dass Mama schwer krank ist. Ich verfluche mich selbst dafür, was für ein elender Bastard ich bin. Hätte früher mitbekommen müssen, wie ernst es ist.

Mama bekommt eine Therapie nach der anderen, kämpft um ihr Leben. Schluckt massenweise Tabletten, morgens, mittags, abends, streng nach Plan. Der Arzt sagt mir: »Dass sie noch lebt, hat sie ihrem starken Willen zu verdanken.« Ich weiß genau, was er meint. Meine Mutter würde niemals aufgeben. Aber es ist nicht nur ihr starker Wille. Es sind auch die deutschen Ärzte. In der Türkei würde sie vielleicht schon längst nicht mehr leben.

Es gibt Tage, da kann sie nicht kochen, nichts tragen. Die Schmerzen sind zu stark, trotzdem jammert sie nicht. An anderen Tagen erledigt sie alles, den ganzen Haushalt - alles, was sie im Sitzen schafft.

Irgendwann kommt der Lungenkrebs. Seit meine Mutter weiß, dass sie stirbt, hängt sie sehr an mir. Wir telefonieren jeden Tag, manchmal mehrmals. Wenn das Telefon klingelt und ich sehe ihre Nummer, gehe ich schon manchmal gar nicht mehr ran. Es wird mir zu viel. Sie so zu erleben, die Angst, sie zu verlieren, die vielen Dinge, die ich ihr sagen muss, aber nicht kann.

Wenn ich heimkomme, sucht sie viel Körperkontakt, ganz anders als früher. Später werde ich mich fragen, ob sie Schuldgefühle hatte. Wir sprechen nie darüber.

***

Du und er, fest umklammert, ineinander verkeilt. Es geht nicht vor und nicht zurück. Die Uhr läuft, Waffenstillstand ist keine Option. Der Ringrichter trennt dich von ihm, du bist wieder auf Abstand, und der Tanz beginnt von vorn, drei-, vier-, fünfmal.

***

Wir sitzen zu dritt in Papas uraltem VW Passat, Dalibor, ich und mein kosovarischer Trainer Bajrush, ein schweigsamer Riese mit platter Boxernase, seit 20 Jahren im Geschäft. Tausendmal musste ich versprechen, dass ich den Wagen heil zurückbringe. Mein Vater hat ihn mir anstandslos gegeben, obwohl er daran hängt wie an seinem Haus. Und nicht nur das. Er ist auch zur Bank gegangen und hat einen Kredit über 4000 Euro aufgenommen, damit ich in Tekirdağ boxen kann. Stolz trommelt er alle Verwandten und Bekannten zusammen, um mit ihnen bei uns zu Hause meinen Sieg zu feiern. Es geht schon durch die Presse: »Ünsal Arık kämpft live im türkischen Fernsehen!«

Wir haben alles knapp und kostengünstig kalkuliert. Fliegen wäre zu kurzfristig, also zu teuer. Außerdem kenne ich es eben so: Man packt das Auto voll und fährt 20 Stunden da runter. Wir haben 30 Stunden bis zum Kampf, mehr als genug also. Trotzdem geben wir Vollgas, scheißen auf alles, werden ein paarmal geblitzt, Hauptsache, wir kommen pünktlich an. Aus dem Auto raus, direkt in den Ring, Gegner weghauen und wieder nach Hause – so ist der Plan.

Spätabends, irgendwo hinter Belgrad, sammeln wir Blaško ein, den »billigen Serben«, den Dalibor aus dem Hut gezaubert hat. Sechs Runden sind vereinbart. Ich gebe meinem Gegner 100 Euro Gage, dann geht es zu viert weiter nach Bulgarien. Blaško sitzt neben mir auf der Rückbank, auf

Üstüns Platz. Wir haben die halbe Strecke geschafft und noch fast 20 Stunden, bis es losgeht. Die Stimmung ist gut.

Hinter Gradinje, sechs Stunden vor Tekirdağ, müssen wir über die Grenze nach Bulgarien. Routine, denke ich, aber es riecht nach Ärger. Ich war hundert Mal hier, es dauert zu lange. Im Nieselregen sieht sich ein serbischer Grenzpolizist Bajrushs Papiere an, sein Blick so kalt wie ein Fisch. Er redet mit Dalibor. Ich verstehe kein Serbokroatisch, aber Dalis Gesicht sagt genug.

»Was ist?«, will ich wissen.

»Sieht nicht gut aus. Sie wollen uns nicht durchlassen.«

»Verfickte Bastarde! Wie früher.« Ich lache, rechne. Es ist kaum Geld da, um den Mann zu schmieren. Und ich habe keine Lust, schon wieder im Auto zu schlafen.

»Meinst du, 50 reichen?«

»Ünsal, er will kein Geld. Er sagt, der Kosovo-Albaner soll zurückgehen, wo er hergekommen ist. Dem geht's ums Prinzip.«

Ich steige aus, werde laut. »Was soll die Scheiße? Er lässt uns nicht nach Bulgarien, weil mein Trainer Albaner ist?! Wir müssen in die Türkei! Sag das diesem rassistischen Hurensohn!«

Ein paar Polizisten drehen sich zu uns um, ich reiße mich zusammen, rede auf Dalibor ein, Dalibor redet auf den Polizisten ein, der bleibt stur. Es bringt nichts. Wir steigen wieder ins Auto und erklären den Jungs, was los ist. Ein bisschen hoffen wir wohl, dass Bajrush sagt: ›Leute, fahrt ohne mich, ich warte hier im Hotel, bis ihr zurückkommt.‹ Aber er sagt nichts. Will nur noch raus aus Serbien. Verständlich.

Wir nehmen eine Alternativstrecke. Der Umweg über Mazedonien und Griechenland kostet uns mindestens sechs Stunden. Eine Weile wird noch diskutiert, dann schläft der Erste ein. Wir wechseln uns mit dem Fahren ab, die ganze

Nacht, Berge rauf und runter, kein Mond, keine Sterne. Angehalten wird nur, um zu tanken und zu pissen. Morgens, nach fast 18 Stunden im Auto, kommen wir komplett übermüdet nach Bogorodica an der mazedonisch-griechischen Grenze, werden kontrolliert. Und rausgewunken. Die griechische Grenzpolizistin ist sehr nett, aber auch knallhart.

»Sie möchten in die Europäische Union einreisen. Albanische Staatsbürger brauchen dafür einen biometrischen Pass oder ein Visum. Das können wir hier nicht ausstellen, das hätten Sie vorher beantragen müssen. Sie drei«, sie zeigt auf Blaško, Dalibor und mich, »Sie können gern weiter, aber Ihr Freund hier leider nicht.«

Wir sind nicht mehr in der EU! Wir haben die EU verlassen! Warum haben wir an so etwas nicht gedacht?! Ich will gerade ausrasten, da klingelt Dalibors Handy. Es ist der Veranstalter. »Ihr kämpft in fünf Stunden! Wo bleibt ihr?«

Dali beruhigt den Mann, erklärt, wo wir sind. Verspricht, dass wir es noch schaffen. Das könnten wir auch, die Zeit würde gerade noch reichen, aber er klingt nicht sehr sicher. Ich flehe die Polizistin an, uns durchzulassen, erzähle, wer ich bin, wer die Jungs sind, was wir hinter uns haben, wo wir hinwollen. Ich falle auf die Knie und weine, bete, bettle, biete ihr 100, 200 Euro, damit sie ein Auge zudrückt – aber sie bleibt hart. Hier ist Endstation.

Ich muss Dalibor nur ansehen, um zu wissen: Wir denken dasselbe. Eigentlich müsste Bajrush von sich aus anbieten, hier in Mazedonien auszusteigen und auf Dali, Blaško und mich zu warten, statt auf dem Beifahrersitz zu kleben. Er tut es nicht, und wir trauen uns nicht, ihn darum zu bitten. Es wäre nicht fair. Er ist ein erfahrener Mann, wir sind die Anfänger. Es war unser Fehler, wir hätten uns um das Visum kümmern müssen. Es musste alles so schnell gehen. Wir haben verkackt. Der Traum ist geplatzt.

Langsam fange ich an zu begreifen, was das bedeutet. Breche zusammen. Weiß nicht, wie ich es meinem Vater sagen soll. Wir haben seinen geliebten Passat quer über den Balkan geprügelt und locker 1000 Euro von seinem Geld ausgegeben – für nichts. Daheim ist das Haus voll, die Gäste stehen vorm Fernseher und wollen mich kämpfen sehen.

Ich weine, als ich ihn anrufe. »Papa, ich kann nicht boxen.« Die Einzelheiten spare ich mir.

»Was sage ich den Leuten?«

»Sag ihnen, ich habe mich beim Aufwärmen verletzt.«

So hören es später auch die Fernsehzuschauer. Zu der Zeit sind wir immer noch auf dem Rückweg. Vier erwachsene Männer, seit 24 Stunden in einen alten Passat gequetscht, unendlich enttäuscht, verheult, komplett im Arsch.

* * *

Er ekelt dich an, dabei ist er genau wie du. Sitzt mit dir in einem Boot. Ohne ihn kannst du nicht bestehen. Ohne ihn wärst du nichts. Ein Boxer ohne Gegner kann kein Boxer sein. Jeder braucht den anderen, um ihn zu vernichten.

ZWISCHEN DEN RUNDEN

Mein Vater fragt mich: »Junge, wieso sind wir damals nach Deutschland gekommen? Wegen Geld. Wer wegen Geld herkommt, der würde auch wegen Geld wieder zurückgehen.«

Aber kaum einer geht zurück. Hier in Deutschland haben wir Türken gute Arbeit, gute Bildung, Sozialversicherung, Hartz IV. Wir bleiben hier, weil das Leben in Deutschland besser ist als in der Türkei. Wer etwas anderes behauptet, der lügt.

Die Wahrheit ist: Wir klammern uns an die Deutschen, ans deutsche Geld, an den deutschen Wohlstand. Trotzdem schimpfen wir bei jeder Gelegenheit auf Deutschland. Wir verhalten uns schizophren. Heuchlerisch. Warum können wir nicht einfach zugeben, dass es die allermeisten Deutschen gut mit uns meinen? Dass sie uns Vorteile bringen?

Die einfache Antwort: Wir haben Angst. Angst um unseren Stolz und unsere Ehre. Angst davor, was die türkischen Nachbarn über uns denken. Angst, dass uns jemand »Alman« nennt. Wir denken: Je deutscher wir sind, umso weniger sind wir Türken.

Wir wollen keine Almans sein. Deshalb schimpfen wir auf die Deutschen. Deshalb versuchen wir krampfhaft, uns gegenseitig zu beweisen, dass wir Türken geblieben sind.

Auch die Türken in der Türkei sollen sehen: Wir haben uns nicht verkauft! Wir sind immer noch dieselben! Wir sind stolz auf unser Land! Wir sind treu, auch hier! Aber wie nennen sie uns, wenn wir zu Besuch in die Türkei kommen? Almans. Das verletzt uns, das macht uns wütend. Und diese Wut lassen wir an den Deutschen aus.

Ich habe im Leben Tausende Türken als Almans beschimpft. Heute werde ich von Erdoğan-Fans so genannt, gern auch »Haustürke« oder *alman capay*, »Schoßhund der Deutschen«. So nennen sie mich, weil ich die Wahrheit offen ausspreche. Sie würden sagen: weil ich den Deutschen in den Arsch krieche. Für die meisten ist Alman eine Beleidigung – für mich ist es nur noch ein Wort.

Ich bin Türke, ich liebe die Türkei, und ich liebe Deutschland. Fertig.

RUNDE IV

FINTE

Er beobachtet dich, testet dich. Nach zwei, drei Runden hat er deine Taktik durchschaut, dann weiß er, was du kannst, lässt dich deine Standardnummer nicht mehr durchziehen. Er passt auf, achtet besser auf seine Deckung. Du musst dir was ausdenken, kreativ werden. Ihn überraschen, austricksen. Du gehst ein paar Mal auf seinen Kopf. Nur halbherzige Jabs mit der Führhand, nicht ernst gemeint. Dann die Finte, volle Körperspannung, deine Rechte zuckt. Er reißt die Fäuste vors Gesicht, aber der Schlag, den er erwartet, kommt nicht. Es kommt überhaupt kein Schlag. Du entspannst deine Muskeln, gehst einen Schritt auf Distanz und startest von vorn.

* * *

Ein blauer Schein ragt aus dem Geldbeutel. Man sieht nur eine Ecke, aber ich weiß, das ist ein Hunderter. So viel habe ich noch nie besessen. Wer lässt seinen vollen Geldbeutel auf dem Beifahrersitz liegen und schließt dann nicht mal sein Auto ab?

Unauffällig schlendere ich zurück in den Gemeinschaftsgarten hinter dem vierstöckigen Mietshaus, wo Erkan wohnt. Schaue mich um. Es ist Mittagszeit. Nichts rührt sich. Keiner zu sehen. Erkan kommt frühestens in einer Stunde. Ich trete gegen den Fußball, der wie zufällig auf den Hof der Schlosserei rollt. Laufe hinterher. Die Werkstatttür ist verschlossen. Alles still. Scheinbar versehentlich kicke ich den Ball zu den geparkten Autos. Hebe ihn auf, werfe noch einen Blick durchs Beifahrerfenster. Ein schwarzes Portemonnaie aus Leder. Goldener Klickverschluss. Leicht zu öffnen. Der Hunderter will raus.

Mein Ball rollt durch die Einfahrt auf den Gehweg, ich laufe hinterher. Weit und breit kein Mensch. Was könnte man für 100 Mark alles kaufen? Vier Masters-Figuren … oder sogar fünf. Mein Herz klopft, als ich wieder an dem Auto vorbeigehe. Diesmal noch unauffälliger. Sehe gar nicht hin. Gehe einfach wieder in Erkans Garten und spiele mit dem Ball. Versuche, ihn hochzuhalten. 20-mal, 50-mal, 100-mal.

100 Mark. Natürlich kann ich sie nicht nehmen. Das wäre Diebstahl, und Diebstahl ist haram.

Sollte mich die Polizei jemals beim Klauen oder mit Drogen erwischen, enterbt Papa mich, hat er gesagt.

Sollten sie mich erwischen.

Ich scanne die Umgebung. Bin allein. Auf Gebhardts Hof tut sich gar nichts. Bäume versperren die Sicht auf die Nachbarhäuser. Bei Erkans Wohnung sind die Vorhänge geschlossen, damit es drinnen kühl bleibt.

Tobias hat mindestens 20 oder 30 Masters-Figuren. Und Castle Grayskull. Ich habe noch nicht mal He-Man. Die Deutschen haben alle richtig viel. Was haben wir? Einen Scheiß.

Wenn ich mit dem Ball die Lücke zwischen den Büschen treffe, hole ich's mir. Ich lege mir den Ball zurecht. Schieße. Treffe die Lücke zwischen den Büschen. Eigentlich war es zu einfach.

Wieder gehe ich möglichst normal rüber zur Schlosserei. Nichts hat sich verändert. Ich spähe in alle Richtungen. Ein

Laster fährt vorbei, dann ist alles wieder ruhig. Meine Hände schwitzen.

Zum Auto gehen. Die Tür öffnen. Geldbeutel greifen. Hunderter rausnehmen. Aber wirklich nur den Hunderter. Geld einstecken. Geldbeutel zumachen und wieder hinlegen. Tür ganz vorsichtig wieder schließen. 15 Sekunden, vielleicht 20.

Ich gehe zurück in den Garten. Das Auto gehört bestimmt einem Deutschen. Den juckt es nicht. Der hat das morgen schon wieder vergessen. Ich muss halt aufpassen, dass mich keiner sieht, und dann einfach abhauen.

Es hämmert in meiner Brust. Komm schon, andere würden den kompletten Geldbeutel klauen! Oder gleich den ganzen Wagen.

Ich halte die Luft an, der Ball rollt zwischen die Autos, die Beifahrertür klickt auf. Der Rest passiert wie im Film. Ich schnappe mir den Geldbeutel, öffne ihn, ziehe den Hunderter raus, lege den Geldbeutel zurück und schließe die Tür so leise wie möglich. Mein ganzer Kopf ist heiß, ich spüre meinen Herzschlag bis in den Hals. Ich denke an die Polizei, an meinen Vater, an He-Man und Skeletor. Schaue links, schaue rechts. Spaziere ganz selbstverständlich zur Ausfahrt hinaus und weg. Atme durch. Es hat mich niemand gesehen. Das perfekte Verbrechen.

Ich drücke meine Nase am Schaufenster platt. Greife immer wieder in die Tasche, um zu schauen, ob der Hunderter noch da ist. Brauche mehrere Anläufe, bis ich endlich reingehe. Eigentlich ist es ein Fahrradladen mit einer Spielzeugecke. Ich war schon oft drin, habe aber fast noch nie was gekauft. Meistens geklaut. Kleinigkeiten.

Nach ewigem Herumrechnen nehme ich He-Man, She-Ra, Battlecat, Man-At-Arms und Stratos. Das Geld reicht sogar noch für ein paar Extrawaffen und Rüstungen. Die Verkäuferin staunt nicht schlecht, als ich zehnjähriger Kanake den Hunderter auf den Tresen lege. Aber sie sagt nichts. Lässt mich alles in meinen Rucksack stecken und verschwinden.

Auf dem Weg nach Hause gehe ich bei Erkan vorbei, zeige ihm meine coolen neuen Spielsachen. Er macht große Augen.

»Krass, Alter, wo hast du die her?«

Ich grinse nur. »Na, gekauft, was glaubst du?«

»Hä, wo hast du so viel Geld her?«

Er hört sich von mir an, wie ich das Geld »gefunden« habe. Dann will seine Mutter was von ihm, also haue ich ab nach Hause.

Dort bin ich allein. Packe alle Figuren aus und schmeiße die Verpackungen in Nachbars Mülltonne. Schleiche ins Kinderschlafzimmer. Meine Bettdecke verwandelt sich in Eternia, und ich vergesse alles um mich herum. Den Rest des Nachmittags spiele ich, bis Üstün nach Hause kommt. Er darf auf keinen Fall von den Figuren wissen. Die verstecke ich schnell in einem Karton unter meinem Bett.

Der Anruf von der Polizei kommt nach dem Abendessen. Wir sitzen noch am Tisch. Meine Mutter bleibt gefasst.

»Ist das wahr? Du hast gestohlen?«

Ihr Blick könnte töten. Ich schaffe es nicht, ihr in die Augen zu sehen, erwarte einen Klatscher. Mindestens einen.

»Antworte. Hast du Geld gestohlen?«

Zu spät zum Lügen. Ich weiß, dass sie es weiß. Aber sie schlägt mich nicht. Fasst mich nicht an. Sie sieht traurig aus. Es wäre das erste Mal, dass sie Mitleid mit mir zeigt. Sie nimmt das Telefon. Wählt. Sie ruft meinen Vater in der Firma an? Das hat sie noch nie getan. Nach einigen Minuten hat sie ihn dran.

»Ünsal hat Geld gestohlen. ... Ja. Ganz sicher. ... 100 Mark. Aus einem Auto auf dem Parkplatz bei Gebhardt. ... Nein. Nur damit du Bescheid weißt. Güle güle.«

Ich stehe auf, will mich ins Kinderschlafzimmer verziehen.

»Du bleibst, wo du bist, bis Baba nach Hause kommt. Und mach dich auf was gefasst.«

Ich bleibe wie versteinert am Küchentisch sitzen. Mein Vater hat Spätschicht, wird nicht vor ein Uhr morgens nach Hause kommen. Fünf Stunden muss ich auf ihn warten, darf mich nicht hinlegen. Schlafen könnte ich eh nicht. Meine Mutter geht ins Bett, ich sitze allein am Tisch. Die längsten fünf Stunden meines Lebens. Sie kommen mir vor wie Tage. Ich schwitze vor Angst. Überlege, wer mich verpfiffen hat. Mir fällt nur einer ein. Papa wird das nicht interessieren.

Ich bin ein Dieb. Ein schmutziger kleiner Dieb. Diebstahl ist haram, Allah sieht alles ... und was noch viel schlimmer ist: Diesmal habe ich Schande über den Namen der Familie gebracht. Das ist eine wirklich üble Sache. Ich habe die Ehre meines Vaters verletzt – darum ist es jetzt seine Angelegenheit. Werde ich wirklich enterbt? Werde ich verstoßen?! Solche Geschichten wurden schon erzählt.

Ich zerfleische mich den ganzen Abend. Gehe nicht einmal auf Toilette, traue mich nicht aufzustehen. Immer wenn mir die Augen zufallen, sehe ich plötzlich meinen Vater vor mir und bin wieder hellwach.

Draußen ist es stockdunkel. Totenstille. Ich bin als Einziger im Haus noch wach. Ich Idiot! Ausgerechnet bei Gebhardt. Er ist doch Handwerker, der kommt auch manchmal zu uns ins Haus. Ein feiner Mensch. Hat noch nie mit uns Kindern geschimpft. Ist immer nett. Erkan und ich dürfen mit seinem Sohn Stefan Basketball auf dem Hof spielen, sooft wir wollen. Frau Gebhardt bringt uns immer was zu essen und zu trinken raus. Es sind gute Deutsche. Ausgerechnet Gebhardt.

Ich kann mich kaum noch aufrecht halten, als die Haustür aufgeht. Augenblicklich wird mir eiskalt, ich fange an zu zittern. Will sagen, dass es mir leidtut, will mich entschuldigen. Kriege keine Gelegenheit. Mein Vater kommt rein und geht gleich auf mich los, reißt mich am Arm hoch. Die erste Klatsche klingt mir im Ohr, da fange ich mir schon die zweite. Tränen schießen in meine Augen, ich will etwas sagen, aber der Schlag mit dem Handrücken haut mich fast um. Es tut sehr weh, aber am meisten schmerzt mich Papas Blick. Wut. Enttäuschung. Er hat mich noch nie geschlagen, es schmerzt ihn selbst, das weiß ich, aber er schont mich nicht. Sofort brennt mein ganzes Gesicht. Ich heule wie seit Jahren nicht, sehe Sternchen.

»Haben wir nicht alles für euch getan?«

Ich fange mir noch eine.

»Du verkaufst die Ehre der Familie? Für 100 Mark?«

Ich weiche nicht aus, wehre mich nicht. Versuche es auszuhalten wie ein Mann. Habe es verdient. Als er fertig ist, wirkt er klein und ausgelaugt. Er tut mir leid. Ohne ein Wort lässt er mich allein.

Ich halte mein Gesicht unter laufendes Wasser, gucke in den Spiegel. Beide Wangen knallrot, die Augen verquollen. Geschieht dir recht, du dreckiger Dieb. Das kommt davon. Lautlos schleiche ich ins Kinderschlafzimmer. Üstün schläft tief und fest, hat nichts mitbekommen. Ich falle ins Kopfkissen, aber es dauert noch lange, bis ich endlich Schlaf finde. Denke an die Figuren in dem Karton. Würde sie zu gern behalten.

Am Tag danach steht die Polizei bei uns vor der Tür und nimmt mich in die Mangel. Ich mache erst mal dicht, will nicht vor meinem Vater über die Sache reden.

»Gib es besser zu«, sagt dann der eine Beamte, »dein Freund Erkan hat uns eh schon erzählt, dass du das Geld genommen hast.«

Also doch. Mein bester Freund. Erst Wochen später werde ich erfahren, wie es war: Die Polizei geht zu Gebhardt und nimmt die Anzeige auf. Eine Nachbarin hat einen Türkenjungen allein nebenan im Garten spielen sehen, also gehen sie direkt zu Erkan, weil er ja genauso berüchtigt ist wie ich und dort wohnt. Dann machen sie ihm so einen Druck, dass er Angst kriegt und meinen Namen sagt. Sie hätten mich nie erwischt, aber ich musste ja unbedingt bei ihm mit meinen Masters-Figuren angeben. Selbst schuld.

Die Polizei will nur eine Sache von mir wissen: Wo ist das Geld? Ich sage, dass ich alles für die Figuren ausgegeben habe, danach hätte ich sie vor lauter schlechtem Gewissen in den Müll geworfen. Am Morgen war die Müllabfuhr da, und ich bete, dass keiner unter mein Bett sieht. Sie sehen nicht nach, obwohl sie mir kein Wort glauben.

Dann der schwere Gang mit meinen Eltern zur Schlosserei. Ich muss mich entschuldigen. Herr Gebhardt, ein gemütlicher, runder Mann mit Schnauzbart, steht schon da und wartet. Neben ihm seine Mitarbeiterin, die ich beklaut habe, eine sympathische Frau mit kurzen, schwarz gefärbten Haaren. Ich gehe hin und gebe ihr die Hand.

»Es tut mir leid.« Mehr fällt mir nicht ein. Ich kann ihr nicht in die Augen sehen.

»Gell, wenn da auch jemand so dumm sein Geld offen liegen lässt. Das ist schon auch ein großes Stück meine eigene Schuld gewesen.« Die Frau wirkt überhaupt nicht sauer, im Gegenteil: verständnisvoll und mitfühlend. Mit so einer Reaktion habe ich überhaupt nicht gerechnet. Jetzt schäme ich mich gleich noch mehr, dass ich so eine liebe Frau beklaut habe. Mein Vater gibt ihr 100 Mark, und sie sagt, dass sie die Anzeige zurückziehen will.

Bei Herrn Gebhardt, den ich ja schon lange kenne, entschuldige ich mich auch.

Da sagt er: »Ach, Junge, lass mal gut sein. Wir waren alle mal jung und haben Mist gebaut.«

Er tätschelt mir den Kopf, und ich könnte sterben vor Scham. Sie sind freundlich, obwohl ich es gar nicht verdient habe. Das prägt sich ein.

Es gibt einen Spruch, den mein Vater oft sagt und den ich schon von vielen Türken in Deutschland gehört habe: »Der gute Deutsche ist hundertmal besser als jeder Türke.« Das ist wirklich so. Es gibt sie, diese offenen, ehrlichen, herzlichen Deutschen. Herr Gebhardt und seine Kollegin sind nur zwei von ihnen. Warum können nicht alle so sein?

Die Masters-Figuren lasse ich ein paar Tage später im Müll verschwinden. Ein deutscher Junge müsste die 100 Mark wahrscheinlich zurückzahlen – das ist bei uns gar kein Thema. Ich habe meine Strafe bekommen, Wiedergutmachung gibt es nicht. Mein Vater spricht nach dem Vorfall wochenlang kein Wort mit mir. Und ich spreche wochenlang kein Wort mit Erkan.

Egal wie sehr ich mich zu Hause zusammenreiße, egal wie viele Tore ich beim Fußball mache – es bringt nichts. Mein Vater würdigt mich keines Blickes. Enterbt er mich jetzt wirklich? Ist er nicht mehr mein Vater? Ich schiebe richtig Panik deswegen. Es dauert lange, sehr lange. Eine harte Zeit. Ich habe die Hoffnung schon fast aufgegeben, da kommt er endlich zu mir, umarmt mich, küsst mich und sagt:

»Ist gut, mein Sohn. Jeder macht mal einen Fehler.«

***

Profifußballer werde ich mit 27 nicht mehr, aber als Linksaußen bei den Amateuren von Fortuna Regensburg macht Fußball auch Spaß. Wir haben ein gutes Team, eine gute Atmosphäre, keine rassistische Scheiße wie ich sie damals in Parsberg erlebt habe. Und Chancen auf den Aufstieg in die Landesliga. Außerdem verdiene ich pro Spiel regelmäßig 500 bis 1000 Euro. Zusammen mit dem Gehalt von halix GmbH für meine Verhältnisse nicht schlecht – aber nichts im Vergleich zu dem, was die Eltern meiner neuen Freundin ranschaffen. Die spielen in einer ganz anderen Liga.

Stephanie ist bei jedem Spiel dabei, ein sehr schönes, liebes deutsches Mädel, vernünftig und eigenständig. Seit drei Jahren sind wir jeden Tag zusammen, ich bei ihr, sie bei uns. Wir reden über Familie, Haus, Garten. Und sie hat dieses gewisse Etwas, wenn sie biestig wird, das mich auch bei anderen so anzieht. Das liebe ich am meisten, ich kann es einfach nicht abstellen.

Stephanie fragt mich: »Soll ich mit Papa reden? Der gibt dir einen coolen Job. Du bist ein guter Verkäufer.«

Aber ich sträube mich. Ich will mir niemals von einem Deutschen sagen lassen: Dank mir bist du so weit gekommen. Da kommt der stolze Türke durch.

Damit wir während der Winterpause fit bleiben, schickt der Trainer uns zum Boxen. Im »Teufelsgym« in Regensburg ziehe ich zum ersten Mal die Handschuhe an. Ich habe nie über einen anderen Sport als Fußball nachgedacht, aber das Boxtraining gefällt mir. Es gefällt mir so gut, dass ich nach der Arbeit bald jeden Tag ins Teufelsgym gehe.

Horst Schindler ist Chef des Klubs, ein sehr guter Thaiboxer, extrem diszipliniert. Er zeigt mir die ersten technischen Grundlagen: Wie stehe ich richtig? Wie schlage ich gerade? Der Boxsack ist tabu. Ich darf nur Schattenboxen, trainiere ausschließlich Technik und Fitness. Aber ich spüre schon, dass es für mich kein Zurück mehr gibt. Mit dem Fußball ist es vorbei. Eine typische Ünsal-Entscheidung. Radikal, von heute auf morgen.

»Trainer, ich spiele nicht mehr. Ich gehe jetzt boxen.«

Er schaut mich an, als wäre ich reif für die Gummizelle, fragt mich, ob ich einen Dachschaden habe. Ich bin immerhin Stammspieler, es geht um den Aufstieg.

Ich sage: »Ich will da was erreichen. Ich will Champion werden!«

Als ich es den Jungs erzähle, lachen die mich aus. Was ich da will, ist doch nur Amateurboxen. Ein paar sagen: »Komm, mach weiter, wir brauchen dich auf der linken Seite.« Am Ende müssen sie es aber akzeptieren. Wie der Trainer gesagt hat: »Tu, was du tun musst. Reisende soll man nicht aufhalten.«

Nach einem Jahr Boxtraining habe ich eine Power wie nie zuvor, und noch kein einziges Mal im Ring gestanden. Genau das will ich aber. Kämpfen, Mann gegen Mann. Es wird Zeit für einen richtigen Boxstall. Den besten Namen in Regensburg hat ein Trainer, der früher deutscher Vizemeister bei den Amateuren war. In seinem Verein »Boxfit« weht ein anderer Wind als im Teufelsgym. Die Boxer hier bewegen sich anders. Es ist internationaler, Albaner, Bosnier, Türken. Ich werde aufgenommen und darf zeigen, was ich draufhabe. Der Boxfit-Trainer, ein eiskalter Hund, sieht sich das an und sagt: »Junge, boxen kannst du nicht, aber du traust dich was. Gehst nach vorne. Nächste Woche machst du einen Kampf.«

Ich! Ein absoluter Anfänger!

Dank Horst Schindler ist meine Technik schon halbwegs brauchbar. Anscheinend denkt der Trainer, ich würde schon seit Jahren boxen. Ich sage nichts. Traue mir das zu, strotze nur so vor Selbstbewusstsein. Eine Woche trainiere ich im

Boxfit, dann geht es los zu meinem ersten Amateurboxkampf nach Österreich. Ein Sieg dort ist die Eintrittskarte in die Boxwelt.

Mein erster Gegner ist Ümit, ein breit gebauter, kräftiger Türke. Keiner sagt mir vorher, dass er schon elf Kämpfe hat. Ich soll nicht zu aufgeregt in meinen ersten Fight gehen. Ümit landet sofort ein paar Treffer, ist eigentlich zu stark für mich, trotzdem schafft er es nicht, mich zu besiegen. Drei Runden lang schlage ich zurück, was das Zeug hält. Am Ende wird der Kampf unentschieden gewertet. Eine Sensation. Mein Trainer lobt mich, traut mir was zu. Danach sagt er beim Training zu mir: »Wir kämpfen bald wieder in Österreich. Gleich noch mal gegen den Ümit.«

In den Wochen vor diesem Kampf bin ich extrem nervös, weiß jetzt, wie viel Erfahrung Ümit schon hat. Nehme mir sehr viel vor. Dann stehe ich zum zweiten Mal mit ihm im Ring, mache noch mehr Dampf als zuletzt, schlage ihm die Nase blutig.

Und lerne viel an diesem Tag. Lerne, wie unfair es beim Boxen zugeht. Denn ganz sicher boxe ich nicht schlechter und Ümit nicht besser als letztes Mal – trotzdem geht der Sieg an ihn. Für mich ist der Fall klar, ich werde als Verlierer hingestellt, damit der Heimverein gewinnt. Ich bin stinksauer, will unbedingt direkt noch mal gegen ihn ran, will meine Revanche, sofort. Aber darauf muss ich noch warten.

***

Kein Abschluss, keine Ausbildung. Ich verkaufe Technik, die ich nicht verstehe, verdiene nicht schlecht, aber auf Dauer könnte es eng werden. Ich schaue mich nach realistischen Alternativen um und finde eine Ausbildung, die nur ein Jahr dauert: Versicherungsfachmann.

Ein großer Versicherungskonzern sucht in Regensburg Mitarbeiter. Ich schreibe eine Bewerbung, werde eingeladen. Das Gespräch läuft so gut, dass ich gleich noch mal kommen soll. Beim zweiten Mal rede ich mit dem Geschäftsstellenleiter, einem gut gelaunten Businesstyp Ende 40 mit randloser Brille und perfekten Zähnen. Der ist auf Anhieb verliebt in mich.

»Herr Arık, Sie sind kein normaler Außendienstler«, sagt er. »So einen wie Sie brauchen wir als Hauptvertreter. Dafür stellen wir Sie nicht ein, sondern das läuft dann so, dass Sie sich selbstständig machen. Wir schicken Sie raus, und Sie machen die Abschlüsse.«

»Was zahlt ihr?« Es ist meine erste Frage.

Er checkt gleich: Mit Geld kann er mich locken. »5000 brutto, plus Provision im ersten Jahr.«

5000! Mein Gehalt bei halix GmbH fast verdoppelt. Ich überlege nicht lange. Wir schlagen ein. Gleich danach gehe ich zu Hayri, erkläre ihm die Situation, kündige und bedanke mich für neun gute Jahre. Mit so viel Vertriebserfahrung muss ich nicht mehr zur Berufsschule, sondern darf direkt zur Prüfung. Ich kenne jemanden bei der IHK, einen Türken, der erklärt mir das System: Es gibt 100 Testfragen, aus denen die Prüfung zusammengestellt wird.

»Abi«, sage ich, »gib mir mal die Prüfungen der letzten zehn Jahre.«

»Ah, Ünsal, Prüfungsunterlagen rausgeben, das darf ich nicht machen. Die sind nur für uns, intern.«

»Was ist los?«, frage ich. »Bist du Alman geworden oder was? Jetzt komm schon.«

So läuft das. Pack den Türken bei seinem Stolz, und du kriegst, was du willst.

Noch am selben Abend geht es los. Jeden Tag eine Prüfung, bis ich alle Fragen auswendig kann, dann melde ich mich an und bestehe mit 98 Prozent. Da steht es, schwarz auf weiß: Ünsal Arık, Versicherungsfachmann. 27 Jahre alt, und endlich habe ich dieses Scheißstück Papier in der Hand, dem ich verdanke, dass ich dazugehöre, dass ich vom System anerkannt werde.

Ich mache einen Alman-Job für Almans. Nicht weil ich es gern tue, sondern weil es sich einfach lohnt. Mit einem Mal geht es steil nach oben. Abschlüsse bei einem großen Versicherungskonzern zu machen ist noch einfacher, als Internetverträge zu verkaufen. Du jagst den Leuten ein bisschen Angst ein, was alles passieren kann – Krankheit, Invalidität, Berufsunfähigkeit. Du erzählst Geschichten, machst ein trauriges Gesicht, dann kommst du mit der Police und versprichst ihnen Sicherheit. Die Leute unterschreiben, und du kassierst Provision. Du machst 8000, 9000, 10 000 im Monat, weißt gar nicht, wohin mit dem Geld, kaufst dir erst mal einen Audi S5, um Steuern zu sparen. Es ist lächerlich einfach, verglichen mit der Knochenarbeit beim Gerüstbau, verglichen damit, wie die Eltern sich geschunden haben. Es ist lächerlich, verglichen mit jeder echten Arbeit.

Alles wäre gut, wäre da nicht der alte Ünsal, der immer wieder an die Tür klopft und mich daran erinnert, wo ich herkomme. Nachmittags beim Verkaufsgespräch im Wohnzimmer bei einem guten Kunden. Deutscher Geschäftsmann, selbstständig mit fünf Angestellten. Er will die Betriebshaftpflicht abschließen, dazu die private Rentenversicherung – ein guter Vertrag für mich, sehr lukrativ. Wir sind fast fertig, da kommt auf einmal sein Sohn rein. Scheiße, denke ich, den habe ich schon gesehen, aber wo?

Er erkennt mich auch und geht sofort an die Decke: »Papa, das ist dieses Arschloch! Der Typ da hat mir damals die Nase gebrochen. Mit dem machst du jetzt aber keinen Vertrag, oder?«

Jetzt erinnere ich mich an den Jungen, aber hier habe ich ihn nicht erwartet. Wusste nicht, wer der Vater ist. Ich schäme mich, bitte fadenscheinig um Entschuldigung, will im Boden versinken, so unangenehm ist mir die Situation. Der Vater schmeißt mich raus, meldet es zum Glück nicht dem Versicherungskonzern. Ein einziger Schlag hat mich gerade 4000 Euro Provision gekostet.

***

Stephanie unterstützt mich mit dem Boxen vom ersten Tag an. Nach meinem zwölften Amateurkampf pflegt sie mich wie einen Sterbenden. Ich habe zwar einen Sieg nach Hause gebracht, aber auch einen blutigen Cut über dem Auge. Sieht schlimmer aus, als es ist. Das Schmerzhafteste war das Nähen. Stephanies Eltern hatten bisher nichts gegen das Boxen, jetzt machen sie Sprüche.

»Ja, Herrschaftszeiten, Ünsal«, kommentiert Klaus, »ist's jetzt einmal genug damit?«

Brigitte meint: »Du musst dir die Woche freinehmen. So kannst du nicht beim Kunden erscheinen.«

Sie haben recht, ich bin Versicherungshauptvertreter, und das Boxen passt nicht mehr zu mir, trotzdem nerven sie mich. Ich nehme mir frei, wann ich will. Ich höre mit dem Boxen auf, wann ich will.

Eigentlich habe ich es eh schon abgehakt, da sagt eines Tages mein Trainer: »Ünsal, ich habe eine Überraschung. Du boxt gegen den Ümit. Auf der Dult.«

Beim Namen Ümit kommt alles wieder hoch. Die Wut aus meinem zweiten Kampf, als sie mich um den Sieg beschissen haben. Die Lust, es ihm, mir, allen noch mal zu beweisen, und das auf der Dult, dem größten Regensburger Volksfest, mit Fahrgeschäften, Riesenrad, Schießbuden. Zum Dult-

Boxen am Sonntag kommen 2000 Zuschauer. Eine Riesengaudi.

Ich trainiere jeden Tag. Meinen letzten Kampf, meine letzten drei Runden will ich unbedingt gewinnen. Mache Sparring gegen jeden, der sich anbietet. Gegen Leute, die mich umhauen, weil sie einfach zu gut für mich sind. Vielleicht macht das den Unterschied. Ümit ist diesmal so unfassbar stark, dass er mich zwei Runden lang nur verprügelt.

In der Pause höre ich aus der Ecke den Spruch: »Wenn du den Scheißkanaken jetzt nicht umhaust, hast du verloren!«

Scheißrassist, wer solche Sprüche macht.

In der dritten Runde reiße ich mich zusammen. Warte auf den Moment und verpasse Ümit so einen Haken, dass er nicht wieder aufsteht. Knock-out. Sie bringen ihn ins Krankenhaus, und ich lasse mich feiern. Glücklich bin ich nicht.

* * *

Es kommt nicht nur auf die Schläge an, die du machst. Es zählen auch die, die du nicht machst. Kleine Bluffs, die den Gegner ablenken, die seine Aufmerksamkeit fordern. Du gibst ihm wieder ein, zwei Jabs mit links, er weiß: Gleich kommt etwas, er erwartet deine Rechte auf seinen Kopf, du spielst ihm was vor, tust, als wolltest du ihm den Wunsch erfüllen, als würdest du alles in diesen Schlag legen. Seine Deckung geht hoch, und der Weg ist frei, dein linker Haken trifft seine Rippen, genau unter der Leber. Du siehst den Schmerz in seinem Gesicht, und zugleich weißt du: Es ist nicht nur körperlicher Schmerz. Es ist auch der Schmerz der Demütigung, auf einen billigen Trick hereingefallen zu sein. Oft genug hast du ihn selbst gespürt.

* * *

Ein deutscher Meistertitel, wenn auch nur bei einem kleinen Verband wie GBA, weckt Interesse. Die einen nominieren dich zum Sportler des Jahres, andere schlagen dir Sozialprojekte vor, bei denen du dich engagieren könntest. Über Ben Rückerl vom Team Bananenflanke lerne ich Lukas kennen. Er ist 16, schwer krank, mein erster echter deutscher Freund. Wir haben sehr viel Kontakt, schreiben fast täglich Handynachrichten, verstehen uns vom ersten Moment an, vertrauen uns. Aber ich weiß, es ist eine Freundschaft auf Zeit. Lukas hat Leukämie, ihm bleiben nur noch ein, höchstens zwei Jahre. Er wird nie ein selbstständiges Leben führen können, nie in seinem Traumberuf arbeiten, keine Freundin haben, nie heiraten, nie Kinder bekommen. Wenigstens einer seiner großen Träume wird vielleicht eines Tages wahr werden: ein Spiel von Arsenal London live im Stadion anschauen und wenn möglich Per Mertesacker kennenlernen. Kein Traum, den ich ihm ohne Weiteres erfüllen kann – sein Rollstuhl braucht einen Spezialplatz im Flugzeug, sein Arzt und seine Eltern müssen ihn begleiten, dazu Tickets für das Spiel und ein Hotel, das alles kostet Geld. Also woher nehmen, wenn nicht stehlen?

Genau im richtigen Moment meldet sich Dalibor mit dem nächsten großen Ding: Ich soll an Heiligabend auf einer VIP-Boxgala in Serbien um den WBF-Gürtel kämpfen! Top Veranstalter, live im Fernsehen.

Natürlich hat die Sache wieder einen Haken, und der ist diesmal 15 000 Euro schwer. Ich winke erst mal ab, bin kein reicher Rummelboxer mehr, sondern Profi und pleite. Selbst wenn ich die 15 Scheine für die Kampfgebühr irgendwie auftreibe, brauche ich immer noch etwas für meinen Lebensunterhalt, für meinen Trainer, für die Reise nach Serbien. Wie soll das gehen ohne fixes Einkommen? Und meinen Vater werde ich nie wieder um etwas bitten, er hat ja selbst kaum genug. Aber natürlich kann ich an nichts anderes denken. WBF International Champion Ünsal Arık! Wie klingt das? Wenn mich das nicht ins Gespräch bringt, was dann?

»Dali«, sage ich, »wenn ich Weihnachten den Gürtel gewinne, stifte ich ihn für Lukas.«

Ein Mann, ein Wort. Jetzt gibt es kein Zurück mehr. Jeden Tag Training, acht Wochen jeden Tag Vollgas geben, und es ist klar, wofür. Ich will diesen WBF-Gürtel, bin richtig heiß auf das Ding.

Aber ohne Geld kein Training, keine Kämpfe und erst recht keine Titel. Ich spreche viele Leute an, doch Sponsoren, die einen wie mich finanzieren würden, finde ich nicht. »Geh arbeiten«, höre ich überall, als ließe sich auf legale Weise so viel beschaffen, als müsste ich nicht Vollzeit trainieren. Es gibt nur eine Lösung: kreativ werden.

Nichts ist einfacher, als in der Versicherungsbranche einen Job zu finden. Natürlich gehe ich nicht zurück zu dem großen Versicherungskonzern, bei dem ich seit fast zwei Jahren raus bin. Nein: Ich unterschreibe einen Jahresvertrag als selbstständiger Hauptvertreter bei der Konkurrenz. Ohne einen einzigen Kunden abzuschließen, streiche ich monatlich 2500 Euro ein, als wären die mein Sponsor. Statt zu arbeiten, stehe ich jeden Tag im Boxstall und trainiere wie besessen bei voller Kostendeckung. Lange dauert es nicht, bis der Konzern dahinterkommt, dass ich nicht arbeite.

Die Zeit bis Weihnachten wird knapp. Ich höre mich weiter um, brauche noch mehr Geld, einen Plan B. Das schnelle, schmutzige Geld fällt mir in Regensburg nicht gerade vor die Füße.

In einer Disco gibt mir schließlich einer die Nummer von einem osteuropäischen Geschäftsmann. Es geht um einen Transport, für den ein Fahrer gebraucht wird. Ich rufe dort an und sage nur: »Ich brauche Geld.« Noch am selben Abend bekomme ich einen Termin.

Sie lassen dich warten. Du kriegst Angst, sitzt da in dem Büro vor diesem Monsterschreibtisch, wirst mit Sicherheit gefilmt, du willst nichts falsch machen, nichts anfassen, nichts anschauen. Dann kommt ein Anzugträger rein, mit Ringen an den Fingern, Rolex am Handgelenk, Bodyguard im Rücken. Keine Begrüßung, keine Namen.

»Bist du bereit, alles zu tun?«

»Alles nicht«, sage ich, »aber wenn es nötig ist, dann ja.«

»Okay, mein Freund!« Breites Grinsen. »Du kannst ganz einfach Geld verdienen. Ich gebe dir das hier. Du lässt das Auto genau da stehen, wo ich es dir sage. Die Person ist schon dort. Du steigst aus, bekommst was und gehst. Fertig. Kein Wort, gar nichts. Wenn sie dich hochnehmen: Du weißt keine Namen, keine Nummern.« Er lächelt, Gold blitzt. »Du kannst gerne reden, aber ich würde es nicht empfehlen. Wir haben auch drinnen Freunde.«

Will heißen: Wenn du einen Fehler machst, bringe ich dich um, du Hurensohn. Sehr nett und fröhlich sagt er das. Ich kriege einen zehn Jahre alten 5er BMW, passt zu einem Türken, damit mache ich mich auf den Weg. Vier Kilo Koks im Kofferraum. Schwitze, als würde ich einen Marathon laufen. Auch wenn du erwischt wirst und nichts sagst, kannst du Ärger mit diesen Leuten bekommen. Sie verlieren wegen dir eine Viertelmillion, das werden sie nicht einfach so schlucken. Also halte ich mich an alle Anweisungen. Muss pissen, fahre trotzdem nonstop durch. Jedes Auto verfolgt mich. Es ist brutal, vier Stunden Psychoterror, aber alles geht glatt. Ich bekomme mein Geld und höre nie wieder etwas von der Sache.

Dalibor stellt keine Fragen, auch nicht, als ich ihm erzähle, dass er schon mal nach dem nächsten Titelkampf suchen kann. Kurz nach dem Transport hat mein Versicherungskonzern mir satte 15 000 Euro überwiesen. Jetzt sind wir voll im Geschäft.

Heiligabend in Belgrad. Völlig geflasht kommen Dali, Bajrush und ich in eine riesige, noble Theaterhalle. Keine Weihnachtsbäume, dafür zig Kameras, Scheinwerfer, Champagner, Kaviar, wie in Monaco. Eine gigantische VIP-Dinner-Boxgala. Alles ist super organisiert.

Ich bin heiß auf den Kampf, sitze in der Kabine, binde mir die Schuhe zu. Muss noch warten, bis der Supervisor der WBF kommt. Er ist der Chef hier in der Halle. Was er sagt, ist Gesetz. Ihm muss ich die 15 000 auszahlen, von denen die Kampfkosten bezahlt werden.

Dann taucht ein Typ auf, Pelzmantel, Zigarre, fett, ein richtiger Mafiaproll. Man kennt ihn aus der Presse. Er hat einen großen VIP-Tisch mit seinen Geschäftspartnern, aber die sind noch nicht da. Er sagt: »Unser Sponsor steht noch im Stau. Könnt ihr schnell das Geld auslegen? Er zahlt dann euren Kampf.« Als wir nicht gleich antworten, schiebt er hinterher: »Wenn unser Mann nicht boxt, boxt gar keiner.«

»Unser Mann« ist an diesem Abend der Hauptboxer, ich bin der Gastboxer. Wir sitzen im selben Boot. Ohne Geld lassen sie uns nicht boxen, kämpft einer nicht, kämpft der andere auch nicht, so läuft es hier. Der Supervisor kommt dazu, lässt sich die Sache erklären. Er hat keine Einwände, dass ich das Geld für den Hauptkampf bezahle. Dalibor sagt auch: »Alles okay, denen kann man vertrauen.« Also sage ich Ja, man hilft, wo man kann.

Ich gewinne meinen Kampf und der andere Boxer seinen, ich bin happy über den schönen WBF-Gürtel, denke an Lukas und seinen Traum von Arsenal.

Plötzlich steht der Typ von vorhin in der Tür, neben ihm

Dalibor, käseweiß im Gesicht. Anscheinend haben sie ihn brutal bedroht. Der Mafioso redet, Dali übersetzt für mich.

»Es gibt zwei Möglichkeiten: gesund nach Hause kommen oder in Serbien begraben werden.«

Ich komme mir vor wie in einem schlechten Film. »Was meint er damit, Dalibor?«

»Ünsal, dreh bitte nicht durch, sonst tragen die uns hier als Leichen raus.«

Ich werde laut. »Was ist mit dem Geld? Ist unser Kampf bezahlt?«

»Bruder, halt die Klappe!«

Wenn er mich Bruder nennt, ist es ernst. Also gehen wir. Wir steigen einfach ins Auto und fahren los, fluchtartig. Ich verstehe die Welt nicht mehr. Die Organisation war so geil! Unvorstellbar, dort vom anderen Team abgezockt zu werden! Komischerweise bleibe ich trotzdem ruhig. Karma richtet es, denke ich, Karma richtet es. Diese Scheiße mit dem dreckigen Geld muss aufhören. Wenn du dreckiges Geld nimmst, musst du dich nicht wundern, wenn du hintenrum gefickt wirst. Ich denke an Ghana, an den Imam. Brot, Wasser, Frieden, mehr brauchst du nicht.

Noch am selben Tag wird mir der Titel von der WBF aberkannt, weil mein Kampf nicht bezahlt wurde, aber darauf scheiße ich. Der Gürtel gehört mir, ich halte ihn in den Händen, und bald gehört er Lukas.

Bajrush ist stinksauer wie wir alle, will nur noch raus aus Serbien, mal wieder. Er sitzt am Steuer seiner C-Klasse, Dalibor neben ihm, ich hinten, mit meinem WBF-Gürtel, und gucke raus ins Dunkle, lese Schilder: A1, Novi Sad, Subotica, Budapest. Mache die Augen zu, döse ein bisschen weg, bis wir gut eine Stunde später nach Horgoš kommen. Die ungarische Grenze. Endlich.

Nach einer halben Stunde in der Schlange reicht Bajrush dem serbischen Polizisten unsere Pässe raus, dann wieder warten. Eigentlich kann diesmal nichts schiefgehen. Diesmal hat er sein Visum, wir haben aus unserem Fehler gelernt. Aber anscheinend nicht genug. Der Polizist schüttelt den Kopf und redet irgendwas auf Serbokroatisch. Bajrush und Dalibor fangen sofort an zu diskutieren, es geht um den Stempel in Bajrushs Reisepass. Ich habe ein Déjà-vu, höre immer wieder ein Wort: »Batrovci. Bla, bla, bla, Batrovci, bla, bla, bla, Batrovci.«

»Verfickte Scheiße, was ist jetzt wieder?«, mische ich mich ein.

Normalerweise ist Dalibor ein sehr entspannter Typ, jetzt platzt er. »Er sagt, Bajrush muss über Batrovci aus Serbien raus! Weil das in seinem Pass steht!«

Ich verstehe nichts, bekomme Kopfschmerzen. »Batrovci, wo soll das sein?«

»Da sind wir von Kroatien aus reingekommen! Auf der Hinfahrt. Wir sollen noch mal zwei Stunden zurück durch Serbien!«

»Die verarschen uns doch, diese Bastarde!«, schreie ich.

»He, Vorsicht!« Der Polizist guckt mich scharf an. Anscheinend kann er Deutsch.

Bajrush flucht auch, wahrscheinlich auf Albanisch, dann macht er einen U-Turn, und wir überlegen. Keiner hat Lust auf den Umweg über Kroatien. Wir gucken in Google Maps und finden einen kleinen Grenzübergang nach Rumänien, eine halbe Stunde von hier, auch ein Umweg, aber nicht so extrem.

Wir fahren hin, kommen auf eine kleine Landstraße. Geradeaus sehen wir schon die ungarischen Grenzanlagen, aber keine 100 Meter davor zweigt rechts ein Feldweg ab. Bajrush fährt, ohne zu zögern, da rein, es holpert, dann stehen wir vor einem Schlagbaum. Kein Mensch zu sehen. Ich steige aus, hebe die Schranke hoch, und Bajrush fährt durch. Ein paar Hundert Meter weiter steht ein Schild, und wir feiern wie die Bekloppten: România! EU! Wir haben es geschafft!

Dann sehen wir Blaulicht. Drei, vier Autos, Polizei, vielleicht auch Armee. Bevor wir irgendwas machen können, haben sie uns schon angehalten und umstellt. Wir schauen in die Läufe von Maschinengewehren, Bajrush und Dalibor werden leichenblass, reißen die Hände hoch. »Scheiße, Scheiße, Scheiße!« ist alles, was wir noch sagen können, mir bricht der Schweiß aus, das Herz rast, Uniformierte gehen auf uns los, superaggressiv, schlagen mit ihren MGs gegen die Scheiben, brüllen uns an wie in einer verdammten Schlacht.

Ich denke noch daran, zu beten, da reißt ein Polizist die Autotür auf, schreit mich an. Ich verstehe kein Wort, sehe nur sein Maschinengewehr im Licht der Taschenlampen, er zerrt mich aus dem Wagen, sofort ist noch ein zweiter da und packt mich, sie drücken mich auf den Boden, verpassen mir Handschellen. Durchsuchen mich, nehmen mir das Handy weg. Es müssen insgesamt acht, neun Polizisten sein, mindestens, sie schreien herum, als wäre das hier ein Terroranschlag. Ich werde hochgezogen und in einen Kastenwagen geworfen, zwei bleiben bei mir, und der Bus brettert los. Keine Ahnung, wohin. Meine Aufpasser reden kein Wort, sie sehen aus, als würden sie mich am liebsten sofort killen, kurzer Prozess, hier und jetzt, aber sie tun mir nichts. Zehn Minuten später halten wir an, sie schubsen mich raus, über einen stockdunklen Hof, dann geht es ein paar Stufen runter, in einen Keller, und sie buchten mich in irgendeinem feuchten, dunklen Loch ein. Frohe Weihnachten, und willkommen in der Europäischen Union.

Fünf Minuten bin ich allein, dann stecken sie Bajrush und Dalibor zu mir in die Zelle. Falls das hier eine Zelle ist, falls das hier ein Gefängnis ist.

»Dali«, sage ich, »Dali, wir kommen hier nie wieder raus! Keiner weiß, wo wir sind!«

Er guckt sich um, hält sich die Nase zu. An den Wänden blüht der Schimmel, Kakerlaken und Ratten huschen über den Boden, wenn man Geräusche macht. Bajrush bekommt den einzigen Stuhl, er ist der Älteste. Dalibor und ich stehen oder hocken die meiste Zeit, die Matratze in der Ecke ist jedenfalls keine Option.

Stundenlang hängen wir so rum, ein Türke, ein Kroate und ein Kosovo-Albaner, ohne dass uns jemand verhört, ohne dass uns jemand Wasser oder Essen bringt oder uns telefonieren lässt. Wahrscheinlich halten sie uns für Terroristen.

Als es draußen dämmert, kommt einer in Uniform rein, der Serbokroatisch spricht. Er fängt an, mit Dalibor zu verhandeln. Illegale Grenzüberschreitung, sehr schlimm, das wird sehr hart bestraft – es sei denn, man wird kreativ und einigt sich.

Das würden wir gern, aber leider haben wir kein Geld mehr, um ihn zu schmieren. Nach meinem Kampf haben wir nicht einmal mehr etwas gegessen. Dalibor erzählt dem Mann, wer wir sind, woher wir kommen und was uns passiert ist.

»Dali«, sage ich, »wenn er uns weiter hier festhält, dann gehe ich zur deutschen Botschaft und erzähle denen eins zu eins, was hier war. Sag ihm das!«

Dalibor sieht mich an wie ein Gespenst, fährt sich durch die Haare. »Ünsal, warum ist dir nicht vor fünf Stunden eingefallen, dass du einen deutschen Pass besitzt?«

Er sagt es dem Beamten, und plötzlich ist alles anders. Ach, Sie sind Deutscher? Wir dachten Türke, Kroate, Kosovo-

Albaner. Das ist natürlich etwas anderes. Bitte schön, hier entlang, nichts für ungut. Was möchten Sie trinken?

So läuft es, wenn man einen deutschen Pass hat. Eigentlich sollte es so nicht laufen. Sie lassen uns raus, ich zeige meinen Perso, wir bekommen unsere Sachen zurück. Fünf, sechs Polizisten stehen um uns herum und staunen, dass sie einen Champion aus Deutschland gefangen haben, sie posieren mit meinem Gürtel und ihren Maschinengewehren, machen Selfies mit mir. Ich will gar nicht wissen, wie beschissen ich darauf aussehe.

***

Regensburg, 2012. Wir geben eine Pressekonferenz: Ünsal Arık versteigert seinen WBF-Gürtel für Lukas. Es ist kein besonders wertvoller Gürtel, es ist kein großer Verband, und ich bin kein berühmter Boxer – aber ich stoße eine große Sache an, und sie funktioniert. Hayri Şükür, mein alter Chef von halix GmbH, gibt 1500 Euro, mein Ausbilder vom Versicherungskonzern 500. Profis vom Jahn Regensburg steigen ein, die Regionalpresse ist begeistert.

Ein Jahr später fliegt Lukas nach London. Er sieht einen Arsenal-Heimsieg gegen Liverpool und trifft nicht nur Per Mertesacker, sondern das gesamte Team. Mir selbst hat mein Gürtel kein Glück gebracht, aber er hat dabei geholfen, dem Jungen seinen Traum zu erfüllen. Das nimmt mir keiner, und das allein war es wert.

ZWISCHEN DEN RUNDEN

Ein Mensch kann tricksen, täuschen und betrügen. Mal kommt er damit durch, mal nicht. Aber die Vergangenheit holt ihn immer wieder ein. Jeden, erst recht mich. Tausendmal habe ich Regeln gebrochen und Grenzen überschritten, meistens aus Egoismus oder Ignoranz, aber nie mit bösen Absichten. Jeder meiner Fehlgriffe hat sich gerächt, auf die eine oder andere Art.

Ein Mensch kann nicht alle seine Taten wiedergutmachen. Es gibt nicht für alles eine Entschuldigung. Schuld bleibt. Aber ein Mensch kann sich entwickeln, er kann lernen, Gutes zu tun. Verantwortung zu übernehmen, nicht nur für das, was er getan hat, sondern auch für andere, die es selbst nicht können, weil sie zu schwach sind.

RUNDE V

CUT – DER WUNDE PUNKT

Erst mal kriegst du es gar nicht mit. Hast halt einen Treffer kassiert, drauf geschissen. Wird nicht der letzte gewesen sein. Deckung hoch, Ruhe reinbringen. Fokussieren. Er bearbeitet dich weiter, du gehst in Stellung, konterst, fängst dir noch einen, wieder derselbe Punkt. Ein, zwei Schritte zurück. Du fühlst dich topfit, aber siehst nicht klar. Das Auge brennt, dein Gegner verschwimmt wie hinter einer beschlagenen Scheibe. Er geht dir hinterher, haut noch mal drauf, es klingelt richtig im Kasten, dann kommt das »Stopp« vom Ringrichter. Du wischst dir mit dem Handschuh über die Stirn, aus Reflex, siehst das dunkelrot verschmierte Leder. Siehst die Flecken auf der Matte. Fühlst, wie die warme Suppe aus deiner Stirn läuft und an dir runtertropft. Wirst in die Ecke geschickt, Wunden lecken.

***

Es war ein gutes Training. Noch mehr als drei Wochen bis zum nächsten Profikampf, und ich bin jetzt schon in der Form meines Lebens – schnell, präzise, nicht zu stoppen. Hauptsache, das Geld kommt bald, damit ich pünktlich zahlen kann.

Ich bin bereit zum Chillen auf dem Sofa, als das Handy klingelt. Mein Bruder. Üstün. Ich ahne nichts Gutes.

»Ünsal, setz dich in den nächsten Zug.«

Mehr muss er nicht sagen. Ich höre an seinem Tonfall, was los ist. Verliere keine Zeit. Wähle die Nummer von meinem Kumpel Servet, schnellster Taxifahrer der Stadt, diskret, 100 Prozent zuverlässig. Er stellt keine Fragen, drückt aufs Gas.

Eine Stunde später stehe ich im Regen vor der Parsberger Klinik. Innere Medizin. Für deutsche Verhältnisse höchstens Durchschnitt, praktisch für ältere Leute, die nicht weit fahren können. Meine Mutter ist hier eigentlich fehl am Platz. Sie hätte es verdient, zu mir nach Regensburg zu kommen. Da gäbe es Spezialisten.

Unter dem schrägen Vordach am Eingang wartet mein Bruder. Wir reden nicht, tauschen nur einen kurzen Blick. Ich folge ihm durch die Flure bis zu ihrer Tür. Ein Arzt steht im Zimmer, mein Vater und meine Schwägerin nicken mir zu. Ich trete ans Krankenbett. Eine Atemmaske bedeckt ihr halbes Gesicht. Sie atmet schwer, röchelt, bekommt kaum Luft, scheint zu ersticken. Dann erkennt sie mein Gesicht, reißt die Augen auf, sie sind nass und gerötet. Meine Mutter will mir etwas sagen, bringt keinen Laut heraus.

»Mama, ganz ruhig«, sage ich, »du musst nicht sprechen. Du musst Kraft sparen.«

Alle drängen sich um das Bett, sie versucht es weiter, presst und würgt. Ein Blick, den ich von ihr nicht kenne. Verzweiflung. Flehen. Ich drücke ihre Hand, sie verkrampft.

Tunnelblick. Es piept wie irre, und irgendwer redet permanent rein, es regt mich auf, ich will dem Hund das Maul stopfen, wie soll ich so verstehen, was Mama mir sagen will? Es dauert, bis ich begreife, dass es der Arzt ist. Er wird laut.

»Sie müssen eine Entscheidung treffen! Wenn ich sie jetzt nicht intubiere, stirbt sie.«

Mamas Blick rutscht ab, sie bäumt sich auf.

Der Arzt schreit: »Sie müssen sich entscheiden, sonst ist es jetzt vorbei!«

Wie durch eine Wand höre ich meinen Baba: »Ja, ja, natürlich. Schlauch.«

Wir werden rausgeschickt. Eine halbe, Dreiviertelstunde. Der reinste Psychoterror. Der Abgrund. Was, wenn sie jetzt stirbt? Wenn ich nie mehr mit ihr sprechen kann? Da ist noch so vieles zu sagen. Ich kann alles aushalten, Schläge, Schmerzen, Folter, aber diese Warterei bringt mich um. Bewundernswert, wie stark mein Vater bleibt. Er hat seinen Glauben. Ein wahrer Gigant, 1,60 groß.

Als sie uns wieder reinlassen, liegt sie da, als würde sie schlafen. Ihr klebt das Haar an der Stirn. Ein riesiger Schlauch steckt in ihrem Hals, neben dem Bett Tropf und EKG.

»Sie liegt im künstlichen Koma«, sagt der Arzt, »aber wenn Sie mit ihr reden möchten, sie kann Sie hören.«

Ich nicke nur, bekomme keinen Ton raus. Will nicht weinen vor dem. Werde ich meiner Mutter jemals wieder in die Augen sehen? Wie soll ich weiterleben, wenn sie nicht mehr da ist? Wollte sie noch irgendetwas Wichtiges loswerden, was sie mir bis heute nicht sagen konnte? Wollte sie mich um Verzeihung bitten, weil sie immer so streng mit mir war?

Nach einer langen Zeit beschließen die anderen zu gehen. Ich brauche noch einen Moment mit ihr allein, lege mich neben sie, halte ihre Hand mit den verkümmerten Fingernägeln. Keine Reaktion.

»Mama, es tut mir leid, dass ich nie ein guter Sohn war. Ich habe so viele Fehler gemacht.« Zwei Sätze nur, schwieriger als die härteste Runde im Ring.

Eine Weile sage ich nichts, spüre nur ihre Wärme. Denke an ihren starken Willen. Dass sie etwas sagen wollte und nicht konnte.

Ich habe ihren starken Willen geerbt. Reiße mich zusammen, spreche weiter. »Du warst eine gute Mutter, obwohl wir keinen guten Draht hatten. Mach dir deswegen keine Gedanken.« Falls sie mich wirklich hört, wird sie verstehen, was ich meine. »Ich weiß, du bist mein größter Fan. Du hast immer gern mit mir angegeben, das mache ich jetzt für dich. Ich ziehe das Ding mit der Boxkarriere durch. Ich verspreche es dir. Ich werde niemals aufgeben, egal was passiert, bis ich sagen kann: Es reicht, ich bin glücklich. Guck von oben zu, du wirst mich immer kämpfen sehen, bis zum bitteren Ende.«

Dann stehe ich auf und lasse sie allein. Das alles auszusprechen, hat gutgetan. Es gibt noch so viel, was ich nicht gesagt habe. Was ich nicht sagen konnte.

Draußen steht mein Vater. Er wird bei ihr bleiben, bis Üstün zurück ist.

»Ich fahre wieder nach Hause«, sage ich, »ich muss trotzdem kämpfen. Ich habe es Mama versprochen.«

Du kommst aus der Klinik und läufst quer durch dieses Kackdorf. Dir platzt der Schädel, die Kopfschmerzen machen dich halb wahnsinnig. Ein Stück auf dem alten Schulweg, wo dich schlechte Erinnerungen ficken, wo dich der Hass nach 25 Jahren noch einholt. Deine Mutter stirbt, und nicht mal jetzt lassen dich die kleinen Faschos in Frieden. Du fährst einen Horrorfilm, weißt, was auf dich zukommt, aber nicht, wie du es durchstehen sollst.

Dein Hirn hat alles längst geregelt. Es war immer bereit für diesen Moment. Du wehrst dich, aber nicht wirklich. Hast das Handy schon in der Hand, findest den Kontakt wie im Schlaf. Du denkst, du wirst es bereuen, während du schon die Nummer wählst.

Abends kommt er vorbei, du nimmst sechs Gramm, zahlst bar, ziehst sofort was. Es kickt massiv, das letzte Mal ist ewig her. Das vertraute Gefühl, als wäre ein alter Freund zu Besuch. Fernseher an, ablenken, entspannen, alles wegschieben. Nicht groß nachdenken.

Es wird schon, es wird schon, immer mit der Ruhe, die Zeit heilt alle Wunden. Als wäre es wirklich so. Als würden sie nicht immer wieder aufbrechen.

Du kommst runter, und dir fällt wieder ein: Den Lungenkrebs, diesen verdammten Bastard, wird die Zeit nicht heilen. Er wird siegen. Er wird deine Mutter killen. Dein Hirn weiß, was du zu tun hast.

Am nächsten Tag sitze ich wieder mit Üstün an ihrem Krankenbett. Ich habe nicht geschlafen, nichts gegessen, nur gezogen und trainiert. Komme schon klar. Mama zeigt keine Regung, kein Lebenszeichen, die Maschinen laufen.

Der Arzt sagt uns: »Wenn es zu lange geht und wir keine Chance mehr sehen, dann sollten Sie sich darauf gefasst machen, eine Entscheidung zu treffen.«

»Was will dieser Hurensohn? Wir sollen Mama den Saft abdrehen?«, sage ich zu Üstün, natürlich auf Türkisch. »Wir ziehen keinen Stecker, es wird ums Überleben gekämpft bis zum bitteren Ende!«

Abschalten kommt nicht infrage. Meine Mutter hat schon immer mit Schmerzen gelebt. Sie war immer eine Kämpferin. Sie soll sterben, wie sie gelebt hat. Mein Bruder und ich sind uns ausnahmsweise einig.

Spätnachmittags fahre ich wieder zurück nach Regensburg, muss fit bleiben für den Kampf. Ich trainiere auch auf Drogen, bis in die Nacht, schwitze wie ein Schwein, mein Herz schlägt doppelt so schnell wie normal. Ich bin extrem motiviert, wie besessen. Ein Wunder, dass ich nicht verrecke. Im Grunde bin ich fertig. Die Augen brennen, die Gelenke schmerzen. Habe nichts gegessen und wahrscheinlich auch nicht genug getrunken. Auf Speed trinkst du nie genug.

Drei, vier, vielleicht fünf Tage und Nächte geht es so. Du isst nicht, schläfst keine Sekunde, nimmst extrem viel. Die Zeit vergeht nicht. Vor allem nachts. Alle schlafen um eins, zwei, drei, vier, fünf, sechs, sieben, acht. Du schreckst hoch, lebst in einer komplett anderen Welt. Dein Körper spielt verrückt, du spielst die ganze Zeit an dir rum, kriegst Zuckungen. Versuchst zu schlafen, aber du stehst buchstäblich unter Hochspannung. Dein Kopf beruhigt sich nicht, ist permanent unter Strom. Du kommst runter, hoffst, wartest auf die Nachricht. Andauernd denkst du: Hat jemand angerufen? Hat mein Handy geklingelt? Aber da ist nichts. Kein Anruf, keine SMS.

An einem Tag, auf dem Krankenhausflur, bemerkt Üstün meine roten Augen, meine nervösen Finger. Er schimpft mich aus, richtig laut. »Egal was du jetzt wieder angefangen hast – hör auf mit dem Scheiß! Du gehst noch drauf!«

Ich weiß, er hat eigentlich nur Angst um mich, aber ich habe mir abgewöhnt, auf sein Gemecker zu hören. Mache weiter mit meinem Selbstzerstörungstrip. Konsumiere wie ein Verrückter. Es gibt kein Ende.

Nach dem nächsten Vormittagstraining nehme ich sofort den ersten Zug nach Parsberg. Weiche meinem Vater und meinem Bruder aus, besuche meine Mutter absichtlich zu einer anderen Zeit. Da sind Dinge, die muss sie wissen. Die ich viel zu lange für mich behalten habe, die kann ich nur ihr erzählen. Wenn wir allein sind, kann ich ihr alles sagen, was ich ihr sagen will.

Unterwegs schreibe ich die Nachricht, die ich seit Tagen vor mir herschiebe: »Meine Mutter stirbt. Bitte bring die

Kleine, damit sie wenigstens einmal ihre Oma sieht. Damit meine Mama spürt, dass sie da war.«

***

Wie schlimm ist es, kriegen wir es hin? Können wir es tapen, tackern, irgendwie? Oder platzt es beim nächsten Streicheln wieder auf, und der Fight ist von jetzt auf gleich vorbei, Cut, Ende? Sie fummeln dir am Kopf rum, waschen, tupfen, flicken dich zusammen. Du hockst nur da, kannst nichts machen, nur die Nerven behalten. Du weißt, wie schlecht du gerade aussiehst. Als wäre die ganze Sache schon gegessen, als wärst du hart angeknockt. Vielleicht bist du es. Du musst aufpassen, du verlierst Blut, und ihn macht es stark, wie den Wolf auf deiner Fährte. Er hat deine Achillesferse gefunden, kennt den wunden Punkt. Den zu schützen, wird Kraft kosten.

***

»Ünsal, komm rein.« Axel hebt die Fäuste, täuscht eine Rechte an, zeigt seine falschen Zähne, umarmt mich. »Habe von deinem Kampf auf der Dult gehört. Respekt, Mann!«

Ganz Regensburg hat davon gehört. Jeder redet darüber, 2000 haben es gesehen. Allen habe ich es gezeigt, vor allem diesem Ümit. Ich hoffe, seine Kieferknochen wachsen wieder zusammen.

Axel nimmt mich mit nach hinten zu ein paar fetten roten Loungesesseln. Eine dünne Blondine stellt mir eine Coke Zero hin und zieht wieder ab. Meine Augen wandern hinterher.

»Wann ist dein nächster Kampf?«

Ich schüttle den Kopf, erkläre ihm, dass es vorbei ist. Eigentlich haben mir die zwölf Amateurkämpfe schon gereicht.

Habe ein Turnier gewonnen, bin ostbayerischer Meister geworden. Dann die Chance, mich bei diesem Bastard zu revanchieren. Aber jetzt ist es auch genug. Keinen Bock mehr. Ich muss an später denken. Bin 27, habe meine Ausbildung fertig, verdiene zehn Scheine bei einem großen Versicherungskonzern. Da bleibe ich erst mal dran, baue mir meine Zukunft auf.

»Läuft für dich«, sagt Axel, trinkt Bier und guckt sich in seinem Laden um. »Falls du ab und zu Spaß haben willst, für gute Jungs wie dich haben wir immer Verwendung.«

Gute Jungs wie mich. Schätze, er meint meine Fäuste.

»Hast du schon mal Security gemacht?«

Versicherung, Security – fast dasselbe.

»Türsteher kann ich«, sage ich.

Bin genug Wachhunden begegnet, um zu wissen, wie es läuft. Ich kriege Bock, den Spieß umzudrehen. Habe es hundertmal erlebt: Du datest eine Frau, willst am Wochenende mit ihr tanzen gehen. Du kaufst extra ein. Gibst dein ganzes Geld für neue Klamotten aus. Machst dich fertig, fährst 100 Kilometer mit deinen zwei Kumpels. Sie ist mit ihren Freundinnen schon drin. Du stehst in der Schlange, freust dich auf den Abend, dann kommt der Spruch: »Ihr drei nicht. Wir haben schon genug Ausländer.« Diese Nazisprüche. Dann wundern sie sich, warum wir zuschlagen und Scheiße bauen. Genau deswegen lassen sie uns weiterhin nicht rein und immer so weiter. Den Job habe ich definitiv drauf, sogar zehnmal besser.

Eine Woche später stehe ich mit dem Boxkollegen, der mich empfohlen hat, vor dem »Airport« an der Tür. Großraumdisco. Egal wer kommt, jeder muss an dir vorbei. Du bist der Zoll. Du entscheidest, wer durchdarf und wer nicht. Begreift es einer nicht und will Stress machen, erklärst du es ihm, zur Not ohne Worte. Es ist ein geiles Ding. Es ist mein

Ding. Zwei-, dreimal die Woche mache ich auf wichtig, sacke Extra-Asche ein und lerne nebenbei noch die besten Eulen kennen. Die kommen alle rein. Sie machen dich an, geben dir ihre Nummer, einfach so. Jede Frau will dich haben, völlig krank. Ein paar davon erwischst du später beim Sex auf dem Klo, die kriegen für den Abend Hausverbot und eine Predigt: »Was ist los mit dir, dass du dich auf dem Klo ficken lässt? Hast du keine Ehre? Keinen Stolz?« Ab und zu setzt du irgendwelche Wichser auf die Straße, wenn sie die Girls anfassen, aber die meiste Zeit über stehst du rum und machst auf dicke Hose.

Tagsüber bin ich der freundliche Herr Arık von der Versicherung– Anzug, Krawatte, schwarzer Audi S5, 400 PS, Allrad, nagelneu. Hast du was, bist du was. Das zeigst du natürlich gern her bei Stephanie zu Hause. Reibst es ihrem Vater Klaus unter die Nase: Ich brauche deinen verfickten Job nicht. Ich schaffe es auch ohne Hilfe von den deutschen Bonzen. Ich weiß, wie geil Stephanie es fände, wenn ich bei Daddy einsteige. Vertriebschef bei einem mittelständischen Weltmarktführer. Einfamilienhaus gleich bei Mama nebenan, davon träumt sie. Machen wir schon, sage ich. Machen wir schon. Bedeutet: Wird niemals passieren.

Als Stephanie und ich zusammenkamen, war ich schon richtig gut unterwegs. Vom Kanaken ohne Abschluss bis zum Topvertriebler aufgestiegen. Jetzt bin ich fucking Versicherungsfachmann mit Abschluss, verdiene blendend, 1500 allein als Türsteher, dazu jeden Monat fünfstellig als Hauptvertreter der Versicherung. Aber für diese Leute ist das alles nichts. Die machen richtig Business.

Irgendein Dienstag, wir sitzen beim Mittagessen, jeder kerzengerade. Rinderrouladen, weiße Tischdecke, Porzellan mit Goldkante. Brigitte überlegt laut, ob sie sich das neue

Benz-Cabrio bestellt. Als wäre es eine Scheißjacke und kein Luxuswagen für 100 000. Sie denkt länger über die Farbe nach als über den Preis. Und du denkst: Krass. Du denkst an Papas gebrauchten roten Passat und was er ihm bedeutet.

Mama hätte Lahmacun gemacht, dünnes Teigbrot mit Hackfleisch drüber. Wenn Besuch kommt, reichen 100 nicht. »Machen wir gleich das Doppelte, dann haben wir morgen noch was«, sagt sie. Es gibt immer so viel Überschuss, dass wir tagelang davon essen können. So kenne ich es. So war es schon immer. Es ist normal, und ich liebe es.

Bei Stephanies Eltern kommen die Reste in den Müll. In diesen Momenten fällt dir wieder ein, was du früher wertgeschätzt hast – Kultur, Familie, Tradition. Entweder du lässt diesen Film laufen, oder du verlierst die Bodenhaftung, verlierst deine Wurzeln aus den Augen. Wirst zum Alman.

Ich verdiene in einem Monat mehr als mein Vater in einem halben Jahr. Seit ich mit Stephanie zusammen bin, geht es für mich immer nur bergauf. Als Kronprinz in Klaus' Firma könnte ich meinen Eltern nach zwei Jahren ein neues Haus kaufen. Solche Gedanken machen sich breit in deinem Kopf. Aber dann kommen diese Momente, da denkst du: Ihr tickt einfach anders. Ihr tickt nicht sauber.

August, geilstes Wetter. Ich fahre mit dem frisch polierten S5 vor, wir wollen in die Eisdiele. Die Haustür geht auf, da höre ich Brigitte rumschreien, steige aus, gehe hin.

Ohne mich zu beachten, scheißt sie Stephanie weiter zusammen. »Meine Tochter geht nicht mit Gummi-Flipflops in die Stadt! Schämst du dich nicht? Wie die Asozialen, so präsentieren wir uns nicht!«

»Das tragen doch alle, Mama, es sind über 30 Grad …«

»Wir sind aber nicht alle! Du ziehst dich sofort um, auf der Stelle!«

In so einem Moment hältst du dich raus. Du überlegst, mit welchen Klamotten du seit zwei Jahren hier aufgetaucht bist und was sie wohl über dich gedacht haben. Wie sie über dich reden, wenn du nicht dabei bist. Was du gesagt und getan hast, wenn du bei ihnen warst. Da geht im Kopf einiges kaputt. In diesem Moment sagt dein Hirn: Du passt hier nicht mehr rein. Damit willst du nichts zu tun haben. Du willst nie für diese Leute arbeiten, sonst wird sie dich irgendwann genauso ankacken. Wie präsentierst du meine Familie da draußen? Was für ein Hirnfick. Mal wieder. Ich liebe Stephanie. Wirklich. Aber solche Sätze ficken mich brutal.

Auch ein Grund, warum ich gern an der Tür stehe. Du kannst nicht die ganze Woche nur bei Stephanie auf glückliche Familie machen. Du hast auch nicht wirklich Spaß daran, ständig irgendeinem Jürgen deine sinnlosen Rentenfonds anzudrehen. Du machst es nur, weil es dir jede Menge Scheine einbringt.

In der Disco bist du mehr du selbst. Triffst deine Leute, sprichst viel Türkisch. Wie damals in der Clique, nur sechs Level drüber. Hier laufen die Hammerweiber auf, hier wird Hip-Hop aufgelegt, und du wirst fürs Austeilen nicht bestraft, sondern bezahlt. Du machst Bekanntschaften, von denen du früher nur geträumt hast. Gehst hinter die Kulissen, beschützt die Tänzerinnen, wenn ihnen ein Schwanz zu nahe kommt. Perfekte Muschis, alle bildhübsch, jede Einzelne von ihnen. Du begleitest sie in ihre Garderobe, kommst ganz dicht an sie ran, riechst ihr Parfüm. Dein Hirn sagt: Fick sie, die oder die oder beide zusammen, scheiß drauf – aber sie gehören dir halt nicht. Du arbeitest für sie.

Und da ist Stephanie. Hier darf nichts laufen.

Doro ist nicht die typische Go-go-Tänzerin. Topfit, aber nicht die Schönste im Laden. Trotzdem kommt sie am besten bei den Typen an, warum auch immer. Keine andere wird so oft von irgendwelchen Hurensöhnen angefasst. Wenn sie vor den Leuten richtig abgeht, muss ich aufpassen, dass ich nicht meinen Job vergesse. Bei jeder anderen Tänzerin habe ich mich im Griff. Aber sie ist speziell. Nicht mein Typ, und doch hat sie irgendwas, das mich anzieht. Was mich geil macht. Was die anderen Kerle nicht sehen.

Ich rede mit den Kollegen über sie. »Ihr Arsch ist pures Gold, Bruder«, sagt einer, »aber pass auf! Sie ist eine echte Bitch.«

Weiß ich. Sie zickt rum wegen jedem Dreck. Und wenn sie rumzickt, kann ich an nichts anderes denken, als sie zu vögeln. Das sitzt tief in mir drin, keine Ahnung, wo das herkommt. Ich brauche das. Martina hatte es, Stephanie hat es auch. Bei Doro ist es mörderisch. Ich muss mich zu 100 Prozent beherrschen, sonst brennen mir alle Sicherungen durch.

Du hast es unter Kontrolle, solange von ihr nichts kommt und dein Schwanz in der Hose bleibt. Solange sie dir nicht zuzwinkert, solange du ihr nicht morgens um vier die Schultern massieren sollst. Solange du keine Sätze sagst wie: »Kannst ruhig zugeben, dass du auf mich stehst.« Aber wenn das alles passiert, wenn eines zum anderen kommt und dein Schwanz das Steuer übernimmt, dann schnappt die Falle zu. Dann wird der Traum wahr, du vögelst sie auf ihrem Schminktisch, nimmst sie mit in dein Bett. Du bist nicht verliebt, aber sie fickt wie keine andere. Wahrscheinlich bist du nur davon geflasht.

Wach werde ich erst, als sie am nächsten Tag abhaut. Als mir klar wird, dass ich wieder dieselbe Scheiße gebaut habe wie immer. Der Ünsal ist genau das, was alle sagen: ein beziehungsunfähiges Arschloch. Ünsal hat die, die, die betrogen. Jetzt halt auch seine Stephanie, tu nicht so überrascht. So ist er eben. Hat immerhin zwei Jahre durchgehalten, der Ünsal.

Wird er dazu stehen und es ihr sagen? Machen wir schon, Bruder, machen wir schon.

Vier Wochen später kommt Doro vorbei und zeigt mir einen positiven Schwangerschaftstest. Mir hat sie gesagt, sie würde die Pille nehmen, aber es muss von mir sein. Sie wirkt nicht so, als würde sie sich freuen. Wir machen den Test noch mal zusammen. Positiv.

Sie gibt mir zu verstehen, dass sie das Kind nicht behalten will.

Im ersten Moment fühlt es sich an wie ein Schlag in die Fresse. Diese Schlampe will mein Kind abtreiben?! One-Night-Stand hin oder her, es ist auch mein Kind! Mein Blut!

Ich sehe Doro tief in die Augen. »Das Kind kommt auf die Welt.« Ein Satz, der mein und ihr Leben komplett auf den Kopf stellt. Mir geht es ums Prinzip. Ein Vater muss für sein Kind da sein, muss für sein Kind kämpfen, so bin ich erzogen worden. So ist unsere Kultur! Abtreibung kam für mich noch nie infrage. Es war schon immer falsch. Auch wenn ich eigentlich mit meiner großen Liebe zusammen bin und beide Frauen nichts voneinander wissen.

Wir fangen an zu streiten.

Ich kann sie ja verstehen. Es ist ein Schock. Wir hatten nur Sex, und sie ist noch nicht so weit. Aber warum kommt sie überhaupt zu mir? Was dachte sie denn, was ich sage?

Die nächsten Wochen sind ein ständiges Hin und Her. Sie nennt mir ihren Abtreibungstermin, ich bringe sie davon ab, rede es ihr aus. Sie macht noch einen, geht aber nicht hin. Ich halte mich permanent auf dem Laufenden, will Bescheid wissen. Es scheint Doro zu gefallen, dass ich ihr hinterherrenne, auch wenn es nicht ihretwegen ist, sondern wegen des Kindes.

Vor Stephanie kann ich die Sache nicht ewig geheim halten. Es ist etwas Ernstes mit uns. Wir haben schon übers Heiraten nachgedacht, trotz meiner hirnrissigen Gedanken über ihre Familie. Nicht ganz meine Welt, aber wir haben eine tolle Beziehung. Wenn ich die retten will, muss ich meine Eier in die Hand nehmen und es ihr sagen.

Nach dem Test schiebe ich es noch drei, vier Wochen lang vor mir her. Traue mich nicht, ihr vor die Augen zu treten, darum schreibe ich ihr eine lange Mail. Beichte ihr den Seitensprung, dass ich eine andere geschwängert habe, dass ich die Scheiße bereue, die ich gebaut habe, dass ich sie liebe und um eine Chance bitte. Mehrere Tage lang kommt keine Reaktion, dann meldet sie sich, will mich sehen. Wir verabreden uns bei mir.

Ich habe sie noch nie so sauer erlebt, mich noch nie so von ihr beschimpfen lassen müssen. Aber sie hat natürlich recht. Ich bin ein verdammtes Arschloch. Ein mieses Dreckschwein. Es ist alles meine Schuld, also muss ich jetzt auch Manns genug sein und dazu stehen. Wir setzen uns vor meiner Tür ans Donauufer, um zu reden. Ich mache ihr nichts mehr vor. Meine Kunden kann ich belügen, sie nicht. Ich bitte sie tausendmal um Verzeihung für meinen Fehler, dass ich so schwanzgesteuert war und unsere Beziehung so blind aufs Spiel gesetzt habe. Sage, dass ich sie über alles liebe. Am Ende liegen wir uns weinend in den Armen, unsere Füße über dem Wasser, sie verzeiht mir, und ich kann mein Glück kaum fassen. Aber noch bin ich nicht am Ziel.

Sie scheint zu wollen, dass ich Doro nie wiedersehe.

Jetzt wird's kompliziert. Jetzt ist Überzeugungskraft gefragt. Du musst es ihr verkaufen. Sie als Frau denkt sich wahrscheinlich: Es war nur ein Seitensprung. Kind weg, Problem weg. Bring es ihr schonend bei, aber bleib bei der Wahrheit.

»Sie will abtreiben, aber …«

»Aber?«

»Ich bin dagegen. Ich habe sie sogar schon einmal davon abgehalten.« Ich schildere ihr die ganze Situation, was seit Wochen abläuft. Stephanies schöne Augen starren mich an. »Ich weiß, es ist meine Schuld. Ich hab die Scheiße gebaut, ich bin verantwortlich – aber das Kind kann nichts dafür. Das Kind darf nicht für meinen Fehler bestraft werden.«

Zweifel in ihren Augen, diesen Blick kenne ich. Zum Deal fehlt nicht mehr viel.

»Bitte«, sage ich, »es ist doch auch mein Kind.«

»Okay«, sagt sie nach einer Weile.

Wow, was für eine Frau. Sie verdient Besseres als mich.

»Eine Sache noch, ganz wichtig.« Ich nehme ihre Hand. »Ich will als Vater nicht außen vor bleiben. Also muss ich mich schon noch ein bisschen um die Mutter kümmern. Kontakt halten, Verantwortung zeigen. Wenn sie erfährt, dass ich eigentlich mit dir zusammen bin, spielt sie aus Wut und Frust alles gegen mich aus, und ich bekomme kein Sorgerecht. Darum lass uns bitte erst mal nicht in der Öffentlichkeit treffen. Wir spielen das Spiel nur, bis das Kind zur Welt kommt und ich offiziell Vater bin. Danach scheiß drauf. Ich will nur mein Sorgerecht.«

Stephanies Liebe ist so groß, dass sie sich schließlich einverstanden erklärt, mein Spiel mitzuspielen. Ihren Eltern sagt sie aber lieber erst mal nichts davon. Ich küsse sie, umarme sie, danke ihr. Sage ihr, dass sie es nicht bereuen wird. Glaube das wirklich.

Ich bringe Doro zum Ultraschall, gehe mit ihr Babyzeug kaufen und mache auf heile Welt, auch wenn nichts läuft zwischen uns. Die Geilheit vom Anfang ist komplett weg. Kann sein, dass sie irgendwie in mich verknallt ist, ich empfinde jedenfalls nichts für sie. Baue eine Distanz auf.

Ich bin ja wirklich kein Engel, aber schon nach kurzer Zeit sehe ich sie mit anderen Augen, fange an, mir Sorgen um meine Tochter zu machen. Das Viertel, wo Doro lebt, ihre Familie, ihr ganzer Lebensstil, all das ist ein Schock für mich. Das komplette Gegenteil zu Stephanies Familie. Hier willst du dein Kind nicht aufwachsen sehen.

Du merkst, das zweigleisige Fahren haut nicht mehr lange hin. Sitzt in der Zwickmühle. Da ist die Frau, die du liebst, aber du musst die andere treffen, denn da ist dein Kind. Du suchst einen Ausweg, siehst ihn nicht. Mit der Zeit wird es hart. Du wirst aggressiv, ziehst deine Partyvorräte weg, schläfst nicht mehr, fährst Filme, kannst dich nicht mehr auf die Arbeit konzentrieren. Du hältst deine Freundin hin, noch eine Woche, noch eine Woche, aber sie ist schon lange am Limit. Sie weiß nicht, was bei der anderen Frau passiert. Was du der anderen Frau erzählst. Ob du wieder mit ihr schläfst.

Irgendwann wird es Stephanie zu viel. Sie hält den Druck nicht mehr aus, knickt ein. Wir treffen uns abends gegen acht vor meinem Büro, gehen in ein Restaurant. Sie wirkt angespannt, rührt ihren Teller kaum an. Die Situation nimmt sie extrem mit. Man sieht es ihr auch an, sie ist richtig dünn geworden, fast magersüchtig.

»Ich kann nicht mehr, Ünsal.« Ihre Stimme zittert. »Ich kann nicht mehr schlafen, ich gehe nervlich kaputt!«

Ich sage: »Das verstehe ich ja. Aber wenn ich ihr jetzt sage, dass ich mich für dich entscheide, dann wird sie es an dem Kind auslassen. Sie wird es gegen mich ausspielen und mir die Vaterschaft aberkennen.«

Sie sagt nichts, presst Mund und Augen zu. Ich zahle, und wir gehen. Draußen ist es inzwischen dunkel. Ich muss noch mal ins Büro, um noch schnell etwas Papierkram zu erledigen.

Stephanie kommt mit rein und macht sich frisch, damit ihre Mutter sie nicht verheult sieht.

Plötzlich fahren draußen zwei Autos vor, Türen werden zugeschlagen. Wie die Furien stürmen vier Schlägertussis einfach zu mir ins Büro. Ich habe sie schon gesehen, weiß, zu wem sie gehören. Mit einem Mal brennt die Luft. Ein Geschrei, dass du nicht dazwischenkommst.

Ich stelle mich vor Stephanie und sage: »Fahr nach Hause, das ist nichts für dich. Lass mich das klären.«

Stephanie schnappt ihre Tasche und läuft nach draußen, ich werde so angekeift, dass ich kaum ein Wort verstehe. Was ich für ein Dreckskerl bin, was für ein Riesenarschloch, dass wir Türken immer meinen, wir bräuchten einen ganzen Harem zum Ficken. Dass sie sich nie mit einem wie mir hätte einlassen sollen, und so weiter und so weiter. Dann hauen sie ab.

Ich brauche ein, zwei Minuten, bis ich wieder klar denken kann. Bis mir schlagartig bewusst wird, was gerade abläuft. Sie fahren Stephanie hinterher, so ticken die. Wenn die sie erwischen, wird sie sich morgen im Spiegel nicht mehr wiedererkennen.

Es gibt drei Strecken zu Stephanies Haus. Die mittlere nehme ich, bin noch nie so schnell durch die Stadt gefahren. Es hämmert in meinen Schläfen, ich weiß, was sie mit Stephanie machen werden, will es mir nicht vorstellen. Darf es nicht zulassen. Rase Vollgas die Landshuter runter wie ein Verrückter, mitten durch Regensburg, innere Ortschaft. Bin schweißnass, überhole links, rechts, ohne Rücksicht auf Verluste, wie im Film. Alles kann passieren. Scheiße auf Blitzer, überfahre drei rote Ampeln, weiche irgendwie dem Querverkehr aus. Erwische wie durch ein Wunder keine Fußgänger. Bin voll auf Adrenalin, mein S5 und ich beide auf 180. Mindestens. Eher drüber.

Mit mehr Glück als Verstand hole ich die Schlägerbräute ein, sehe schon von Weitem die Warnblinker, erkenne die Autos. Sie haben Stephanie gestoppt, mitten auf der Straße. Ich lege eine Vollbremsung hin, alle vier Räder quietschen, ich rutsche bestimmt 50 Meter und bleibe knapp vor denen stehen, versperre die ganze Straße. Keine Sekunde zu früh.

Stephanie sitzt noch in ihrem Auto, die Knöpfe sind unten. Die Weiber haben sie umzingelt, zwei rechts, zwei links, rufen: »Steig aus, du Schlampe, sonst holen wir dich raus!«

Ich springe auf die Straße, direkt zu einer der Schlägerbräute hin, zerre sie weg von Stephanies Tür, zeige ihr meine Faust, schreie sie an. »Bedroh sie noch ein Mal! Bedroh sie noch ein einziges Mal!«

»Dann was?« Eine von denen lacht mir dreckig ins Gesicht. »Schlägst du sie dann? Ja? Du willst eine Frau schlagen?«

So weit würde ich nie gehen, aber in der Wut fängst du eben an zu drohen, mit allem, was du hast. Ich weiß, die Leute kriegen Schiss vor mir, wenn ich so ausraste, dass meine Adern auf der Stirn hervortreten. »Euch Fotzen will ich nie wieder sehen, verstanden?« Ich packe mir eine, stoße sie weg. »Ihr verschwindet sofort, sonst seid ihr als Erste dran!«

Eine andere stellt sich vor mich. »Deine Hure will alles zerstören, die verdient es.«

»Nein, wenn jemand schuld ist, dann ich! Aber nicht sie! Sie kann gar nichts dafür. Sag Doro, sie soll sie bloß in Ruhe lassen, und verpisst euch!«

Wir tauschen noch ein paar Freundlichkeiten aus, dann bringe ich sie endlich dazu, die Straße frei zu machen und abzurauschen. Hinter uns hupen welche, die vorbeiwollen, aber ich lasse noch keinen durch. Will sichergehen, dass niemand Stephanie folgt. Und dass die Schlägertussis wirklich weg sind.

In der Frontscheibe von Stephanies Wagen spiegeln sich die Laternen. Sie schaut zu mir rüber, absolut fertig, wie unter Schock. Die Augen verheult.

»Fahr«, rufe ich ihr zu, »fahr nach Hause!«

Sie startet den Motor und fährt an mir vorbei, ohne mich anzusehen, stadtauswärts. Ich ignoriere das Hupen und schaue Stephanie hinterher, bis ihre Rücklichter hinter einer Kurve verschwinden.

Am nächsten Tag kommt ihre Mail. »Ich war bereit zu kämpfen, aber ich schaffe es nicht. Du spielst ein doppeltes Spiel. So hatten wir es nicht vereinbart. Ich muss dich verlassen, obwohl ich dich liebe.«

Sofort rufe ich sie an. Sie nimmt nicht ab. Vielleicht ist meine Nummer blockiert.

Eine Woche später habe ich Stephanie immer noch nicht erreicht. Schließlich nehme ich meinen ganzen Mut zusammen und versuche es auf dem Festnetz ihrer Eltern. Klaus geht ran.

»Ünsal, ich muss dich bitten, hier nicht mehr anzurufen.« Ganz höflich sagt er das. Höflich und gefasst. »Lass unsere Tochter in Ruhe, ja? Es geht ihr nicht gut. Wenn du einen Funken Respekt vor Stephanie hast, dann ruf bitte nicht mehr an.«

Er legt auf. Es ist hart, das von ihm zu hören. Ich muss weinen, hasse mich für die Riesenscheiße, die ich angerichtet habe, kann nicht in den Spiegel schauen. Mache mir eine Line klar und ziehe, danach geht es mir besser. Ich rede es mir wieder schön. Es ist erst vorbei, wenn es vorbei ist. Wenn ich noch mal von Angesicht zu Angesicht mit ihr spreche, sie um Verzeihung bitte und sie mir sagt, dass es aus ist.

Also fahre ich hin, stehe vor der Haustür. Natürlich lassen sie mich nicht rein. Es ist legitim.

Brigitte redet Klartext: »So einen Abschaum und Versager wie dich hat sie nicht verdient. Du hast in unserer Familie nichts mehr verloren!«

Bum, Tür zu. Das hat verfickt noch mal gesessen. Die Familie, die dich gestern noch wie einen Sohn behandelt hat, lässt dich nicht mehr rein.

Alles berechtigt. Jeder beschützt seine eigene Familie. Ich würde es genauso machen. Stephanies Vater könnte mich blutig schlagen, und ich würde es hinnehmen. Aber so eine Familie ist das nicht.

Ich hocke noch ein paar Minuten vor der Tür, dann checke ich es und verpisse mich. Okay, das muss ich respektieren. Ich habe verloren.

Auf Dauer kann ich die Sache trotzdem nicht einfach so stehen lassen. Ich schreibe den Eltern noch eine Mail. Spreche meine Entschuldigung und mein tiefstes Bedauern aus, dass ich alles bereue und um Verzeihung bitte. Erhalte nie eine Antwort, das akzeptiere ich.

Stephanie sehe ich nie wieder. Die nächste Liebe verloren. Ich mache es mir immer wieder selbst kaputt, bin selbst schuld. Wie konnte ich alles so zerstören? Wofür?

***

Der nasse Schwamm fährt durch dein demoliertes Gesicht. Sie geben dir Wasser, es schmeckt nach Rost. Scheiße, elendige, wirst du diesen Kampf jetzt verlieren wegen eines verdammten Cuts? Wegen eines verfickten Augenblicks, in dem du nicht wach genug warst, wo du zu viel Risiko gegangen bist und diesem Bastard erlaubt hast, dich zu treffen?

Nein. Vergiss die Scheiße. Lern daraus, und mach es besser.

***

Diese Trennung ist ein Schlag, den du nicht so leicht verdaust. Alles, was dir bleibt, ist eine kaputte Pseudobeziehung zu einer Go-go-Tänzerin. Mit deinem Kind im Bauch. Auf keinen Fall gibst du einfach auf. Aber jemandem so was wie Liebe vorzuspielen, um irgendwas für dein Sorgerecht zu erreichen – das ist schon krank.

Es kommen die Nächte, in denen du nicht mehr schläfst, weil du so oft durch die Nase gezogen oder Tabletten geschmissen hast. Mit der Zeit lässt auch die Arbeitsmoral nach. Du wirst unzuverlässig. Versäumst Fristen. Lässt dir Kunden durch die Lappen gehen. Alles wird zu viel. Nichts ist normal.

Mein Tag war eh schon beschissen, da ruft Üstün mich an. Erzählt mir, wer morgens bei Mama vor der Tür stand. Mein Puls geht hoch. Doro. Ist die irre? Fährt allein nach Parsberg, ohne mir Bescheid zu sagen? Wenn ich sie meinen Eltern vorgestellt hätte, okay – aber so? Es kommt noch besser. »Da war eine Türkin dabei in High Heels und Ledermini, geschminkt und eingedieselt wie eine … du kannst dir denken, wie Mama reagiert hat.«

Ich schlage mit der Faust gegen die Wand, scheiße auf den Schmerz. Nilay. Doro besucht meine Mutter, sagt mir nicht mal Bescheid, und als Vermittlerin nimmt sie ausgerechnet ihre türkische Go-go-Freundin mit? Eine meiner Ex-Affären, die meiner Meinung nach rumläuft wie eine Hure, aber schnell ein Kopftuch aufsetzt, wenn ihre Eltern kommen? Eine echte Mustertürkin! Mehr weiß Üstün nicht, außer dass Mama Doro rausgeschmissen hat. Den Rest kann ich mir auch so zusammenreimen. Doro dachte anscheinend, sie könnte meine Eltern einfach überfallen – ›Ich bin schwanger von Ihrem Sohn, Sie werden Oma, gratuliere!‹ – und sie damit auf ihre Seite ziehen. Sie dachte, sie könnte meine Mutter gegen ihren eigenen Sohn ausspielen. Aber sie hat unsere

Kultur nicht verstanden. Alle türkischen Eltern halten in so einer Situation erst mal zu ihrem Kind, auch wenn es schuldig ist, zumindest nach außen. Geregelt wird es dann zu Hause. Untereinander. Genauso hält auch meine Mutter zu ihrem Sohn, auch wenn sie wahrscheinlich jetzt von mir enttäuscht ist, und das völlig zu Recht. In ihrem verletzten Stolz hat sie Doro wahrscheinlich dasselbe gesagt, was die meisten türkischen Mütter sagen würden: ›Verlassen Sie bitte mein Haus. Ich will davon nichts hören und nichts wissen.‹

Doch das ist noch nicht alles. Warum hat Doro mich eigentlich nicht einfach vorher gefragt? Dann hätte ich erst mal mit meinen Eltern geredet. Türkische Eltern erwarten, dass der Sohn nach Hause kommt und sagt: »Mama, ich habe ein Mädchen kennengelernt.« Dann geht man als Familie zu ihrer Familie und bittet um ihre Hand.

Ich stelle mir vor, wie wir zu Doros Familie fahren. Stelle mir vor, wie die üblichen Sprüche kommen. Ob wir hier vielleicht in Anatolien sind. Dass wir Kanaken erst mal lernen sollen, uns in Deutschland zu benehmen. Dass wir Türken die Deutschen eh nicht respektieren. Dass aus mir nie ein Deutscher wird, auch nicht, wenn ich mir einen deutschen Schäferhund kaufe.

Und mir wird klar: Es war pure Berechnung, meine Mutter so eiskalt zu erwischen. Jetzt kann Doro sagen: Ich habe euch die Hand gereicht, aber deine Familie schmeißt mich einfach raus! Also ist mein Kind bei deiner Familie nicht willkommen! Und wenn ihr euch so benehmt, dann will ich auch nicht, dass mein Kind zu euch kommt. So einfach geht das. Eine ganze Familie zerstört, noch bevor sie sich kennenlernen konnte. Wäre mein Vater daheim gewesen, wäre es vielleicht anders gelaufen. Er hätte schon dafür gesorgt, dass er eines Tages sein Enkelkind sehen kann.

Am nächsten Tag habe ich mit Doro einen riesigen Streit

wegen dieser Sache. Mit meiner Mutter werde ich über das alles nie sprechen.

***

Dir schießt das Adrenalin in den Kopf. Auf die Füße, Motor neu starten, Vollgas! Gib dem Bastard, was er verdient! Lass ihn kommen. Er soll ruhig abchecken, ob du den gleichen Fehler zweimal machst. Er wartet auf dich auf der anderen Seite, kommt näher, nimmt dich ins Visier, hebt die Fäuste. Du siehst die dunklen Flecken auf seinen Handschuhen. Du begreifst: Es ist dein Blut, verfickte Scheiße! Dein Blut!

ZWISCHEN DEN RUNDEN

Nichts bestimmt unser Leben mehr als unsere Familie. Es ist das größte Glück, wenn wir Eltern werden, und der tiefste Schmerz, wenn wir geliebte Menschen verlieren. Das sind die Momente, in denen alles ins Verhältnis gesetzt wird. Wir machen uns Stress wegen der Karriere, wegen Briefen vom Amt oder vom Gericht, wir drehen durch wegen Stolz und Ehre. Aber wir alle wurden geboren, und wir alle müssen sterben. Da sind wir alle gleich. Das vergessen wir viel zu oft, solange wir leben.

Doro kann ich heute voll verstehen. Sie hatte es selbst nicht leicht. Sie wollte sicher kein Kind mit einem Türken. Der Ünsal, der ich heute bin, hätte eine Abtreibung in ihrer Situation akzeptiert und sie darin unterstützt. Er hätte gesagt: Es ist dein Körper, deine Entscheidung. Dem Ünsal, der ich heute bin, wäre das alles nie passiert. Leider kann ich es nicht ungeschehen machen.

RUNDE VI

TIEFSCHLAG

Es wird ein langer Kampf. Alles kann passieren, alles ist offen. Eben dachtest du noch, es läuft für dich, jetzt wirst du in die Ecke gedrängt und einem Druck ausgesetzt, dem du kaum standhalten kannst. Aber noch stehst du, bist noch längst nicht geschlagen.

Mit aller Macht versuchst du, die Deckung zu halten, da wird es dreckig. Dein Gegner trifft dich mit Wucht in die Leiste, unter der Gürtellinie. Tiefschlag. Regelwidriger Treffer. Der Ringrichter geht dazwischen, ermahnt ihn und lässt ihn weiterboxen, als wäre nichts gewesen. Der Schmerz bleibt.

* * *

Manche Leute haben eine Karriere – ich habe viele. Die schlimmste von allen ist meine Drogenkarriere, so harmlos sie auch anfängt. Die Joints mit der Clique nach der Schule, auf Partys, zwischendurch. Ab 19, 20 probieren wir beim Feiern alles Mögliche aus, alle paar Wochen, just for fun, für den Kick. Andere haben Schnaps, wir eine Line Koks. Drogen sind haram, Drogen sind illegal, klar. Aber wer denkt darüber schon ernsthaft nach?

Irgendwann kommt der Tag, da checkst du, dass Drogen

nicht nur Spaß bedeuten. Sie verändern dich, helfen dir, Probleme zu vergessen. Wenn du die falsche Frau schwängerst und sie dein Kind abtreiben will. Es funktioniert. Du bist erst mal gut drauf, denkst nur positiv. Die Probleme siehst du zwar, aber im Kopf sind die alle schon gelöst. Das mache ich schon, alles cool. Bis du wieder runterkommst. Das ist der schlimmste Moment. Die Probleme verzehnfachen sich, du wirst aggressiv wie ein Tier, bekommst keine Luft, stürzt ins totale Gefühlschaos. So extrem, als würde die Welt untergehen. Scheiße, was habe ich gemacht? Wem habe ich geschrieben? Du fängst an zu schwitzen, kriegst Panik, fängst an zu kontrollieren, ob du irgendeinen Fehler gemacht hast. Vor lauter Stress und Paranoia ziehst du gleich wieder was, einfach damit in deinem Kopf wieder heile Welt ist.

Auf Drogen sprichst du jede Frau an, auf Partys, in der Disco, ohne nachzudenken. Du hast keine Angst vor einem Nein. Du hast überhaupt keine Angst. Alles ist cool, chillig. Diese Lockerheit, diese Lässigkeit, das spüren die. Das kommt gut an. Du bekommst selten einen Korb, wagst gewisse Dinge, die du sonst nie tun würdest. Du gehst auf Sexpartys, wo Männer und Frauen zusammen Drogen ziehen, als wäre es ein Abendessen. Was dann passiert, kann man nicht glauben, wenn man es nicht selber gemacht hat. Bei den Frauen schäumen die Glückshormone über, sie verlieren jedes Schamgefühl, jede Vorsicht, jede Würde, fallen einfach über dich her und ficken mit dir, miteinander, jeder fickt mit jedem, ohne Sinn und Verstand, völlig hemmungslos. Die checken alle erst am nächsten Tag, was für eine Scheiße sie gebaut haben.

Wenn du Drogen nimmst, lebst du in einer Zwischenwelt. Du hast keine Persönlichkeit mehr, die du wirklich besitzt. Sobald du runterkommst, bist du der eine, der sich mit jedem anlegt, so aggressiv, dass keiner etwas mit dir zu tun haben will. Sobald du auf Drogen bist, bist du wieder ein anderer, schreibst wild allen möglichen Frauen, um dir schon mal einen Fick für den Abend zu sichern. Du veränderst dich und verlierst Freunde, weil du nicht mehr du selbst bist. Während du noch lebst, tötest du, was dein Leben eigentlich lebenswert macht. Du tötest die Freundschaften, tötest die Gefühle. Und das alles tötet dich. Du stirbst und siehst dir dabei zu.

Du hörst, dass Freunde an Überdosen gestorben sind. Natürlich sind das keine echten Freundschaften, nur zufällige Bekanntschaften durch Partys und Drogen.

Auf einer Beerdigung kommt der Vater des Toten auf mich zu. Ohne mich zu kennen, sieht er mir in die Augen und sagt: »Hör auf damit. Oder willst du, dass dein Vater auch so weint wie ich?«

Aber auf Drogen juckt dich das nicht. Einen halben Abend trauerst du, dann ziehst du was, um die Traurigkeit loszuwerden. Schon bist du wieder da, wo du nicht hinwolltest. Ein Teufelskreis, der nie endet. Du gehst raus, und der nächste Arsch nimmt dich gleich wieder mit. Aus solchen Leuten besteht dein Bekanntenkreis, du lernst einfach keine guten Menschen kennen, findest keine guten Freunde. Du bist selbst auch kein guter Freund für die anderen, weil du sie mitziehst. Du bist nicht der Engel in diesem Teufelskreis. Jeder Einzelne ist ein Teufel.

***

Bei Versicherungen blicke ich kaum besser durch als bei WLAN-Routern. Einiges erklärt sich von selbst – Kfz, Hausrat oder Haftpflicht zum Beispiel –, aber etliche Policen kommen mir komisch vor. Lebensversicherungen. Berufsunfähigkeit. Halten wir da wirklich, was wir den Kunden versprechen?

Ich frage meinen Ausbilder: »Wer sagt am Ende, ob jemand Invalide ist?«

»In der Regel der Arzt des Versicherten.«

»Und warum müssen dann so viele zu unseren Spezialisten?«

»Na ja, in Zweifelsfällen behalten wir uns natürlich einen eigenen Check vor.«

Zweifelsfälle sind alles, was nicht zu 100 Prozent eindeutig ist. Wie oft ist Invalidität eindeutig? Wie oft ist Berufsunfähigkeit eindeutig? Alles Zweifelsfälle, bei denen so gut wie immer im Interesse der Versicherung entschieden wird.

Vielen Leuten verspreche ich das Blaue vom Himmel, und am Ende bekommen die oft nichts. Am schlimmsten ist es, wenn Freunde, Nachbarn oder Verwandte den ersten Schadensfall melden und nichts übernommen wird. Dann bin ich der Arsch, der viel zu wenig davon versteht und ihnen das Falsche aufgequatscht hat. Ich verliere Freunde, weil sie sich von mir gelinkt fühlen. Immer öfter denke ich: Du beteiligst dich hier an einem Riesenscheiß und fickst dich dabei noch selbst.

Der Konzern schickt dich in einen Motivationskurs mit einem, der es geschafft hat. Der aufgestiegen ist, vom 08/15-Versicherungsfachmann zum Geschäftsstellenleiter. »Wenn ihr das so, so, so umsetzt, dann könnt ihr alle eines Tages da stehen, wo ich jetzt bin.«

Du glaubst ihm dieses Geschwätz. Glaubst, dass du irgendwann der Gewinner bist in diesem dreckigen System. Gibst Gas ohne Ende, um das zu erreichen. Machst Karriere als Verkäufer im Konzern, wirst befördert zum Kapitalmanager, arbeitest dich hoch. Du drehst weiter auf, hilfst mit Speed nach, zuerst, um wach zu bleiben, dann, um die Leistung zu halten.

Auf Speed schaffst du mehr, schläfst weniger, isst weniger.

Du lieferst noch bessere Zahlen, und sie befördern dich zum Filialleiter. Von da an musst du fast gar nicht mehr arbeiten, du schwimmst im Geld und lässt deine eigenen fünf Verkäufer wie Sklaven für dich anschaffen. Es ist ein Selbstläufer. Du überschätzt dich massiv, hältst dich für besser als alle anderen, machst denen Druck wie ein Mafiaboss und schickst sie in Motivationskurse, damit sie mehr Abschlüsse machen. Nur wenige arbeiten hart genug, halten den Druck aus und haben das Quäntchen Glück. Du siehst 100 Leute kommen und 99 gehen.

Heute fährt Rainer mit zum Kunden. Ein ekliger, falscher Typ, aber er beherrscht seinen Job. Wenn es um bestimmte Versicherungen geht, ist Rainer immer dabei, für die Fachfragen. Dann höre ich genau zu, beobachte ihn, merke mir die Zahlen, die er garantiert.

»Katschinggg!«, macht Rainer, als wir wieder im Auto sitzen.

»Mal ganz ehrlich«, sage ich, »woher weißt du, dass sich die Fonds so entwickeln? Was ist mit dem Risiko?«

Anscheinend fragt er sich, ob ich das ernst meine. Dann erklärt er es mir, als würde er mit einem Kind reden: »Ünsal, du musst dem Kunden immer das Gefühl geben: Im schlechtesten Fall bekommt er etwas, und im besten Fall bekommt er auch etwas.«

»Aber kannst du ihm das wirklich garantieren?«

Er lacht. »Wer kann schon wirklich etwas garantieren?«

»Unsere Provision ist garantiert«, sage ich. Er lacht immer noch. Ich nicht. »Es geht nur ums Geldverdienen, oder? Nur um die Provision. Die Menschen sind uns eigentlich scheißegal.«

Er schüttelt den Kopf. »Ünsal, du hast gerade dreieinhalb in einer Stunde verdient, also hör auf, hier rumzuheulen.«

Er hat recht. Geldsorgen kenne ich nicht mehr, und das genieße ich so richtig. Ich verdiene viel, aber verprasse noch mehr. Lege nichts zurück. Das meiste geht drauf für Partys, Frauen, Drogen.

Ich sitze in einem Hotel in der Blockschulung meiner Versicherung. Zwei Wochen am Stück. Außer mir tragen alle Krawatte, und natürlich kommen Sprüche deswegen. Sofort habe ich meinen Ruf weg als einer dieser Türken, die meinen, sich nicht an Regeln halten zu müssen. Verdammt richtig, ihr Pisser. Ich bin selbstständig, ich kann rumlaufen, wie ich will, solange ich gut verkaufe.

Ein verpasster Anruf. Doro. Ich rufe sie zurück, sie liegt in den Wehen, ist schon im Krankenhaus. Sie sagt, ich kann zu ihr, wenn ich will. Scheiß auf die Schulung, Vollgas hin, mit quietschenden Reifen, wie der letzte Dorfproll. Die nächsten acht, neun Stunden versuche ich, Doro beizustehen. Ich halte ihre Hand, als sie das Kind zur Welt bringt, schneide die Nabelschnur durch, gebe dem Mädchen seinen Namen. Ich liebe die Kleine vom ersten Moment an.

Zwei Wochen nach der Geburt sitze ich mit Doro beim Jugendamt. Die Beamtin guckt mich kaum an und redet auch nur mit der Mutter. Vielleicht hat sie was gegen Türken. Das Kind kriegt automatisch Doros Nachnamen, auch wenn ich mich frage, warum es nicht Arık heißen darf. Das akzeptiere ich, scheint normal zu sein. Schnell kommt Doro auf den entscheidenden Punkt, und ich kann nicht glauben, was sie sagt.

»Das Sorgerecht bekomme nur ich.«

Ein Satz, als hätte sie mir den Kopf weggeschossen. Sofort frage ich nach dem Grund.

Die Frau vom Amt geht dazwischen. »Diese Entscheidung liegt allein bei der Mutter, das sollten Sie eigentlich wissen.«

So respektlos wird der leibliche Vater hier behandelt? Der stolze Türke in mir läuft Amok, sagt Sätze, die nur ein egoistisches Arschloch laut aussprechen kann. »Ohne mich hätte sie das Kind gar nicht! Sie wollte ja abtreiben! Das Kind verdankt mir sein Leben!«

»Na ja«, sagt die Frau und guckt mich schief an. »Dazu gehören ja immer zwei.«

Mein Hirn funktioniert zum Glück noch so weit, dass ich nicht ausfallend werde. Gehe raus. Knalle die Tür zu. Kann es kaum erwarten, nach Hause zu kommen und was zu ziehen.

Später diskutieren wir hart. Von Anfang an hat Doro genau gewusst, was sie tut. Ich fühle mich wie der Volldepp, der ich wahrscheinlich auch bin. Trotzdem beschimpfe ich sie, und Doro lacht. Dreckig. Richtig dreckig.

Auch wenn sie vielleicht meint, es wäre nicht unser Kind, sondern nur ihres: Für mich ist das letzte Wort noch nicht gesprochen.

Wir Türken haben einen Spruch: »Bis du die Brücke überquert hast, nennst du jeden Abi.« Du ordnest dich unter und hältst die Füße still, wenn du der Schwächere bist. Aber wenn du dein Ziel erreicht hast, kannst du sagen: ›Fick dich.‹ Dieses Spiel spiele ich. Ich bin sehr oft bei meiner Tochter, jeden Tag mindestens eine Stunde. Kaufe der Kleinen einen Riesenteddy. Wasche sie im Waschbecken. Doro lässt mich machen. Manchmal denke ich, sie will mich noch zurück.

Doro hat ihr altes Taufkleid gefunden. Sie will, dass unsere Tochter es trägt.

»Doro, bitte«, sage ich, »ich bestehe gar nicht darauf, dass sie Muslima sein muss. Sie kann in euren Kindergarten gehen und an unseren Feiertagen meine Eltern besuchen. Nur lass sie selbst entscheiden, was sie sein will, wenn sie alt genug ist. Muslimisch oder christlich, türkisch oder deutsch.«

Ein großer Schritt für mich. Vor gar nicht so langer Zeit

hätte ich gesagt: ›Mein Kind wird ein Türke, keine Diskussion.‹ Aber Doro will nichts davon hören. Als wäre sie jemals besonders gläubig gewesen! Ich werde sauer, sie macht dicht und die Kleine fängt an zu schreien. Ich war zu laut.

An irgendeinem Sonntag danach ruft mich ein Bekannter an: »Ünsal, heute in der Kirche ist dein Kind getauft worden.«

Ich raste aus vor Wut. Das macht sie nur, um mir eins auszuwischen! Ich schwöre bei allem, was mir heilig ist: Der einzige Tag, an dem Doro in der Kirche war, war bei ihrer eigenen Taufe!

Du versuchst, deine kaputte Pseudofamilie zu retten, gleichzeitig ficken dich die Zweifel, was für eine Abzocke du Tag für Tag mit dem Job betreibst. Die Leistung lässt nach, der Druck nimmt zu. Verkauf der Oma irgendetwas, sonst bist du gefeuert. Was die Oma will, was sie braucht, spielt keine Rolle. Es zählt nur die Unterschrift. Du wirst zu Abschlüssen genötigt, damit der Konzern noch mehr Kundenbeiträge in Fonds stecken und noch mehr Milliarden scheffeln kann. Was haben die Versicherten davon? Du belügst die Leute aus purer Verzweiflung, und du weißt es ganz genau, aber der Druck lässt dir keine andere Wahl. Der Druck ist das, was dich am Ende zerstört. Du hast niemanden zum Reden, das Thema ist tabu, du denkst an deinen Ruf. Also bearbeitest du das Problem mit Drogen. Diese Spirale dreht sich immer weiter, bis du draufgehst – oder es radikal beendest.

Über Nacht kündige ich, schmeiße hin, alles auf Stopp, von einem Moment auf den nächsten. Ich liefere den Audi und den Laptop ab. Gebe meine Büroschlüssel zurück. Kündige meine Kreditkarten, melde mich beim Jobcenter. Ich schwöre mir, nie wieder für eine Versicherung zu arbeiten. Mich nie wieder von einem Konzern ausbeuten zu lassen. Nichts mehr zu machen, nur damit ich daran verdiene. Nie wieder

Menschen abzuzocken. Entweder ehrlich oder gar nicht. Zähle mein Geld, habe gerade noch 150 Euro in der Tasche.

»Ich habe gekündigt, bin jetzt auf Hartz IV. Tut mir leid, aber meine 200 Euro kann ich erst mal nicht mehr zahlen.« So knalle ich es Doro vor den Kopf.

Sie schreit mich an, verlangt nach dem Geld. Ich bitte sie, nicht sofort zum Jugendamt zu gehen.

Verspreche, wieder zu zahlen, wenn es besser läuft.

Aber darauf wartet sie nicht. Sie antwortet gleich auf die harte Tour.

Keine Woche später kommt der Brief vom Jugendamt. Plötzlich mischen Anwälte mit, und wenn das passiert, werden Menschen oft böse. Dann spüren sie ihre Macht. Sie merken, dass sie mit mehr Druck mehr rausholen können. So entstehen diese Streitereien zwischen getrennt lebenden Eltern. Wenn eine Seite mehr Macht bekommt und außerdem noch Gefühle im Spiel sind, besteht immer die Gefahr, dass diese Macht ausgespielt wird, nur um dem anderen wehzutun. Keine Chance mehr, sich untereinander zu einigen.

Doros Mutter Dagmar ist eine, mit der man reden kann. Sie wünscht sich nur Frieden, aber ich sehe bei ihr null Selbstbewusstsein. Im Wohnzimmer steht ihr Zigarettenrauch, auf dem Tisch der volle Aschenbecher. Bei meiner Mutter wäre der Dreck in zehn Sekunden entsorgt, aber hier räumt keiner auf.

»Bitte rede noch mal mit ihr wegen Vaterschaft und Sorgerecht«, sage ich. »Alles kommt wieder in Ordnung, aber jemand muss sie zur Vernunft bringen. Ich liebe sie doch.«

Drei-, viermal führe ich dieses unwürdige Schauspiel auf, so tief bin ich gesunken. Ich muss wieder zum Jugendamt, werde von einer Sozialpädagogin begutachtet. Bewertet. Befragt. »Könnte denn eine Gefahr bestehen, dass Sie mit dem Kind in die Türkei fliehen?«

Ich kriege einen Lachanfall. »Nein! Wo soll ich da hin? Ich bin in Deutschland geboren.«

»Würden Sie denn für immer in die Türkei gehen?«

Was soll man dazu sagen? Wüsste diese Frau auch nur das Geringste über meine Familie, würde sie merken, wie unsinnig dieser Verdacht ist. Garantiert hat sich das ein Anwalt ausgedacht. Irgendwas finden, damit der türkische Vater kein Sorgerecht bekommt. Und wieder wird dir klargemacht: Du bist kein richtiger Deutscher, du könntest ja einfach abhauen. Als wärst du irgendein dubioser osmanischer Teppichhändler.

»Warum überprüfen Sie nicht beide Familien?«, frage ich. »Dann werden Sie sehen, wo das Kind besser aufgehoben ist.«

Ich stelle mir vor, wie ich mit der Kleinen nach Parsberg ziehe. Da gibt es ein großes Haus mit Garten, da gibt es eine intakte Familie. Und bei Doro? In was für einer Umgebung müsste sie dort aufwachsen? Dagegen sind wir Türken mal die reinste deutsche Vorzeigefamilie, abgesehen davon, dass ich täglich auf Speed bin.

»Geben Sie die Kleine zu mir«, beschwöre ich die Frau, »die Mutter kann jeden Tag kommen. Sie braucht mir keinen Cent zu zahlen. Egal wann sie das Kind holen will, ich würde es jeden Tag erlauben. Lassen Sie es uns untereinander regeln.«

Am Ende fechten wir es vor Gericht aus, doch ich habe keine Chance. Diesen Kampf verliere ich. Das Familiengericht gibt mir kein Sorgerecht – aber ich bin unterhaltspflichtig. Diese Beträge werde ich oft nicht zahlen können. Als leiblicher Vater darf ich das Kind nur alle 14 Tage sehen. Im Jugendamt. Unter Aufsicht. Ich werde es nie verstehen: Was habe ich getan, dass ich meine Tochter nur alle zwei Wochen sehen darf und ein völlig Fremder theoretisch immer? Was, wenn Doro mit einem anderen zusammen ist und der mit meinem Kind? Allein der Gedanke macht mich halb verrückt.

Die Situation ist unangenehm, aber ich versuche es. Wie bei einer Zeitarbeitsfirma – pünktlich kommen, pünktlich ausstempeln. Doro sitzt da, in diesem winzigen Raum, die Frau vom Jugendamt daneben. Jede Bewegung wird beobachtet, wie beim Knastbesuch. Es sind vielleicht zwei Minuten, in denen meine Tochter mich kurz mal wahrnimmt. Aber eine Bindung aufbauen? Das schaffe ich nicht. Wir sind uns einfach zu fremd, und ich bin kurz vorm Durchdrehen.

Ich weiß, was es bedeutet, ein guter Vater zu sein. Ich habe so einen, und genau so ein Vater wäre ich auch gern für meine Tochter. Aber so ist es einfach unerträglich. Den vierten Termin sage ich ab und schreibe Doro eine SMS: »Du kannst denken, was du willst – ich will nicht mehr. Mich macht das kaputt.« Damit lasse ich den Kontakt abbrechen. Dumm in der Situation, aber so ein radikales Arschloch bin ich halt. Ganz oder gar nicht.

Ihren ersten Geburtstag feiert meine Tochter ohne mich. Ihre türkische Großmutter wird sie niemals sehen.

***

Noch ein Schlag in den Unterleib. Auf jeden Fall grenzwertig, aber niemand unterbricht den Kampf. Vielleicht fahren sie hier so eine Linie, vielleicht lassen sie mehr durchgehen als normal. Beim dritten Tiefschlag merkst du: Hier wird falschgespielt. Jeder andere Boxer, der die Regeln so missachtet, würde disqualifiziert. Aber der Ringrichter beendet den Kampf nicht, er lässt ihn weiterlaufen.

***

Am 22. Oktober 2012, morgens um vier, kommt Üstüns Anruf. Ich weiß sofort: Es ist passiert. Er sagt nur: »Komm nach Parsberg.«

»Kannst du mich abholen?«, frage ich. »Es fährt noch kein Zug.«

Nach einer Pause sagt er: »Ich schaffe es nicht, jetzt Auto zu fahren.«

Ich rufe wieder Servet an, hole ihn aus dem Bett. Er fragt nicht groß nach. Eine halbe Stunde später ist er bei mir, bringt mich hin. Ich natürlich voll drauf, habe wieder gezogen, habe mehrere Gramm Dope in der Tasche. Weiß, was auf mich zukommt. Muss das alles irgendwie überstehen.

Ich schwitze wie ein Schwein, suche nur etwas, um zu explodieren. Im Kopf will ich diesen Arzt zusammenschlagen. Wo ist der? Nicht da, zum Glück. Ich will randalieren, will etwas kaputt machen, jemandem die Schuld geben. Sollte mich jetzt irgendwer falsch anschauen – aber das tut keiner. Nichts passiert.

Ich laufe den weißen Gang entlang. In diesem Krankenhaus hat sie mich geboren, hier nehmen wir Abschied. Papa, Üstün und ich betreten ihr Zimmer, schauen sie an. Ihre Leiche ist noch nicht gereinigt. Ihre Augen sind geschlossen. Die Lippen oben eingezogen, weil die falschen Zähne fehlen. Ihre angeborenen roten Male im Gesicht sind noch stärker, die Gesichtsfarbe blass, fast bläulich. Schrecklich zu sehen. Meine Zündschnur ist plötzlich abgerissen. Im Kopf bin ich müde, physisch und psychisch am Ende. Habe kaum Kraft zum Stehen und zum Denken.

Wir reden nicht, sitzen nur da, 10 Minuten, 20, bis die anderen schließlich aufstehen und rausgehen.

Wie beim ersten Mal, als sie eingeliefert wurde, bleibe ich noch kurz allein mit ihr. Nehme ihre eiskalte Hand. Zwischen uns beiden war es immer kühl. Ihre Wärme hat mir gefehlt, von Anfang an. Wir hatten den schlechtesten Start aller Zeiten, aber es wurde immer besser. Es ging immer bergauf mit uns. Am Anfang habe ich meine Mutter krank gemacht, dann wütend, dann stolz – und am Ende hat sie mich geliebt.

Ich küsse sie zum Abschied noch einmal auf die Stirn und sage: »Ich liebe dich, Mama.« Sie hat es nie von mir gehört, nicht mal, als ich ein Kind war. Nichts im Leben macht mich trauriger als diese Tatsache.

Ich übernachte in Parsberg, denn gleich am nächsten Tag fliegen wir in die Türkei. Wie jeder Türke wird Mama dort begraben, auf dem Friedhof in ihrem Heimatdorf. Ich frage mich morgens schon, wie ich das überstehen soll, ziehe direkt was. Irgendwelche Heuchler tauchen auf, um ihr Beileid auszusprechen. Am liebsten würde ich sagen: ›Du gottverdammter Bastard, mein ganzes Leben lang hatte ich nichts mit dir zu tun, meine Mutter genauso wenig, was soll jetzt dieses verfickte Gutmenschentheater im Haus meiner Eltern?‹ Natürlich sage ich nichts, es sind Gäste. Aber in meinem Zustand fällt es mir extrem schwer, nett zu irgendwelchen Fotzen zu sein, die heute um meine Mutter weinen und spätestens morgen wieder über sie lästern.

Nur meinem Vater zuliebe bleibe ich ruhig. Er ist so tapfer. Ein sehr gläubiger Mensch, für den der Tod dazugehört. Er hat einen anderen Blick auf die Dinge. Da verliert er seine Ehefrau, seine beste Freundin, mit der er seit fast 40 Jahren zusammen ist, und weint nicht ein einziges Mal. Er sagt: »Wir waren bei allen Ärzten, haben ihre schwere Erkrankung hinausgezögert, solange es ging. In der Türkei wäre sie wahrscheinlich schon 20 Jahre früher gestorben. Seien wir dankbar.«

Er hat so viel Kraft, regelt den Flug, den Transport, die Beerdigung – seine Stärke fasziniert mich, die bewundere ich. Er ist sensibel, aber nicht schwach. Wenn es drauf ankommt, zeigt er mir, was wahre Stärke ist. Wäre ich ein guter Sohn, würde ich jetzt zu ihm zurückziehen. Aber ich bin zu karrieregeil, zu egoistisch. Habe noch Ziele, die über alles gehen.

Wir warten am Münchener Flughafen, als ihr Sarg dort ankommt, wie ein Gepäckstück. Eine islamische Versicherung bringt ihn aus Deutschland in die Türkei. Mein Vater fliegt mit dem Leichnam meiner Mutter, Üstün, meine Schwägerin und ich eine Stunde vorher, andere Plätze gibt es nicht. Vorm Flug ziehe ich noch mal Drogen. Während des Fluges auch. In meinem Schuh, zwischen meinen Zehen, stecken drei Gramm. Sie werden nur nach Metall suchen, nach gefährlichen Gegenständen. Solange kein Hund an mir vorbeiläuft, passiert nichts.

Wir übernachten im Dorf meiner Mutter, bei meinem Onkel. In dem Haus, in dem sie geboren wurde. Ihr Sarg steht im Wohnzimmer, wo wir schlafen sollen, aber ich mache in der Nacht kein Auge zu.

Morgens sagt Üstün, er würde Mama gern noch mal sehen, ich fände es auch schön, und Papa erlaubt es. Aber unser Wunsch wird nicht erfüllt. Wir öffnen den Sarg, dann der Schock. Das Leichentuch, das meine Mutter bedeckt, ist voller Blut. Die Leiche hat extrem geblutet, aus den Augen, aus den Ohren, aus dem Mund, dem ganzen Körper. Ich begreife nicht, was ich sehe, weine wie ein Schlosshund. Wir haben keine Erklärung, aber meinem Vater gelingt es, mich zu beruhigen. Er ist der Fels in der Brandung.

Vor der Beerdigung nehme ich wieder was. Wir fahren zur Grabstelle neben ihren Eltern und ihren anderen Verwandten. Mama bekommt eine islamische Beerdigung, Kopf Richtung Mekka. Es ist Üstüns und meine Pflicht, sie hineinzulegen, aber jemand stellt sich mir in den Weg, will mich nicht vorbeilassen. Ich weiß nicht, was los ist, will nicht streiten, aber mein Bruder schreit ihn an: »Ist das deine Mutter, oder ist es seine Mutter? Hau ab da!«

Nach der Predigt stehen wir noch lange am Grab. Erst jetzt vergießt mein Vater ein paar Tränen. Es wird das einzige Mal sein, dass ich das Grab meiner Mutter besuche.

Zurück in Regensburg, gehe ich tagelang nicht aus dem Haus. Mache einen Großeinkauf, damit ich ein bisschen was daheim habe. Nur ziehen, chillen, fernsehen. Filme schieben. Die Rollos sind unten, es ist immer dunkel.

Ich komme runter, begreife wieder: Meine Mutter ist gestorben, ich habe meinen Papa allein gelassen. Üstün wohnt bei ihm, soll ich auch zu ihm ziehen? Kann ich dann noch trainieren? Wird Papa noch mal heiraten? Soll er noch mal heiraten? Will die Frau, die ihn jetzt heiratet, nicht nur sein Haus haben? Der Mann wird bald 70, wer weiß, wie lange er noch lebt – und boom, gleich wieder Drogen genommen.

Lade mir irgendeine Schlampe ein, habe Sex mit ihr, wie früher. Lebe in meiner eigenen kleinen, beschissenen Welt, ohne Plan, wie ich diesen Rückfall jemals wieder stoppen soll.

Aber egal was ich nehme, egal wie kaputt ich bin: Ich vernachlässige nie meinen Sport, trainiere trotzdem, bewahre mir meine Disziplin. Habe wahrscheinlich Glück, dass ich überhaupt noch lebe. Auf Speed arbeitet der Körper ganz anders als normal. Ich könnte jederzeit an einem Herzinfarkt sterben. Ich kenne Leute, die einfach aufhören zu arbeiten, Sport zu treiben. Für die gibt es nur noch Party und Ficken. Die sinken immer tiefer, bis sie richtig abstürzen, bis ihnen Speed nicht mehr reicht, bis sie irgendwann an Crystal Meth und Heroin zugrunde gehen.

Zwei Wochen nach der Beerdigung stehe ich wieder im Ring, irgendwo in Frankreich, voll auf Droge. Gewinne, ich weiß nicht, wie. Als ich nach dem Kampf nach Hause komme, geht es sofort wieder zum Training. Ich boxe den IBF-International-Titel. Bis wenige Tage vor dem Kampf nehme ich Drogen, nicht unmittelbar davor, aber ich habe so viel intus, dass ich nicht runterkomme, kaum schlafe, nicht richtig esse.

Vor dem Kampf weine ich um meine Mutter. Kämpfe nicht schlecht, aber auch nicht gut. Dragomir ist mir überlegen. In der sechsten Runde schlägt er einen Aufwärtshaken, ich drehe mich ziemlich ungeschickt weg – meine Technik ist immer noch nicht gut –, und er trifft voll meinen Ellbogen. Läuft der Kampf normal weiter, kassiere ich nur noch Prügel. Aber der Schlag war seine letzte Aktion. Er hat sich dabei die Finger gebrochen, kann seine Hand kaum noch bewegen. Der Ringrichter bricht den Kampf ab, und ich bin neuer IBF International Champion, seelisch tot, in Gedanken nur bei Mama. Ich habe mein Versprechen gehalten, habe nicht aufgegeben. Sie muss es gewesen sein, die mir von oben geholfen hat. Oder der liebe Gott persönlich.

Meine Mutter bleibt für mich die wichtigste Frau in meinem Leben, auch wenn sie nicht mehr lebt. Ja, ich hatte keinen guten Draht zu ihr und konnte ihr nie ›Ich liebe dich‹ sagen. Trotzdem habe ich sie immer vergöttert und tue es nach wie vor. Ich erzähle jedem von der radikalen, starken Frau, die immer sagte, was sie dachte, die immer tat, worauf sie Bock hatte.

Mein Frauenproblem hat definitiv etwas damit zu tun, denn ich bin genauso. Ich sage, was ich denke, ich tue, wozu ich Lust habe. Auch wenn ich mich damit immer wieder in die Scheiße reite und anderen Menschen schade.

Ich muss zugeben, ich habe ein echtes Mama-Syndrom – wie Charlie Harper in *Two and a Half Men*, von dem viele sagen, die schlechte Beziehung zu seiner Mutter wäre der Grund für seinen krassen Frauenverschleiß. Bei mir ist es dasselbe Problem. Ich war auch mit über 1000 Frauen im Bett, aber ich kann keine Beziehung führen, weil ich in keiner Frau finden werde, was ich eigentlich suche: meine Mutter, diese starke Frau, die mir in den Arsch tritt. Alles, was ich je wollte, war ihre Zuneigung, die ich so lange nicht bekam. Das projiziere ich in andere Frauen hinein, vergleiche jede Frau mit ihr. Selbst wenn ich weiß, dass ich eine Frau liebe, dann deshalb, weil sie mich an meine Mutter erinnert.

Und trotzdem werde ich weitersuchen. Der Ünsal ist beziehungsunfähig? Der Ünsal ist ein Arschloch? Ünsal hat die, die, die betrogen? Ja, und es macht mich kaputt. Und ich weiß nicht, ob ich das jemals loswerde. Mein Mutter-Syndrom soll keine Ausrede dafür sein, was ich kaputt gemacht habe, wie ich viele Frauen behandelt habe. Wie ich sie belogen, betrogen und verletzt habe. Was ich getan habe, war widerlich. Ekelhaft. Falsch. Man spielt nicht mit den Gefühlen anderer Menschen. Man verarscht sie nicht. Ich würde am liebsten jede Frau einzeln um Verzeihung bitten – aber von vielen kenne ich nicht einmal den Namen. Viele andere habe ich längst vergessen.

Das Leben spielt, wie es will. Wäre meine Mama die Traummutter gewesen, wie sie sich jeder vorstellt, dann wäre ich heute nicht dieser ehrgeizige kleine Bastard, der so verbissen nach seinen Träumen greift und für sie kämpft. Ihre knallharte Erziehung hat mich zu dem gemacht, der ich bin. Ich habe auch die liebevolle, sensible Seite von meinem Vater geerbt – aber ihre ist in mir viel stärker. Zum Glück, denn in dem Kampf, der mir bevorsteht, wäre sensibel sein mein Untergang.

* * *

In deinem Kopf arbeitet es. Dich packt die Wut. Es reicht dir nicht mehr, den Gegner zu treffen – jetzt willst du ihm wirklich wehtun, willst Rache für die verbotenen Schläge. Du wartest auf den Moment, dann zahlst du es ihm mit der gleichen Münze heim. Der Ringrichter schreitet sofort ein, du kassierst eine Verwarnung, bekommst den Punktabzug. Beim nächsten Verstoß ist Schluss! Diese Runde ist verloren.

***

Nach wie vor kotzt mich die Ungerechtigkeit an, dass in Deutschland die Mutter pauschal das Sorgerecht bekommt. Dass Mama ihre Enkelin nie gesehen hat. Dass ich nicht für mein Kind da sein darf, dass sie nur mein Geld wollen. Dieser Stachel sitzt immer noch tief, infiziert mich immer weiter mit neuem Hass auf Deutschland.

Bei meinem Kampf um den IBF-Intercontinental-Titel, der auch im Fernsehen übertragen wurde, habe ich zum ersten Mal mit einem T-Shirt auf eine politische Sache aufmerksam gemacht. Darauf zu sehen war eine Deutschlandflagge mit den Worten: »Einigkeit – ? – Freiheit«. Es ging mir um alle Väter in Deutschland, die für ihr Sorgerecht eintreten. »Der Boxer, der gegen das Familienrecht kämpft«, stand hinterher in der *Mittelbayerischen Zeitung* aus Regensburg.

Ich werde gehört, habe das Gefühl, etwas zu bewirken. Das nistet sich ein in meinem Kopf. Eine der wichtigsten Erfahrungen meines Lebens, die mich noch weiter bringen wird, als ich es mir in diesem Moment auch nur entfernt vorstellen kann.

ZWISCHEN DEN RUNDEN

Kein Buch hat mich mehr begeistert als *Mit dem Herzen eines Schmetterlings* von Muhammad Ali. Dieser Mensch hat sich durch das Boxen aus der Armut befreit, ist Champion, Olympiasieger und Weltmeister geworden. Einige haben das geschafft, aber er hat mehr getan: Er hat seine Berühmtheit genutzt, um für die Menschenrechte zu kämpfen – für die Schwachen, für die Benachteiligten, gegen den Rassismus, gegen den Krieg, ohne Kompromisse, ohne Rücksicht auf sich und seine Karriere. Das macht ihn besonders. Und genau da sehe ich auch meine Chance.

Ich bin nicht der beste Boxer, ich werde das Boxen niemals lieben und nie gern in den Ring steigen. Doch das Boxen war für mich immer ein gutes Mittel zum Zweck, um berühmt zu werden. Sicher nicht so berühmt wie Muhammad Ali, aber berühmt genug, dass die Menschen mir zuhören. Das war immer mein Ziel, und das habe ich erreicht.

Zu Hause in Parsberg, Ende der 1980er

Mein Vater stolz vor seinem ersten Auto

Türkinnen unter sich: meine Mutter (r.) mit zwei Arbeitskolleginnen

Mein erster Schultag, mit meinem Bruder Üstün

Familienausflug nach Berlin

In Deutschland kennengelernt und frisch verliebt: meine Eltern

Familie Arık im eigenen Haus

Gurbetçiler pırıl pır

enerbahçe geleceğin yıldız isimleri için gurbetçileri kaynak seçti. Almanya
etirtilen 8 genç isim Fikir Tepe Tesisleri'nde harıl harıl A takıma hazırlanıyor

TAYFUN ve Erol'un başarı
formansıyla yönetim tara
başlatılan 'Gurbetçi proj
meyvelerini vermeye başladı
başında alt yapı sorumluları
Şen ve Davut Dişli tarafından
bul'a getirtilen ve Fikir Tepe T
ri'ne yerleştirilen gurbetçiler
günlerden itibaren olumlu si
vermeye başladılar. Antrenm
daki başarılı futbolları, oyun
leri ve Fenerbahçe sevgileri
genç iki yıl sonra profesyonel
sırtlayabileceklerini gösterdi
Ali Güneş, Ali Demir, Ati
makçı, Ufuk Köycü, Erkan A
Ünsal Arık, Ömür Bozkurt v
Daraslan adlı gençler de Sa
verti takımda olmaktan son
memnun olduklarını dile ge
Bu futbolcuların okul masra
hil her türlü bakımını da ku
lendi.
Menacer İlhan Daşdemi
kulübünün uyguladığı yönt
genç isimleri hazırladıkları
ken, 'Türkiye'de bunu ilk k

oben: Mein Traum wird wahr:
ich als Spieler bei Fenerbahçe Istanbul

links:
Bei Fortuna Regensburg, ca. 2007

»›I wish to stay here forever,‹
said Unsal Arik«

German boxer enjoying Ghana stay already

Unsal Arik, the German boxer of Turkey origin who has arrived in Ghana in a bid to relaunch his professional career, has started very well. In his first ever fight in Ghana last Tuesday night, Arik scored a 4th round (2:13) knockout win over Isaac Sackey of Ghana in the Super Middleweight Six (6) rounds contest at the Seconds-Out Boxing Gymnasium, Accra.

According to Dalibor Ban, CEO/ Promoter of Universum Regensburg Box Promotions who has brought the boxer into the country, Arik will be fighting two more fights before leaving to Germany. He is expected back in Ghana in January, after a few fights in Germany and Serbia, to prepare for 8 weeks before fighting for the German Super Middleweight Championship in March 2012.

He will then aim at a European title before eventually biding for a world title within the next two years. "I like everything here and I am enjoying every moment. The training is als serious and the sparring partners ar all very good. I wish to stay he forever," said Unsal Arik who n improves to 1-1.

Meine Mama war mein größter Fan

Papa verliert seine Ehefrau, seine beste Freundin, nachdem sie fast vierzig Jahre zusammen waren

Mein Vater ist mein größtes Vorbild

Das erste Date mit meiner größten Liebe

Eintrag ins Goldene Buch der Stadt Parsberg mit meinem Vater – rechts im Bild der Dritte Bürgermeister

Mit Leroy und Kalle Raschke – das beste Team meiner Karriere

»Dieses Land gehört Atatürk, nicht Tayyip«

RUNDE VII

BEINARBEIT

Angreifen, einen Schritt nach vorn. Ausweichen, einen Schritt zurück. In Bewegung bleiben. Kein leichtes Ziel sein. Bewegliche Ziele sind schwerer auszurechnen, schwerer zu treffen. Auf deine Haltung, auf deine Füße achten. Sie haben dich bis hierher getragen, jeden schweren Gang gemeistert. Im Ring sind deine Füße wichtiger als deine Hände. Bricht deine Linke, kannst du immer noch mit der Rechten gewinnen, es überspielen, dich über die Zeit retten. Aber deine Füße müssen funktionieren.

***

Papa ist mein größter Fan, jedenfalls was den Fußball angeht. Er würde nie sagen: ›Aus dir wird kein großer Fußballer. Mach erst mal die Schule, danach kommt das Hobby.‹ Ganz im Gegenteil. Er sagt: »Okay, mit der Schule wird es nichts, also musst du eben Fußballprofi werden.« Er lässt mich träumen, weil er felsenfest an mich glaubt. Er macht sich wirklich Hoffnungen, ich würde eines Tages die Familie ernähren. »Du kannst uns alle mit deinem Fußball retten«, sagt er oft. Das ist mein Traum. Fußballmillionär werden, dann braucht Papa nicht mehr in diese Scheißfabrik fahren, morgens um fünf. Auch wenn ich ehrlich gesagt noch schärfer darauf bin, geile Autos, geile Häuser und geile Frauen zu haben. Wie die Stars.

Solche Erwartungen haben wir. Mit mir, dem Fußballstar in der Familie, wären wir alle Sorgen los. Ich verdiene Millionen wie Maradona, Papa muss nicht bis 70 arbeiten und Mama kann sich die teuersten Behandlungen leisten. Üstün wird mein Manager.

So oder so ähnlich träumen Millionen türkische Familien überall auf der Welt. In unseren Köpfen ist das alles ausgemacht, und daheim steigt ungewollt der Druck.

Von früh bis spät trainiere ich. Gehe laufen. Auf dem Schulweg habe ich immer den Ball am Fuß, bergauf, bergab, um meine Technik zu verbessern. Alles andere lasse ich links liegen. Mache nicht mal mehr meine Hausaufgaben. In der fünften Klasse verteile ich Visitenkarten mit unserer Telefonnummer für den Fall, dass jemand bei mir Privatstunden nehmen will. Unser Lehrer, der Herr Staudigl, bekommt das mit und fragt mich: »Was machst du da? Willst du eigentlich noch was lernen?«

Da sage ich eiskalt: »Ich brauche den ganzen Scheiß nicht. Ich werde eh Profisportler.«

Alle halten mich für verrückt. Wahrscheinlich bin ich das auch, aber ich sehe es eben mit ganz anderen Augen. Es geht nicht nur um irgendeinen Sport oder um Titel. Fußball verspricht nichts weniger als die Erlösung.

Mein großes Glück ist, dass mich mein Vater immer unterstützt, wenn es um Fußball geht. Er investiert Zeit und Ersparnisse in mich, traut mir alles zu. Keiner ruft wegen meiner Visitenkarten an – nur die Schule mal wieder. Diesmal schmunzelt Papa nur, und sein stolzer Blick sagt: Mein verrückter Junge meint es wirklich ernst! In dieser Hinsicht ist er ein absoluter Ausnahmetürke. Türkische Fußballer mit

Talent gibt es viele, aber die wenigsten bekommen auch nur annähernd die gleichen Chancen wie ich. Die meisten werden von ihren Vätern nach der Hauptschule arbeiten geschickt. Geld haben sie trotzdem nicht, geschweige denn ein eigenes Konto. Ihr Lohn wird von den Vätern einkassiert. Wie weit könnte es zum Beispiel Erkan im Fußball bringen, würde sich sein Vater mehr dafür interessieren?

Ich verstehe gut, dass andere Kinder mich um meinen Vater beneiden. Dass sie mir sagen, sie hätten auch gern so einen Papa. Und es stimmt: Mein Vater ist wirklich etwas Besonderes. Wir haben einen sehr engen Draht zueinander, und dafür liebe ich ihn.

Nur zweimal mache ich ihn wirklich ernsthaft böse. Beim ersten Mal stehle ich Geld. Beim zweiten Mal ist der Grund der verdammte Bayerische BauPokal. Dieser Wettbewerb ist so etwas wie der DFB-Pokal in Klein. In einer Saison ist unsere B-Jugend dort sensationell erfolgreich. Wir besiegen erst ein paar Dorfmannschaften, dann werden die Gegner schwerer und die Fahrten zu den Auswärtsgegnern weiter. Überall siegen wir, dann geht es gegen den FC Amberg, eine der stärksten Jugendmannschaften der Oberpfalz. Der Gewinner trifft hinterher im Grünwalder Stadion auf 1860 München – das müssen wir einfach schaffen!

Das Spiel findet in unserem Stadion statt, für uns Parsberger ein phänomenales Erlebnis. Selbstverständlich steht mein Vater auf der Tribüne und schaut zu, ich kann vom Feld aus hören, wie er mich anfeuert. Wir haben einen echten Lauf, spielen eine klasse Partie gegen eigentlich überlegene Amberger. Aber Pokalspiele haben ihre eigenen Gesetze. Wir zwingen sie ins Elfmeterschießen. Die kleine Dorfklubmannschaft hat den klaren Favoriten am Rande der Niederlage. Jetzt ist es an mir, den entscheidenden Elfmeter zu schießen. Ich muss treffen, dann geht es weiter. Treffe ich nicht, sind wir draußen. Ob ich den Ball zu schlecht trete oder ob der Torwart einfach Glück hat – ich weiß es nicht. Er hält den Ball, und ich würde mich am liebsten unsichtbar machen.

Zeit, mich trösten zu lassen, bekomme ich nicht. Das Spiel ist kaum vorbei, da stürmt mein Vater auf mich zu, das Gesicht rot vor Zorn, und verpasst mir noch auf dem Platz eine Watschn. Nicht allzu hart, aber er erwischt mich vor all den Menschen, vor denen ich mich ohnehin schon schäme. Ich haue ab, laufe weg, so weit ich kann. Am liebsten würde ich mich unsichtbar machen.

Meinem Vater nehme ich seine Wut nicht einmal übel. Ich weiß, wie sehr ihm mein Fehler stinken muss. Dass sein Sohn, der so gut spielt, über den er bei jeder Gelegenheit voller Stolz spricht, auf einmal alles verkackt. Es tut mir leid, ihn so zu enttäuschen. Für ihn ist das eine riesige Katastrophe. Er kann in der Situation nur so emotional reagieren, auch wenn er weiß, dass ich selbst traurig bin.

Nach dem Spiel gehe ich stundenlang nicht nach Hause. Als ich mich endlich traue, ist mein Vater nicht da. Meine Mutter sagt: »Dein Vater hat getrunken und sucht dich, was ist passiert?« Tagelang gehe ich ihm aus dem Weg, aus Angst, mit ihm über diesen Elfmeter diskutieren zu müssen oder noch eine Ohrfeige zu kassieren. Natürlich ist das Unsinn, und Papa kommt darüber hinweg. Er bleibt mein größter Fan und steht immer hinter mir, ohne Kompromisse.

Egal wo die Turniere stattfinden – Deutschland, Frankreich, Spanien –, mein Vater ist immer dabei. Er lässt mich nie allein. Deutsche Eltern diskutieren mit dem Trainer, damit er ihre Söhne spielen lässt. Papa mischt lautstark mit und engagiert sich für mich, so gut er kann. Auch außerhalb des Platzes, in jeder Hinsicht.

Spätsommer 1995. Ich bin 15 und gerade neu bei Jahn Regensburg, da stößt mein Vater auf eine Zeitungsannonce: In

Stuttgart spielt unser absoluter Lieblingsverein Fenerbahçe Istanbul ein Ausweichturnier. Carlos Alberto Parreira, der Weltmeistertrainer von Brasilien 1994 und inzwischen Fener-Chefcoach, lässt seinen Assistenten bei der Gelegenheit nach Talenten für den Nachwuchs suchen.

In der Türkei fängt man gerade an, sich für junge türkische Spieler aus Deutschland zu interessieren. Viele fliegen zu Probetrainings bei türkischen Vereinen, wo man heiß auf die neuen Talente ist. Um zwei Spieler gibt es einen Riesenhype: Tayfun Korkut und Erol Bulut, die ersten Deutschtürken, die den Sprung aus der Regionalliga zu Fenerbahçe geschafft haben. Sie sind Vorbilder für eine ganze Generation türkischer Jugendlicher in Deutschland. Sie haben bewiesen: Man kann als junger deutscher Türke in der Türkei Profi werden! An so etwas halten wir uns fest. Wenn der es geschafft hat, schaffe ich es erst recht. Genau davon träume ich auch.

Beim Vorspielen in Stuttgart dürfen sich 2000 Spieler im Alter zwischen 14 und 18 anmelden. Acht davon werden ausgewählt und kommen auf das Fenerbahçe-Internat in Istanbul. Natürlich will ich dabei sein. Muss dabei sein. Mein Vater und ich sind beide absolut fanatische Fenerbahçe-Fans. Tuncay Şanlı, Kapitän und Vereinslegende, ist mein großes Idol. Ein Traum, in seine Fußstapfen zu treten!

Dass ich gerade erst in die neunte Klasse gekommen bin und ein halbes Jahr Schule verpassen könnte – drauf geschissen. Mein Vater lässt mir meine Hoffnung, redet mir den Traum von Fenerbahçe nicht aus. Er sagt nicht: ›Das ist eine Nummer zu groß für dich, mein Sohn.‹ Er sagt: »Was, 2000 Bewerber? Dann musst du es ja schaffen.« Das ist kein Scherz, er meint das völlig ernst. Also melden wir mich an.

Als wir am Tag des Castings in Stuttgart ankommen, stehen da tatsächlich um die 2000 Jugendliche. Das Ganze ist schlecht organisiert, anscheinend sind die Leute von Fenerbahçe auch überrascht. Erst mal passiert gar nichts, außer dass einige genervt wieder abhauen. Für uns kommt das natürlich nicht infrage. Parreiras Assistent ist vor Ort, um Spieler für die erste Mannschaft der A-Jugend auszuwählen. Dieser Mann gehört zum amtierenden Weltmeisterteam. Und ich soll vor seinen Augen spielen! So aufgeregt wie in diesem Moment war ich beim Fußball noch nie.

In der Kabine verliere ich komplett den Mut. Sehe, wie topfit die anderen Spieler sind. Ich habe zwar hart trainiert, aber neben denen fühle ich mich hoffnungslos unterlegen. Traue mir nichts mehr zu. Das sind schon Männer, nicht nur körperlich eine ganz andere Liga als ich kleiner Parsberger Junge. Die spielen nicht bei irgendwelchen Provinzvereinen in der Zweiten Jugendliga. Die spielen bei Bayern München, Borussia Dortmund, Schalke 04. Darunter ein Ali Güneş, später Stammspieler bei Fenerbahçe.

Ich gehe zu meinem Vater und sage: »Fahren wir wieder, Papa. Gegen die habe ich doch keine Chance.«

Mein Vater hört sich das an, dann liest er mir die Leviten: »Meinst du, ich nehme mir extra frei und fahre Hunderte von Kilometern, nur damit du den Schwanz einziehst? Jetzt stell dich nicht so an. Geh zurück! Yallah!«

Ich gehorche natürlich. Mein Vater merkt wohl, dass mich das nicht gerade aufgebaut hat, also ruft er mir hinterher: »Zeig denen, was du kannst! Du bist mindestens genauso gut wie die.«

Und er behält recht. Mit dem Anpfiff bin ich wie verwandelt. Blühe auf. Renne wie ein Verrückter, gehe jedem Gegner hinterher, bin motiviert hoch drei. Aber ich merke schnell, dass wir kein Team sind. Jeder will nur dem Brasilianer zeigen: Hey, schau her, ich kann's, nimm mich mit! Jeder weiß, dass nur acht Leute ausgewählt werden. Und keiner spielt ab, wenn er nicht unbedingt muss. Also spiele ich genauso egoistisch. Mit den wenigen Bällen, die ich bekomme, gelingen mir ein paar schöne Aktionen. Einige Gegner lasse ich schlecht aussehen, kämpfe um jeden Ball, werde nicht müde. Sollte es am Ende nicht reichen, will ich wenigstens alles gegeben haben.

Nach einer Stunde ist es vorbei. Ich gehe direkt zu meinem Vater, will nicht mit den anderen da rumstehen. Bin viel zu aufgeregt, ein schüchterner kleiner Junge, nicht mehr der obercoole Ünsal vom Bolzplatz. Aber mein Vater reagiert sehr streng, schickt mich weg, zurück zu den anderen. »Geh da hin! Präsentiere dich!«

Ich muss gehorchen. Die Auserwählten werden vorgelesen, alles konzentriert sich auf die Stimme aus dem Lautsprecher. Nur türkische Namen, fünf, sechs, sieben. Ich habe schon die Hoffnung aufgegeben, da höre ich – als allerletzten – meinen Namen. Kein Zweifel, er hat Ünsal Arık gesagt!

Total aufgeregt laufe ich wieder zu meinem Vater und erzähle es ihm. Er starrt mich nur an, fast ein bisschen böse. »Bist du sicher? Erzähl mir bloß keinen Quatsch!«

Wir marschieren zum Manager, fragen nach. Ich habe keinen Quatsch erzählt. Mein Vater ist wie vom Donner gerührt, sagt nichts. Weint er gleich? Jubelt er? Oder schreit er? Nichts davon, er steht einfach nur da und lässt es sacken. Irgendwann kommt dann doch ein Satz aus seinem Mund: »Mein Sohn trägt das Trikot von Fenerbahçe Istanbul!«

In dem Moment verstehe ich selbst überhaupt erst, was passiert ist. Ich habe meine winzige Chance wirklich ergriffen. Mein Traum wird wahr. Der kleine Kanake aus Parsberg hat es zu einer Topmannschaft in Istanbul geschafft. Ein Wahnsinnstag, einer der schönsten in meinem Leben.

Wieder zu Hause, kauft mein Vater sofort alle Zeitungen und präsentiert jedem voller Stolz die Fotos: mein Sohn bei

Fenerbahçe! Er lädt alle möglichen türkischen Freunde und Bekannten ein und stößt mit ihnen auf mich an, mit Bier. Wie er das genießt! Der Neid der Leute ist mit Händen zu greifen, denn wirklich gönnen tut mir den Erfolg keiner.

Plötzlich muss alles wahnsinnig schnell gehen. Sie sagen: »Wir fliegen in einer Woche, und ihr kommt mit.« In sechs Tagen, für ein halbes Jahr! Es gibt keine andere Option. Innerhalb kürzester Zeit muss alles organisiert werden – Sachen packen, mich von der Schule abmelden, Visum besorgen, Berge von Papierkram erledigen.

Meinem Vater fällt es unglaublich schwer, mich nicht begleiten zu können. Zu Hause nutzt er jede freie Minute, macht sich Gedanken, plant meine Zeit in Istanbul. Er ruft meinen Onkel an, einen Polizisten, der viele Kontakte hat. Er soll sich um mich kümmern und mir Geld weiterleiten, falls ich etwas brauche.

Als wir uns am Tag der Abreise am Frankfurter Flughafen verabschieden, bin ich total euphorisch. Mein Vater weint um mich, als wäre der Abschied für immer. Ich habe ihn noch nie so emotional erlebt. Ich treffe die anderen sieben Jungs, die Verantwortlichen von Fenerbahçe begrüßen jeden und verteilen gleich erst mal offizielle Trainingsanzüge in den Vereinsfarben. Als wir spätabends in Istanbul aus dem Flieger steigen, empfangen uns sofort Journalisten, als wären wir Superstars. Alle Zeitungen sind vor Ort. Ich fühle mich wie ein kleiner Fußballgott.

Nach Mitternacht im Fußballinternat Fikirtepe Tesisleri, Istanbul. Sie führen uns in unseren eigenen großen Schlafsaal. Unser Heim. Wir grinsen übers ganze Gesicht, finden alles super. Suchen uns Betten aus, schlagen ein, feiern. Das hier ist ein Traum, für jeden von uns. Noch.

Als die Betreuer weg sind, kommen ein paar türkische

Jungs rein, ohne anzuklopfen. Unsere neuen Mannschaftskollegen. Checken uns ab, mit unseren Nikes und Adidas-Schuhen. Wir stellen uns vor, sie bleiben kühl, reserviert. Sprechen schnell, hart. Ein anderes Türkisch als wir.

»Du gottverdammter deutscher Hurensohn«, macht mich einer an und grinst. »Willst mir mein Brot wegnehmen? Dann zieh dich mal warm an!«

Ich kapiere erst mal gar nichts. Kann nicht antworten. Bin geschockt. Hat er mich gerade »Deutscher« genannt? Mich, den stolzen Türken?

Die erste Nacht in Istanbul schlafe ich schlecht. Komme nicht klar, alles dreht sich. In Deutschland schlage ich mich mit den Scheißdeutschen, verteidige die türkische Nation, und hier bin ich selbst der Deutsche? Was stimmt mit denen nicht? Was stimmt mit mir nicht?

Der erste Tag auf dem Trainingsgelände. Die ersten Schritte auf dem heiligen Boden. Der Gang in die Kabine, nur mit unseren Kulturbeuteln, wie die Profis. Jeder von uns bekommt seinen Platz, das eigene Trikot liegt schon bereit, sauber gefaltet. Eines ist vom ersten Moment an klar: Hier herrschen andere Regeln als in Deutschland. Eine ganz andere Disziplin, wie beim Militär. Keiner quatscht mit den anderen. Keiner macht einen Scherz. Es spricht nur der Mannschaftskapitän, jeder hört zu, als wäre er sein Vater, dabei ist er höchstens 17. Was er sagt, ist Gesetz. Uns acht schaut er an, als wären wir Scheißhausfliegen. Die haben hier jedenfalls nicht auf uns gewartet. Wir sind nicht willkommen. Maximal eingeschüchtert.

Wir treffen unseren Trainer, Selçuk Yula, eine lebende Legende in der Türkei. Erstarren in Ehrfurcht. Wie oft habe ich ihn im Fernsehen gesehen? Wie oft hat mein Vater von diesem Spieler geschwärmt? Alle hören genau zu, was er sagt.

Niemand zeigt auch nur die leiseste Regung. Er schickt uns auf den Platz. Kein schöner Kunstrasen wie in Deutschland. Sondern nackte Erde, fest wie Beton. Mehr Bolzplatz als Fußballfeld. Ich schlucke die Enttäuschung runter.

Dann sehe ich einen von den Brasilianern, Parreiras Assistent. Er kommt mit dem Trainer zu uns rüber, mustert uns. »Sind das die Neuen? Ist da jemand dabei?«

Knochentrocken, knallhart. Sein Blick streift mich, ich schaue zu Boden, mir zittern die Knie, alles an mir zittert. Jedem wird ein Hula-Hoop-Ring hingelegt, man muss sich hineinstellen und den Ball mit den Füßen in der Luft halten. Zu Hause ist das eine Zirkusnummer, hier nehmen sie so was ernst. Ich schaffe 30 Mal, dann fällt er mir runter. Finde mich nicht schlecht, aber kriege eines auf den Deckel.

»Du willst Fußballer sein? Was willst du hier?«

Die anderen grinsen, mein Gesicht wird heiß.

Es werden Teams gebildet, und das erste Spiel beginnt. Der Brasilianer sieht zu. Jetzt oder nie. Ich renne, gehe in Zweikämpfe, setze nach. Nichts klappt auf diesem beschissenen Boden, ich rutsche wie auf Sand. Der Ball verspringt mir gleich bei der ersten Annahme. Das passiert den Jungs, die schon länger hier sind, natürlich nicht. Davon abgesehen sind die technisch zwei Klassen besser als ich, und sie gehen voll drauf, ohne Kompromisse.

Meine erste gute Aktion. Annahme mit der Brust, Übersteiger, und ich renne den linken Flügel rauf. Bevor ich in die Mitte flanken kann, grätscht mich einer um. Ich fliege hin. Kein Foul, das Spiel läuft einfach weiter, es gibt Einwurf. »Scheißdeutsche«, sagt irgendwer.

Ich blute, will protestieren. Ein strenger Blick vom Trainer, ich reiße mich zusammen. Das hier macht keinen Spaß.

Einer der Älteren wird ausgewechselt. Er hat zwei gute Torchancen vergeigt. Am Spielfeldrand holt er sich eine Ohrfeige ab. »Warum schießt du so beschissen, du kleiner Bastard? Haben wir es so geübt?« Es wird nicht das letzte Mal sein, dass ich so etwas mitbekomme.

Nach der Einheit glühe ich, bin schnell in der Kabine. Mache mich als Erster nackig, schlüpfe in eine Duschkabine, drehe die Hähne auf. Kühl prasselt es auf mich runter, eine Wohltat nach den Strapazen. Ich betaste meine zerschundenen Knie und Ellbogen.

Ohne Vorwarnung wird die Tür aufgerissen. Einer der älteren Spieler packt mich am Arm, zerrt mich raus, nackt und klatschnass, wie ich bin. Scheuert mir eine. Die anderen Jungs stehen drum herum, gucken zu Boden.

»Was bist du für ein Moslem, schämst du dich nicht?«, schreit er mich an. »Du beleidigst Allah! Habt ihr Deutschen keine Kultur gelernt? Bedecke dich!«

Er schmeißt mir ein Handtuch zu, ich wickle es mir um. Man zeigt sich hier nicht nackt – okay. Ich hätte es mir denken können, aber in Deutschland lief es eben anders. Ich wechsle Blicke mit den anderen Neuen, die sind froh, dass ich den Fehler gemacht habe und nicht sie. Wir Jüngeren warten, während die Älteren duschen. Auch wenn sie höchstens ein oder zwei Jahre älter sind. So sind die Regeln hier, das lernen wir schon noch.

Abends rufe ich zu Hause an. Ich erzähle vom Flug, von Istanbul, vom Internat, sogar vom Mannschaftsbus. Versuche, meinem Vater die heile Welt vorzuspielen, aber ich schaffe es nicht. Er merkt, dass etwas nicht stimmt.

»Was ist los? Bist du nicht in die erste Mannschaft gekommen?«

»Papa, die foulen uns die ganze Zeit.« Meine Nase ist zu, die Stimme rau. »Das ist einfach nicht fair.«

»Dein Fleisch gehört mir, deine Knochen gehören dem Trainer«, sagt mein Vater. Scheiß Redensarten.

Ich stammle noch ein bisschen herum, dann geht es nicht mehr. Die Tränen kommen. »Papa, die wollen uns hier nicht, die wollen uns hier noch weniger als die Deutschen! Die akzeptieren uns auch nicht als Türken. Die nennen uns ›Scheißdeutsche‹, sagen, wir kriegen alles in den Arsch geschoben …«

»Mein Sohn, du willst Fußballprofi werden. Das ist kein Zuckerschlecken. Sie haben eben Angst, dass ihr ihnen die Zukunft wegnehmt. Das ist ganz normal. Damit müssen alle klarkommen.«

Jetzt fällt mir wieder ein, wie mein Vater mich vorgewarnt hat. Dass die Konkurrenz in der Türkei härter wird. Dass türkische Kinder in Istanbul die Schule aufgeben und alles auf eine Karte setzen. Dass sie nur noch für den Fußball leben, dass sie genauso davon träumen wie ich. Wie wir alle. Ich möchte kotzen.

In Deutschland habe ich geglaubt, ich würde in die Heimat fliegen. In mein Mutterland, wo das stolze türkische Volk lebt, zu dem ich gehöre. Aber jetzt bin ich da, und nichts, absolut nichts fühlt sich nach Zuhause an. Es ist nicht wie bei unseren Verwandtschaftsbesuchen. Da sind keine Heimatgefühle, wie meine Eltern sie haben. Es ist ganz einfach keine Heimat für mich übrig.

Es gibt aber auch gute Momente. Als wir zum Beispiel die Profis kennenlernen und ihnen beim Training zusehen. Als Tayfun Korkut uns besucht, der uns versteht, der uns aufmuntert und uns Mut macht. Als uns Fußballfans in der Istanbuler City erkennen und bejubeln. Als wir im Fan-Restaurant gratis bewirtet und wie Superstars behandelt werden. Dieses Gefühl, zum ersten Mal offiziell die Farben des geliebten Vereins tragen zu dürfen. Mein Trikot werde ich nie hergeben, für nichts und niemanden. Dieses Trikot lässt sich nicht mit Gold aufwiegen. Noch ist es mir ein paar Nummern zu groß, aber ich werde hineinwachsen. Kein Boxgürtel wird mir jemals mehr bedeuten.

Ich werde immer stolz darauf sein, es zu Fenerbahçe geschafft zu haben. Leider enttäuscht mich die Zeit dort maßlos. Wir sind Kinder, aber wir müssen funktionieren wie Maschinen. Als Türke mit deutschem Pass dürfte ich ein halbes Jahr in der Türkei bleiben. So lange halte ich es aber nicht aus. Ein großer Unterschied zwischen mir und Vorbildern wie Tayfun oder Erol ist mein Alter. Die sind mit Anfang 20 zu Fenerbahçe gekommen – ich und die anderen sieben Jungs sind alle minderjährig, die meisten erst um die 16. Mir fehlen meine Eltern, vor allem mein Vater. Sportlich rage ich nicht mehr so heraus wie früher, und es gibt Schikanen von anderen Spielern. Für die gehören wir nie wirklich dazu.

Der Frust wird unerträglich, als der Verein mich und die anderen wieder aussortiert und ins Flugzeug zurück nach Deutschland setzt. Zu Hause verschwindet der Frust natürlich nicht. Im Gegenteil. Zum einen ist da die riesige Enttäuschung meines Vaters. Zum anderen verstehe ich die Welt nicht mehr.

Was früher für mich Sinn ergeben hat, ist mit einem Mal falsch. In Deutschland will mich keiner, obwohl ich hier geboren bin, da unten will mich auch keiner, obwohl ich Türke bin.

Als ich wieder da bin, fühlen sich auch einige Parsberger Türken bestätigt. Nicht nur, dass sie mir den Erfolg nicht gegönnt haben – das ist unter Türken leider normal. Nein, diese Leute meinten schon vorher, ich hätte nicht das Zeug dazu, es bei Fenerbahçe zu schaffen. Dass ich bald wieder da sein würde. Natürlich rechtfertige ich mich, will allen erklären, was uns in Istanbul passiert ist. Aber ich habe ein

Problem: Ich will die Türkei nicht schlechtmachen. Nicht erzählen, dass wir Deutschtürken im eigenen Land nicht als Türken angesehen werden. Eine verzwickte Scheiße.

Ich muss wieder zur Schule, habe fast ein halbes Jahr Stoff verpasst. Ein guter Schüler könnte den Rückstand vielleicht aufholen, aber ich bin nie ein guter Schüler gewesen. Alles geht an mir vorbei, alles ist mir egal. Ich gehe wieder in die B-Jugend bei Jahn Regensburg, doch die Luft ist erst mal raus. Der Traum ausgeträumt. Ich bin nur noch mit mir selbst beschäftigt. Hänge wieder mit meiner Clique ab. Schlage jede Menge Deutsche, um mir zu beweisen, was für ein stolzer Türke ich bin. Ich will mir das irgendwie erhalten, auch wenn es keinen Sinn mehr hat. Bin zwiegespalten, zerrissen, einfach verloren.

***

Wenn du schlecht stehst, wenn die Füße müde werden und die Beine einknicken, dann hast du verloren. Jedes Wackeln, jedes Wanken macht ihn stark. Er testet, wie standfest, wie stabil du bist. Schubst dich mehr, als dass er boxt, nutzt es aus, wenn du ihn lässt.

Du beginnst zu tänzeln, markierst, dass du noch fit bist. Komm doch, soll das heißen, hol mich, schlag mich, wenn du kannst. Die Wahrheit ist: Du läufst vor ihm weg. Du weißt selbst nicht, was du tust. Hast keine Idee, bist unsicher, ohne Plan, was du mit ihm machen sollst. Also tanzt du ihm was vor. Bist kaputt und spielst mit ihm, provozierst, vielleicht ergibt sich daraus eine Chance, wenn du alle anderen verspielt hast.

***

2009. Im voll besetzten VW-Bus geht es nach Berlin. Ich sitze vorn neben Metin.

Er fragt: »Was willst du in Berlin machen?«

Das war auch Claudias erste Frage. Sie ist eine gute Freundin, nicht mehr, nicht weniger. Ich habe sie angerufen und sie gefragt, ob sie meine Wohnung haben will, als Untermieterin. Nach einigem Hin und Her hat sie die Wohnung genommen. Aber die Wahrheit konnte ich ihr nicht sagen. Dass ich mit Sex und Drogen innerhalb eines Jahres mein ganzes Leben zerstört habe. Dass ich alles aufs Spiel gesetzt und verloren habe – meine große Liebe, meinen Job, mein Kind. Alles, was ich noch besitze, steckt jetzt im Kofferraum von Metins VW-Bus.

»Du weißt schon«, sage ich zu Metin, »Geschäfte, Business, dies, das.«

»Ooh, Bruder, Berlin.« Er macht eine Pause. »Kommst du nach Berlin, kannst du alles erreichen. Aber merk dir eines: Entweder fickst du Berlin, oder Berlin fickt dich.«

Diesen Satz werde ich noch sehr oft hören.

Metin erzählt mir von seinem Business: Online-Mitfahrgelegenheiten von München nach Berlin, 40 Euro pro Person. An guten Tagen wie heute bringt er sieben hin und sieben zurück, minus 100 Euro für Diesel, und er macht ein super Tagesgeschäft. Kein Boss, kein Finanzamt. Zusammen mit Hartz IV kommt er in den meisten Monaten auf über 5000. Der ist schlau, denke ich. Der Mann hat es verstanden. Er verarscht keine kleinen Leute, nur den Staat. Von meinen letzten 150 Euro gebe ich ihm 30.

In Berlin gehe ich zu Ahmet, einem ehemaligen Schulfreund aus Parsberg, den ich über Facebook gefunden habe und der sofort bereit ist, mich ein paar Tage aufzunehmen. Ahmet kennt sich aus in Berlin, er kennt Leute und wird mir schon irgendwie weiterhelfen – jedenfalls stelle ich mir das so vor. Die Realität sieht leider anders aus. Er ist verheiratet, hat zwei Kinder, zwischen ihm und seiner Frau herrscht dicke Luft. Drei Nächte lässt er mich auf dem Sofa im Wohnzimmer schlafen, dann muss ich gehen. Er weiß nicht, was wirklich los ist. Ich habe ihm irgendeine wilde Story aufgetischt, aber er sieht, dass es mir nicht gut geht. Aus Mitleid bietet er mir an, in einem leer stehenden Raum seiner Physiotherapiepraxis zu übernachten. Nach Feierabend kann ich rein und auf ein paar Decken schlafen. Morgens, bevor die ersten Patienten kommen, muss ich raus sein. Und draußen zehn, elf Stunden totschlagen.

Mein Vater hat früher zu jedem gesagt: Ünsal kann man in der Wüste absetzen, der hat so viel Glück, dass ihn ein Scheich findet, der ihn adoptiert. Als ich zehn war, habe ich mal in Adana, in einer Millionenmetropole, meine Eltern verloren. Ich bin nicht verhungert. Ich habe Leute angesprochen, ohne Scheu, schon wie ein Vertriebler. Als meine Eltern mich wiederfanden, saß ich in einem Restaurant und habe dort umsonst gegessen. Vielleicht war es nicht nur Glück, vielleicht habe ich es mir auch schon immer erarbeitet.

Ich muss es nur wollen, denke ich, und ich will es. Aber wollen reicht nicht immer. Die Leute hier haben nicht auf mich gewartet.

Berlin beginnt mich zu ficken, und jeden Tag fickt es mich härter. Nach drei, vier Wochen fliege ich auch aus der Physiopraxis raus, nur mein Koffer darf bleiben. Ohne Geld, ohne Ziel laufe ich durch die Stadt, schleppe ständig meine Tasche mit mir herum. Kann mich nicht mal irgendwo reinsetzen, Automaten spielen, einfach um mich warm zu halten.

Es wird ein ekelhafter Überlebenskampf. Ich will nicht, dass zu viele Leute mich als Penner sehen, versuche geheim zu halten, dass ich auf der Straße lebe. Bin immer gut gekleidet, habe ja immer noch meinen Koffer bei Ahmet geparkt. Ich deale nicht, schnorre nicht, ziehe niemanden ab.

Auf der Straße kriege ich viele Kontakte. Komme überall schnell ins Gespräch, lerne Menschen kennen, die mir Tipps geben.

»Geh zum Jobcenter, dann hast du wenigstens ein paar Euro.«

»Ich habe aber keine Adresse.«

»Ah, Bruder, melde dich doch bei mir an.«

Solche Dinge funktionieren in Berlin, da sind die Leute entspannt.

Beim Herumlaufen schließe ich Bekanntschaften, höre mir die Geschichten der Leute an. Die meisten verstehe ich. Verstehe, warum es so weit gekommen ist, dass sie auf der Straße leben. Bei manchen ist es der pure Selbstzerstörungstrieb. Diese Menschen haben sich aufgegeben und wollen einfach sterben, trauen sich aber nicht, sich umzubringen. Ich beginne mich zu fragen, wann ich zu diesen Menschen gehören werde.

Ich übernachte mal da, mal dort. Viel zu oft bleibt nur noch die Straße. Auf der Warschauer Brücke oder auf einer Bank, wenn ich eine finde. Ich weiß nicht, wohin, kenne mich nicht aus. Draußen auf dem Boden schlafen, mit Ende 20, nach allem, was ich im Leben schon geschafft habe, das ist das Schlimmste.

Den ganzen Tag laufe ich rum und bete. Gehe Ärger aus dem Weg, meide jede Gewalt. Bekomme Hunger, der Magen knurrt, aber ich finde nichts zu essen. Fühle meine Zehen nicht, weil es so scheißkalt ist. Nehme wieder Drogen, um nicht zu frieren, um den Hunger nicht zu spüren. Stelle mir vor, es wäre warm. Ich suche verzweifelt ein Bankgebäude, das noch offen ist. Warte, bis einer reingeht, damit ich mich reinlegen und schlafen kann. Hoffe, dass die Polizei mich lässt.

Wenn ich nichts finde und mich langsam die Verzweiflung auffrisst, stelle ich mir vor, ich wäre jetzt zu Hause, und denke: Scheiße, jetzt reicht es, geh zurück zu deinen Eltern. Ruf einfach an und sag, du brauchst Geld für den Zug. Aber das schaffe ich nicht. Sie wissen nicht, was los ist. Sie denken, dass ich beruflich für den Versicherungskonzern hier bin. Dass es um die Arbeit geht. Sie glauben, alles ist okay. Ich kann sie nicht enttäuschen, schäme mich.

Da wäre noch meine Wohnung in Regensburg. Ich könnte jederzeit zurück, will aber der Mutter meines Kindes nicht über den Weg laufen. Will in meinem Zustand niemandem über den Weg laufen, auch nicht in den Briefkasten sehen. Und ich könnte es nicht ertragen, sagen zu müssen: Ich war in Berlin, habe aber nichts erreicht.

Die blanke Not zieht mich runter, jeden Tag ein Stück tiefer. Ich verliere jede Zuversicht. Vom Hartz IV besorge ich mir neue Drogen, um das zu betäuben. Dealer brauche ich nicht zu suchen, die Dealer finden mich. Am Görlitzer Bahnhof. Am Kotti. Ein halbes Jahr geht es so.

Du lernst einen kennen, dann bleibt er weg, und du hörst von einem anderen: Der ist tot. Du siehst jemanden länger nicht und denkst: Vielleicht lebt der gar nicht mehr, und: Ich könnte selbst sterben. Die Welt um dich herum wird schwarz und hoffnungslos. Du wirst depressiv, denkst oft an Selbstmord. Wo ist dein Kampfgeist geblieben? Kommt er zurück, oder ist der auch irgendwann mal zu Ende? Wie viel Kraft ist noch übrig? Wie lange reicht sie noch? Du brauchst Hilfe, du brauchst eine vage Idee, irgendeinen Plan und viel Glück, um da wieder rauszukommen, bevor die Drogen dich umbringen.

Es wird Oktober. Nach Mitternacht ziehe ich durch Schöneberg, ohne festes Ziel, die Potsdamer Straße runter, auf der Suche nach einem warmen Platz. Gucke in jede Einfahrt, jeden Hof, checke jeden Hauseingang. An einem Schaukasten bleibe ich stehen. Ein Plakat zeigt einen großen roten Boxhandschuh in einem goldenen Siegerkranz. Ein anderes die Klitschkos. Was ist das hier?

Die Glastür neben dem Schaukasten ist zu, aber drinnen, ganz hinten, sehe ich Licht. Eine Boxhalle. Etwas erwacht in mir, etwas Positives. Das ist der Kampfgeist, er ist noch da. Ich bin ein Boxer, und Boxer geben nicht auf. Ich versuche, im Dunkeln irgendwas durch die Milchglasscheibe zu erkennen, drücke meine Nase daran platt.

»He, was machst du da?«

Ein drahtiger Mann um die 40 kommt raus und geht direkt auf mich los. Hält mich anscheinend für einen Sprayer oder Schlimmeres. Wer weiß, was hier so abgeht.

»Nein, nein, stopp! Ich habe nichts gemacht«, schreie ich, ziehe den Kopf ein, in Panik, dass der mich hier mitten in der Nacht auf der Straße zusammenschlägt. »Ich habe nur geguckt! Ich wollte nur gucken!«

Er hält mich fest, glaubt mir nicht. Erst als er mitbekommt, dass ich Türke bin und nicht aggressiv, beruhigt er sich und redet normal mit mir. In groben Zügen erzähle ich, was mir passiert ist, dass ich aus Bayern komme und jetzt in Schwierigkeiten stecke, hier und da schlafe. Dass ich früher Amateurboxer war. Dass ich wieder Lust zum Boxen hätte.

»Ostbayerischer Meister?«, sagt er. »Na, dann komm morgen zum Training und zeig mal, was du kannst.«

Am nächsten Tag bin ich pünktlich da. Alles sieht neu aus. Am Empfangstresen steht »Isigym Boxsport Berlin e. V.«. Ich schaue mich um, sehe Pokale, Medaillen, Urkunden. Sehe Bilderrahmen an den Wänden, Fotos von Muhammad Ali, den Klitschkos. Ich sehe Fotos von Kindern, Jungen und Mädchen mit Boxhandschuhen. Sehe Flaggen nebeneinander: die deutsche, die türkische, die griechische, die kroatische.

Du bist nicht zufällig hier gelandet, denke ich. Das ist dein Weg.

ZWISCHEN DEN RUNDEN

Wo gehören Väter hin, wenn nicht zu ihren Kindern? Wo gehören Menschen hin, die auf der Straße leben, wenn nicht in ein Zuhause? Wo gehöre ich hin, wenn nicht in meine Heimat? Für die Deutschen bin ich ein Kanake und gehöre in die Türkei. Für die Türken in der Türkei bin ich ein Alman und gehöre nach Deutschland. Also, wo gehöre ich hin? Nicht nur Türken in Deutschland fragen sich das jeden Tag.

RUNDE VIII

IN DEN SEILEN

Wie lange wird dieser Kampf noch dauern? Reicht deine Kraft, um über die Runden zu kommen? Oder ist der nächste Schlag der letzte? Der Punkt kommt, da lässt du dich aus der Deckung locken, gehst ins Risiko, suchst den offenen Schlagabtausch. Dein Haken trifft ins Leere, seine Linke haut vor dein Brustbein und bringt dich aus der Balance, du spürst seine Rechte in deinem Gesicht, während du noch Halt suchst. Du siehst Sterne, weichst zurück, reißt die Deckung hoch. Die Seile halten dich im Ring, reiben deinen Rücken wund.

* * *

Als Ausländerkind in Parsberg musst du die anderen Ausländer nicht suchen. Du landest von selbst mit denen zusammen auf der Hauptschule, auf dem Pausenhof, im staatlich finanzierten Türkischunterricht. Zusammen in einer Clique. Die, die übrig bleiben. Sich selbst überlassen.

Zum harten Kern der Clique gehören mein bester Freund Erkan und ich, Cemil, auch Türke, der Bosnier Esad und der Albaner Agon. Wichtigste Voraussetzung, um zur Clique zu gehören: Loyalität. Hat einer von uns Ärger mit Deutschen, stehen wir immer Schulter an Schulter. Haben wir Scheiße gebaut, deckt jeder den anderen. Man verpetzt sich nicht gegenseitig. Man verpetzt überhaupt keinen, auch keine Deutschen. So etwas regeln wir zusammen nach der Schule. Wer sich drückt oder irgendwas zugibt, ist nicht loyal und fliegt. Natürlich haben wir auch mal Streit untereinander. Aber wenn dann der andere Ärger mit Deutschen bekommt – boom, für die zehn Minuten ist man da. So versöhnen wir uns auch automatisch wieder.

Je größer du wirst, desto weniger lässt du dir gefallen. Du provozierst und lässt dich provozieren. Kleinigkeiten reichen aus, um eine Schlägerei anzufangen. Sieht dich einer nur drei Sekunden blöd an, musst du schon deine Ehre verteidigen. Oder die deines Bruders, deiner Schwester, die von Erkan oder einem anderen. Es genügt ein Lacher im falschen Moment. »Was lachst du? Hast du ein Problem?« So geht es meistens los.

Wir lassen nichts auf uns sitzen, wirklich nicht das Geringste. Wer keinen Stress haben will, geht uns aus dem Weg. Wer einen von uns anmacht, kriegt ein Problem. Wir sind jederzeit bereit, die Sache brutal eskalieren zu lassen. Wie an diesem Freitag im Sommer 1995, am üblichen Treffpunkt gegenüber der Schule. Man geht durch den Wald, eine kleine Treppe hoch. Oben trifft man sich, um zu rauchen, sich zu unterhalten, sich zu verabreden. Wir stehen an unserem Stammplatz am Eck, da kommen vier, fünf deutsche Jungs vom Stadtpark her den Berg runter. Der letzte meint, er müsste mich anrempeln. Kein Blick, keine Entschuldigung.

»Ey, pass mal auf, du Wichser!« Fast noch freundlich für meine Verhältnisse.

Er dreht sich um. Ein großer Typ mit Pickelgesicht. Lonsdale-Shirt. Zahnspange. Kommt sich stark vor. »Steh halt ned im Weg!« Geht weiter, zur Treppe.

»Komm her, willst du Schläge?«

Ruft der Typ: »Halt's Maul, du Hurensohn!«

Dieses Wort. Totale Kampfansage. Trotzdem mache ich erst mal nichts. Den Bastard erwische ich schon irgendwann.

»Lässt du dich jetzt von Almans beleidigen?«, fragt Erkan.

»Alter, hast du keine Ehre?«, fragt Cemil.

Und Esad: »Der nennt deine Mutter eine Hure! Lässt du dir gefallen oder was?«

Nein. Vor allem habe ich keine Lust, mir das den Rest des Tages anzuhören. Mich verarschen, kleinmachen zu lassen. Als stolzer Türke gehe ich die Treppe runter, meine Ehre beweisen.

Der Busbahnhof vor der Realschule ist rappelvoll, normal vorm Wochenende. 300, 400 Schüler von den Dörfern stehen rum und warten. Es dauert ein bisschen, bis ich den Wichser finde. Er sieht mich nicht kommen. Ich klopfe ihm auf die Schulter. Er guckt genervt, fragt, was ich will.

»Hast du eben meine Mutter eine Hure genannt?«

Er stellt sich dumm. Dreht sich wieder zu seinen Kumpels, lacht.

Ich packe seine Schulter. »Ey, du Wichser, niemand beleidigt meine Mutter. Wir regeln das jetzt!«

»Ihr Scheißausländer ...« ist das Letzte, was er sagt, bevor ich ihm meine Faust gebe. Mitten ins Gesicht, aufs Nasenbein. Oft genug gemacht, um zu wissen, wie es am meisten wehtut.

Der Junge geht zu Boden. Alles glotzt, keiner tut irgendwas. Am wenigsten seine Freunde. Haben Schiss, als Nächste dran zu sein.

Ein paar Meter hinter mir stehen meine Jungs und feiern den Knock-out. Drehen sich um, gehen zurück. Ich hinterher. Sechs, sieben, acht Schritte. Dann trifft etwas meinen Kopf.

Mein Blackout dauert fast eine halbe Stunde. Als ich wieder aufwache, tragen mich meine Jungs gerade den Berg rauf. Mein Kopf dröhnt und schmerzt höllisch. Alles verschwimmt, mir ist schwindelig. Keine Chance, auch nur einen Meter allein zu laufen. Esad wohnt von uns allen am nächsten an der Schule, also bringen sie mich erst mal dorthin. Ich muss kotzen, habe Mühe, aufrecht zu sitzen. Eine Weile ruhe ich mich aus. Versuche mich zu erinnern, was passiert ist. Taste über meinen Schädel. Rechts oben habe ich eine Beule, so groß wie ein Ei, wie ein riesiges Geschwür. Einer meint, ich sollte besser ins Krankenhaus, aber mein Vater darf nichts mitbekommen, also sage ich Nein. Erfahre, was passiert ist. Der Bastard hat mir mit einem Baseballschläger aus Aluminium auf den Kopf geschlagen. Sie haben nur das »Plong« gehört und sich umgedreht – da lag ich schon auf der Straße, und sie dachten, ich wäre tot.

»Was habt ihr mit dem Bastard gemacht?«

Natürlich ist auf die Jungs Verlass. Sie haben mich nach allen Regeln der Straße gerächt. Dieser Typ wird so schnell nicht wieder lachen.

An dem Wochenende trage ich Basecap und tue zu Hause so, als wäre ich krank. Bin ich ja auch, vermutlich Gehirnerschütterung. Ich gehe nicht zum Arzt. Das werde ich noch bereuen.

Montagmorgen kommt gleich als Erstes eine Durchsage: Erkan und ich müssen ins Rektorat. Jedem ist klar, worum es geht. Die Schlägerei am Busbahnhof ist Stadtgespräch. Inzwischen weiß ich, wie übel meine Jungs den anderen zugerichtet haben. Seine Spange lag auf der Straße, mit den Zähnen.

Der Rektor empfängt uns etwas förmlicher als sonst. Unser besonderer Freund ist auch schon da.

»Grüß Gott, Erkan, Ünsal, die Herren von der Polizei kennen Sie ja wahrscheinlich schon. Sie haben ein paar Fragen.«

Falsch, es gibt keine Fragen. Weder wie das Ganze passiert ist, noch wer wen provoziert hat. Von dem Baseballschläger ist überhaupt nicht die Rede.

»Gebt es nur zu, dann habt ihr's rasch hinter euch«, sagen sie. »Ihr habt am Freitag gemeinschaftlich und heimtückisch den Türck Albert am Busbahnhof überfallen. Fünf gegen einen. Auf ihn eingetreten habt ihr, als er schon am Boden lag. Da gibt es einen Haufen Zeugen.«

Normales Verhör. Sie stellen uns nie Fragen. Erst erzählen sie, was wir gemacht haben. Dann lassen sie uns spüren, was sie von uns halten. Für die sind wir nichts als Abschaum, so sehen wir das. Anstatt irgendwie eine Ebene aufzubauen, um ins Gespräch zu kommen, versuchen sie, uns zu brechen. Sie scheißen damit auf unsere Sicht der Dinge. Ihr Urteil steht anscheinend schon fest. Sie reden uns nie ins Gewissen. Es geht nie um Einsicht. Wir sollen merken, dass wir keine Chance haben. Es kommt mir so vor, als wollten sie andauernd irgendwelche Reaktionen provozieren, um uns aus der Reserve zu locken, damit wir noch mehr Fehler machen, die sie uns ankreiden können.

Gefühlte tausend Mal hat uns die Polizei schon so in die Mangel genommen. Sie treiben uns in die Ecke, schüchtern uns ein, lassen uns ihre ganze Verachtung spüren. Die Standardsprüche kennen wir auswendig: Kleine Gangster wie uns sollte man eigentlich ganz wegsperren. Oder noch besser, gleich abschieben in die Türkei, wo wir hingehören. Schade um jede Mark, die uns Deutschland in den Arsch schiebt. Wie schön könnte dieses Land sein, ohne die verdammten Ausländer mit ihren Großfamilien. Natürlich gibt es auch gute Ausländer, Vorzeigetürken, aber uns würde hier sicher keiner vermissen. Und so weiter. Es kommt gefühlt jedes ausländerfeindliche Vorurteil.

In den 80ern und 90ern reden in Bayern viele Leute so,

nicht nur Polizisten. Von den Stammtischen bis zu den Politikern. Strauß, Streibl, Stoiber, alle von der CSU. Alle keine Freunde von Einwanderung. Logisch, dass es in der Polizei nicht anders ist. Und logisch, dass wir solche Gesetzesvertreter nicht respektieren.

Am Ende des Verhörs sollen wir alles zugeben und ein vorgefertigtes Protokoll unterschreiben. Wir haben keinen Anwalt, aber wir sind auch nicht mehr die kleinen Kaugummidiebe. Wir wissen, dass wir uns nicht selbst belasten müssen. Der kann uns mal. Also unterschreiben wir nichts und sagen nichts. Auch nicht, um uns zu verteidigen.

Dazu sagt er nur: »Na gut, dann sieht man sich vor Gericht.«

Zwei Wochen nach der Schlägerei kommt die Vorladung. Albert Türck, der mit dem Baseballschläger, hat uns alle angezeigt, wegen schwerer Körperverletzung. Ich muss zusammen mit meinen Eltern aufs Revier. Diesmal ist der Polizist plötzlich viel netter und mir ist klar, warum. Papa ist meine Schwachstelle. Der will jeden Ärger mit der Polizei unbedingt vermeiden. Wenn jemand auf mich Einfluss nehmen kann, dann er. Und siehe da: keine Schikanen, keine Ausländerfeindlichkeit. Einfach phänomenal. Wie scheißhöflich, fast schon kumpelhaft kann jemand plötzlich sein? Wie böse kann ein Mensch sein?

Wie kommt es eigentlich, dass ausgerechnet ein Polizistensohn gern Judenwitze erzählt? Hier und da Hakenkreuze hinterlässt? Den Hitlergruß zeigt? Diese Dinge merken wir uns sehr genau. Für uns passt das perfekt zusammen: Der Polizistensohn ist ein Rassist, also sind die Polizisten Rassisten, darum hassen sie uns. Also scheißen wir auf sie.

Ich werde nie vergessen, was mir als kleiner Junge auf dem Heimweg von der Schule passiert ist. Auch nicht, was ich mir danach geschworen habe. Es dauert lange, bis ich dafür bereit bin. Bis sich die Gelegenheit bietet.

Erkan und ich laufen vom Fußball nach Hause und reden über Mädchen, da kommt der Bastard auf uns zu. Mir ist sofort klar: Jetzt wird es passieren.

»Ohne Ansage.«

Mehr habe ich mit Erkan nicht zu besprechen. Die meisten wechseln vor uns die Straßenseite. Aus gutem Grund. Der Bastard nicht. Wahrscheinlich nimmt er uns nicht für voll, weil wir jünger sind. Er sieht mir kurz in die Augen, ist überrascht. Ich glaube, er weiß, wessen Faust ihn trifft. Ich zähle nicht, wie oft. Lasse alles raus. Die ganze Wut. Den ganzen aufgestauten Hass. Der Bastard wehrt sich nicht mal, er wimmert nur und schützt sein Gesicht. Ich schlage immer noch zu, als er längst am Boden liegt. Bis mir die Fäuste wehtun und Erkan mich wegzieht.

Dann kommt das Glücksgefühl. Ich habe meinen Schwur erfüllt und dem Rassisten seine verdiente Lektion erteilt. Das beste Gefühl überhaupt. Ich glaube nicht, dass er seinem Vater jemals davon erzählen wird. Welcher Rassist rennt schon zur Polizei, weil er von zwei halbwüchsigen Türkenjungs verdroschen wurde?

Die Euphorie hält nicht lange an, aber das Gift bleibt, das kann ich nicht aus mir rausprügeln. Ich habe immer noch dieselbe Wut in mir. Hasse die Deutschen noch genauso wie vorher, obwohl ein paar davon meine Freunde sind. Und der Bastard hasst uns Türken jetzt wahrscheinlich mehr als je zuvor.

***

Wir fahren zum Prozess wegen der Sache am Busbahnhof. Ich bin nicht nervös. Ich weiß, was ich getan habe und was dieser Türck getan hat. Jeder soll seine Strafe bekommen und fertig. Mit den Jungs habe ich mich natürlich abgesprochen, damit wir alle dasselbe erzählen: Türck hat angefangen, mich provoziert, beleidigt, geschlagen. Klingt besser als angerempelt. Die Jungs haben mich verteidigt, als ich schon bewusstlos am Boden lag. Türck ist unglücklich auf die Zähne gefallen. War halt Pech.

Im Gerichtssaal merke ich gleich: Das hier ist Feindesland. Ein öder, kahler Raum. Oben hinter dem Richterpult natürlich ein Kruzifix an der Wand. Genau wie in der Schule. In Bayern regiert ja auch eine Christenpartei, also hat hier die Kirche das Sagen. In der Türkei wurde die Scharia von Atatürk verboten, hier scheint sie noch zu gelten.

Von allen Leuten im Gerichtssaal sind wir und unsere Familien die einzigen Ausländer. Albert Türck ist mit seinen Eltern und einer Anwältin gekommen. Wir haben keinen Anwalt. Uns hat auch niemand danach gefragt oder uns rechtlich beraten. Wir sind auf uns gestellt. Wieder mal.

Der Richter guckt auf mich runter mit so einem Alman-Blick, den man irgendwie kennt, der sich irgendwie miesepetrig und arrogant anfühlt. »Oh, oh, Doktor Beyer«, hieß es schon vorher, »da seid ihr am Arsch. Der gibt gleich Jugendarrest.« Du spürst die Verachtung. Du hast das Gefühl, das Urteil steht schon fest. Die ganze Veranstaltung ist nur pro forma.

Ein Zeuge nach dem anderen erzählt, wie ich die Schlägerei angefangen habe. Wie die Jungs den Türck fertiggemacht haben. Was er alles abbekommen hat. Was seine neuen Zähne und seine neue Zahnspange gekostet haben. Schön ist das alles nicht. Wir haben es übertrieben, okay. Strafe muss sein.

Aber wann redet mal jemand über den Baseballschläger?

Was ist damit? Ich habe das beim Polizeiverhör doch ein paarmal erzählt. Warum kommt das gar nicht vor? Nach einer Stunde komme ich auch mal dran, erzähle alles aus meiner Sicht. Wie Türck mir im Vorbeigehen einen Nackenklatscher verpasst hat. Wie er mich »Hurensohn« genannt und damit nicht nur mich beleidigt hat, sondern auch meine Mutter und meine Familie. Wie ich ihn auf dem Busbahnhof zur Rede stellen wollte und er mich noch mal provozierte. Und ja, ich gebe auch meinen Punch in seine Fresse zu.

»Und dann habt ihr den Herrn Türck zu fünft zusammengeschlagen. Willst du dazu was sagen?«

Keine Frage. Nur Routine.

»Was soll ich dazu sagen?«, antworte ich. »Davon habe ich ja gar nichts mitbekommen. Wir wollten gerade weggehen, da schlägt der da mich von hinten k. o., mit seinem Aluminium-Baseballschläger.«

»Ein ... Aluminium-Baseballschläger.« Ich höre es an seinem Tonfall, dass er mir wohl nicht glaubt. »Und wo soll der plötzlich hergekommen sein, dieser Aluminium-Baseballschläger?«

»Was weiß ich? Das müssen Sie den da fragen!« Ich zeige auf Türck, Türck zeigt seine neuen Zähne. »Ich meine, wer nimmt so was überhaupt mit zur Schule? Das ist eine Waffe!«

Richter Beyer würgt mich ab. »Davon höre ich jetzt zum ersten Mal. Das hätte zu Protokoll gegeben werden müssen. Wurde Gegenanzeige erstattet?«

Gegenanzeige? Ich würde garantiert nie bei den Bullen um Hilfe betteln. Ausgerechnet bei denen. Die hatten es ja anscheinend nicht mal nötig, die Sache im Protokoll zu erwähnen.

»Hallo?! Ich war ohnmächtig!«, schreie ich. »Ich hatte so eine Beule am Kopf! Der hätte mich umbringen können! Das war versuchter Mord!«

Nicht übertrieben. Ich hätte eine Hirnblutung oder noch was Schlimmeres haben können. Gehirnerschütterung ist auch nicht ohne. Ich hatte verdammtes Glück.

Beyer wirkt ungeduldig. »Hast du ein ärztliches Attest? Irgendwas?«

Ich sage nichts. Ich habe den ganzen Vorfall zu Hause überhaupt nicht erwähnt, hatte zu viel Schiss vor Strafen. Habe nicht daran gedacht, dass ich vielleicht vor Gericht irgendwas beweisen muss.

Der Richter lässt mich nicht mehr zu Wort kommen. Entlässt mich aus dem Zeugenstand. Dann nimmt er sich nacheinander Erkan und Esad vor. Agon kriegt einen Übersetzer. Sie halten sich alle an das, was wir besprochen haben, und wiederholen meine Version. Erkan beschreibt auch Schneiders Baseballschläger, wie sie mich zusammen nach Hause getragen haben und wie mein Kopf aussah. Ich sehe nicht, dass der Richter sich dafür interessiert. Erkans Wort scheint nicht zu zählen. Hier zählt nur Papier. Aber das Beste kommt erst noch.

Als Letzter von uns sagt Cemil aus. Seine Eltern sitzen hinter uns, ihnen gehört der erste türkische Laden in Parsberg. Eine Goldgrube, der erste weit und breit, wo Döner verkauft wurde. Sie verdienen sehr gut und können sich vieles leisten, was wir anderen nicht haben. Sie sind am meisten angepasst, echte Almans. Haben am meisten zu verlieren.

Wir können nicht glauben, was Cemil in der Gerichtsverhandlung von sich gibt. Nach Schneiders Beleidigung hat er mich noch zusammen mit den anderen aufgestachelt – aber so, wie er es erzählt, bin ich plötzlich irgendwie der Boss der Clique und habe das Ganze angezettelt. Kein Wort zum Baseballschläger. Stattdessen sagt er: »Herr Richter, ich habe meinen Fehler eingesehen, darum bin ich zum Albert nach Hause gefahren und habe mich bei ihm entschuldigt.« Wie auswendig gelernt. Was für eine beschissene Arschkriecherei, was für ein Verräterbastard!

Ich stehe auf, brülle rum. Im Gerichtssaal. Zum Glück hält mein Vater mich auf, ich würde sonst an Ort und Stelle auf Cemil losgehen und ihn noch in der Gerichtsverhandlung zusammenschlagen. Aber wir haben es noch nicht hinter uns.

Es wird noch ein letzter Zeuge aufgerufen, ein hohes Tier bei der Polizei, das aber gar nicht vor Ort war. Bisher dachte ich immer, als Zeuge müsste man selbst dabei gewesen sein. Wie sollte man sonst irgendwas zu der Sache sagen können? Aber um die Schlägerei geht es schon gar nicht mehr. Ich glaube, es geht nicht um Gerechtigkeit, sondern nur darum, uns zu bestrafen, vor allem mich. Da muss jemand topmotiviert sein, mich 15-jährige Mistfliege mal so richtig zu ficken.

»Den Ünsal Arık beobachten wir schon seit geraumer Zeit. Da hat es in den letzten Jahren eine Vielzahl von Vorfällen gegeben.« Er holt ein seitenlanges Protokoll raus und liest genüsslich alles vor, was ich jemals in Parsberg angestellt habe. Aber wirklich jede Kleinigkeit. Alles schön ausgeschmückt. Einiges stimmt, dafür bin ich auch bestraft worden. Ein paar Sachen, wie die mit dem Kaugummiautomaten, stimmen nicht. Ich komme mir vor wie ein Mafiaboss mit diesem Vorstrafenregister.

Die Urteile werden verkündet. Erkan, Esad und Agon bekommen je 80 Sozialstunden aufgedrückt und müssen irgendeine Scheißarbeit machen. Cemil nur 60, wegen seiner Entschuldigung. 20 Stunden Sozialarbeit, mehr war sein Verrat nicht wert. Der soll bloß aufpassen.

Ich kassiere zwei Wochen Jugendarrest. Für einen einzigen Schlag. Soll ich das etwa fair finden? Soll ich die ganze Verhandlung vielleicht fair finden? Mal wieder wird man als Kanake benachteiligt.

Jetzt sehe ich richtig rot. Zeige auf Türck, der nur selbstgefällig nickt. »Ich gehe in den Knast, und der?« Papa muss mich schon wieder festhalten. »Schlägt mich von hinten fast tot und kriegt gar nichts?! Aber wenn ein Türke das macht, ist es Mordversuch!«

Es bringt natürlich nichts. Mein Ausraster beweist nur allen, dass ich das Urteil verdiene.

Die meisten aus Parsberg fahren im Nürnberger Jugendknast ein, aber ich komme nach Landau an der Isar. Das Gefängnis soll strenger sein. Anscheinend halten sie mich tatsächlich für eine große Nummer. Der Wärter durchsucht meine Tasche. Standard. Dann meine Kleidung. Auch normal. Er findet nichts und sagt: »Ausziehen.« Wahrscheinlich Vorschrift, aber das Gefühl ist sofort wieder da: Sie schikanieren dich, nehmen dir die Ehre. Du musst dich vor Fremden erniedrigen. Dich nackt machen, weil du kein Deutscher bist.

In meiner Zelle raste ich erst mal aus. Schreie, schlage auf den Schrank ein. Weine stundenlang. Es ist so scheißungerecht. Ich muss in diesem Loch vergammeln, und der Bastard mit seinem Baseballschläger lacht sich draußen tot. Die Polizisten lachen sich tot. Was haben die Bullen eigentlich jemals getan, um zu verhindern, dass ich hier lande? Wollten die mich etwa nicht von Anfang an genau hier haben? War denen nicht schon immer scheißegal, wie es uns geht und was mit uns passiert?

Ich sehe mir die Zelle genauer an. Maximal zehn Quadratmeter. Tisch, Schrank, Bett. Wände bekritzelt. PVC-Fußboden, Neonröhre an der Decke. Waschbecken, Toilette. Ich soll hier kacken? Und schlafen? Es widert mich an. Es gibt nur ein vergittertes Fenster zum Lüften, und draußen liegt verfickt noch mal Schnee. Wie stellen die Arschlöcher sich das vor?

Im Schrank liegt eine Art Gästebuch. Ich blättere es durch.

»Wärter Dobler ist ein dreckiger Hurensohn!«

»Ich schwöre bei meiner Familie, ich baue nie wieder Scheiße. Nie wieder Knast!!!«

»Es tut mir leid, was ich getan habe. Es war ein Fehler. Gott, vergib mir.«

»Ihr könnt mich verurteilen, verknacken und auf mich spucken, aber ihr werdet mich niemals brechen.«

Nach und nach lese ich das ganze Buch durch. Ich habe nichts anderes zu tun. Jeden Tag 23 Stunden in der Zelle, dann 1 Stunde Hofgang.

Die erste Provokation lässt nicht lange auf sich warten. Natürlich lasse ich nichts auf mir sitzen, verschaffe mir gleich mal mit Schlägen Respekt. Kriege Kontakte, tausche Nummern mit krassen Jungs. »Brauchst du Kohle? Ich kenne draußen den, den, den. Überleg es dir. Wenn du mitmachen willst, meld dich einfach.« 14-, 15-, 16-Jährige organisieren im Knast ihre Gangsterlaufbahn. Wie im Trainingslager. Wen interessiert's?

Wirklich hart wird es nach Weihnachten. Draußen bleibt es tagsüber unter zehn Grad minus. Am Fenster wachsen Eisblumen, es stinkt aus der Toilette. Nach dem Lüften ist es in der Zelle kalt wie im Kühlschrank. Ich trainiere wie ein Irrer, halte mich mit Liegestützen und Sit-ups warm. An Silvester wecken mich die Böller, und ich fasse Vorsätze fürs neue Jahr. Resozialisierung, am Arsch. Jetzt erst recht, elendes verficktes Drecksdeutschland. Mich könnt ihr nicht brechen. Wenn eure Regeln für diesen Türck nicht genauso gelten wie für mich, dann gelten sie für mich gar nicht mehr!

Am Tag vor meiner Entlassung hole ich noch mal das Buch aus dem Schrank und schreibe auf die erste freie Seite: »Fickt euch!!!«

***

Dein Kopf ist leer. Du verschließt die Augen, versteckst dich in der Doppeldeckung, lässt auf dich eindreschen. Ein Trommelfeuer aus Schlägen trifft dich, Körper, Kopf, es kommt von überall, zu schnell, um zu reagieren. Du siehst schlecht aus, hängst in den Seilen. Brennst. Hoffst, dass es bald vorbei ist, dass er bald keine Kraft mehr hat. Bist eine arme Seele, kannst nichts tun außer decken, decken, aufpassen, aufpassen.

***

Das Leben wird erst mal besser, wenn du auf der Straße warst und in einem Laden wie dem Isigym unterkommst. Wenn man dich umsonst trainieren lässt, dir zu essen und zu trinken gibt. Dir neue Sportklamotten schenkt. Dich im Notfall sogar mal in der Boxhalle übernachten lässt. Du bist erst mal einfach nur dankbar.

Zu den Trainings kommen viele Kinder und Jugendliche aus dem Kiez. Es werden Werte vermittelt – Disziplin in der Halle, Disziplin auf der Straße. Respekt vor Älteren, in der Schule und zu Hause. Wer außerhalb des Rings schlägt, egal wo, wird verwarnt, beim zweiten Mal fliegt er. Wer Scheiße baut oder es auch nur versucht, wird sofort aussortiert. Bei meinen ersten Trainings sind auch immer straffällige Jugendliche da, unter Aufsicht. Für die ist das Boxen wie eine Therapie. Für mich auch. Vom ersten Tag an nehme ich keine Drogen mehr. Merke, wie weit ich schon abgerutscht war.

»Junge, du bist kein guter Boxer«, sagt Sentürk. »Aber du hast einen rechten Haken, der ist eine Waffe. Daran solltest du schleifen. Und du hast Herz. Das kann man nicht lernen. Ohne Herz hilft alles Talent nicht.«

Sentürk Özdemir ist Boxtrainer im Isigym. Ein Klassemann mit Erfahrung, 100-facher Nationalboxer für die Türkei. Allein ihm zuzuschauen, macht Spaß, die Schnelligkeit seiner Bewegungen begeistert mich. Da will ich hin, davon träume ich. Nebenbei ist Sentürk noch ein richtig netter Kerl, der mich zweimal die Woche umsonst trainiert, obwohl ich ein Nichts bin. Er hält mir die Bratzen, er baut mich wieder auf, körperlich und mental.

Er sagt: »Du bist nicht mehr der Jüngste, aber du bist gut. Du kannst Profi werden! Im Boxgeschäft kommt es nicht darauf an, der Beste zu sein. Wenn du hart trainierst und kämpfst, kannst du es schaffen. Probier dein Glück. Melde eine Profilizenz an, und dann box einfach.«

Irgendwann taucht ein Deutscher auf, der angeblich einen neuen Boxstall plant, mit Boxern, die noch keiner kennt. Er will richtig viel Geld investieren. Zu zehnt sitzen wir in einem modernen Großraumbüro, alles junge Nachwuchsboxer, alle mit dem Traum, Profi zu werden, viel Geld zu verdienen, reich zu werden. Er erklärt uns alles, beantwortet Fragen, dann hält er uns Verträge vor die Nase. »Profiboxvertrag« steht obendrauf. Ich mache ein Foto, poste das megastolz bei Facebook, und die Leute feiern mich: Der Ünsal hat's wieder geschafft, der geht immer seinen Weg, und so weiter.

Aber ich habe mich zu früh gefreut. Einer, der neben mir sitzt, ruft einen Cousin an. Eine Viertelstunde später taucht der bei dem Meeting auf, ein breit gebauter Businessman mit Maßanzug und Rolex, nimmt sich einen Stuhl, blättert im Vertrag und hört sich alles an.

»Was zahlen Sie den Jungs monatlich?«, fragt er, als wir gerade unterschreiben sollen. »Was kriegen die für eine Kampfgage? Das steht nicht im Vertrag.«

Der Deutsche versucht sich rauszureden, aber der Cousin steht auf und sagt: »Verarschen Sie jemand anderen, aber diese Jungs boxen nicht für Sie.«

Und alle stehen auf und gehen.

»Schmutziger Deal«, wird mir später erzählt. Der »Geschäftsmann« war ein echter Verbrecher, seine Räume nur gemietet. Wir wären Fischfutter gewesen, Aufbaugegner für die stärkeren Boxer, die schnell einen Sieg brauchen. Neuer Boxstall – alles nur Gelaber.

Es beginnt eine lange Zeit, in der ich Anschluss und Rückhalt suche. Tagsüber trainiere ich, habe aber nur mein Hartz IV. Zu wenig zum Leben. Die Geldprobleme bleiben. Jeden Tag höre ich mich um, nach Jobs, nach einem Dach überm Kopf für die nächste Nacht. Eine eigene Wohnung finden, als Türke, ohne Job, in Berlin? Keine Chance. Wenn etwas läuft, dann nur über Beziehungen.

Durchs Boxen lerne ich viele neue Leute kennen. Auch aus arabischen Großfamilien. Diese Jungs haben Geld, die fahren Porsche, AMG Mercedes. Von denen höre ich wieder den Satz: Entweder du fickst Berlin, oder Berlin fickt dich. Wenn du Berlin ficken willst, hängst du mit uns ab. Wenn du gefickt werden willst, dann geh auf die andere Seite. Ich entscheide mich dafür, Berlin zu ficken.

Es spricht sich rum, dass da ein Neuer auf der Straße ist. Ein Türke. Irgendwann kommt jemand auf mich zu und fragt: »Hey, Bruder, brauchst du Geld?«

»Was muss ich machen?«

»Du fährst einen Mietwagen in meinen Porsche rein, Versicherung zahlt.«

Ich weiß einiges über Versicherungen, aber nicht, dass so etwas geht.

Er sagt mir, wo sein Wagen steht, und gibt mir 600 Euro. Davon leihe ich einen SUV, der ordentlich Schaden macht, rase damit wie gewünscht in seinen Panamera und rufe die Polizei. Denen erzähle ich, dass ich einer Katze ausgewichen bin – kann passieren. Dann melde ich der Autoversicherung den Schaden, zahle 500 Euro Selbstbeteiligung und gebe Bescheid, dass alles erledigt ist.

Ein Sachverständiger, der sicherlich mitverdient, stuft den Rahmenschaden vorn links als Totalschaden ein, und die Versicherung zahlt die volle Summe. Von dem Versicherungsgeld wird der Autokredit für den Panamera abbezahlt. In der Werkstatt steht schon ein anderer Totalschaden. Aus zwei machen sie einen nagelneuen Porsche – praktisch umsonst. So kommen die Jungs an ihre dicken Autos und ich an 2000 Euro. Zwei-, dreimal mache ich das. Sie nehmen mich gern dafür, sie wissen, dass ich ihnen keinen Ärger mache und dass keiner für mich einstehen würde. Dass ich keinen Rücken habe, wie man so sagt.

Jeden Tag abhängen mit den arabischen Jungs. Der eine lässt dich eine Weile umsonst bei sich wohnen, du verbringst Zeit mit ihm, freundest dich mit ihm an und lernst über ihn wieder neue Leute kennen, hier noch ein Bruder, da noch ein Cousin. Aus einigen werden Freunde, ihr trainiert zusammen, geht nachmittags zusammen essen, chillen, verbringt die Freizeit miteinander. Du bist beeindruckt von ihrem Zusammenhalt, ihrer Loyalität, der Macht, die sie auf der Straße ausstrahlen.

Es ist wie damals in Parsberg mit Erkan, Cemil und Esad – nur zehn Nummern größer.

Ich bin mit den Jungs unterwegs, da kriegt einer einen Anruf: Sein Cousin ist jemandem hinten draufgefahren. Ein verfickter Auffahrunfall. Wir fahren sofort hin. Innerhalb von fünf Minuten sind über 100 Araber dort, ich mittendrin. Bevor die Polizei kommt, sagt der junge Deutsche, dem der Cousin hinten in den Golf reingefahren ist: »Okay, ich will nichts. Alles okay.« Und fährt einfach weg. Erledigt.

Ich frage: »Muss man dem Jungen so einen Stress machen? Seine Versicherung hätte doch gezahlt.«

Was höre ich? »Nein, das war ein Christ. Christen verdienen es so!«

Ein anderes Mal planen die Jungs einen Hauseinbruch.

»Machen wir's morgen«, sagt der eine.

»Nein, nicht am Freitag«, meint der andere, »am heiligen Tag klauen ist haram.«

»Leute!«, sage ich. »Klauen ist immer haram. Allah sieht alles!«

Dann heißt es voller Überzeugung: »Nein, Ünsal, das sind doch Juden. Von Juden klauen ist halal.«

So legen die arabischen Jungs alles aus. Ich höre das von ihnen noch öfter, es ist eine weitverbreitete Haltung: Christen schlagen, Juden beklauen ist halal, weil es Ungläubige sind, die in der Hölle schmoren werden.

Sie wollen, dass ich mitmache. Spielen das Risiko runter, sind ja noch nie erwischt worden. Ich bleibe dabei: Klauen ist haram, deswegen mache ich nicht mit. Das akzeptieren sie. Aber vor allem weiß ich: Blut ist dicker als Wasser. Sollten wir doch erwischt werden, halten die Cousins zusammen und sagen gegen mich aus. Ich bin der einzige Türke, meine Familie ist weit weg. Ich habe keinen Zweifel, dass sie mich, ohne zu zögern, in die Scheiße reiten würden.

Die Jungs machen viele Pläne. Oft sind sie mir zu riskant, aber bei der Sache mit dem Juwelierladen zögere ich nicht lange. Der Job bringt x-tausend Euro, und der Juwelier ist eingeweiht. Wir wissen, wo wir reingehen müssen, damit kein Alarm losgeht, und welche Leitungen wir durchschneiden müssen, um die Anlage lahmzulegen. Ein guter Plan, und er funktioniert. Wir steigen von hinten durch ein Fenster ein und ziehen alles nach Anweisung durch, räumen im dunklen Laden die Vitrinen und die Schubladen leer und hauen durch das Fenster wieder ab. Keine zehn Minuten dauert das Ganze, trotzdem sehen wir plötzlich Blaulicht an der Wand direkt vor uns. Wir können nicht vor und nicht zurück, müssen uns verstecken.

Es wird das reinste Geduldsspiel. Du stehst eine gefühlte Ewigkeit hinter einer Ecke, wie ein Stein. Kommt der Bulle hier rüber, dann haben sie dich. Die Aufregung ist dieselbe wie im Kampf. Dein Herz hämmert, du stehst unter Adrenalin und schwitzt, musst dich trotzdem kontrollieren. Die Haltung, die Atmung, alles muss stimmen. Du darfst nicht husten, nicht niesen, kein Geräusch und keine falsche Bewegung machen. Du musst unter Druck ruhig bleiben, denken, entscheiden. Springe ich über die Mauer, oder laufe ich zwischen den Autos hindurch? Schleiche ich oder renne ich? Die falsche Entscheidung kann dich in den Knast bringen. Sie kann die ganze Karriere zerstören. Alles kann enden, bevor es richtig angefangen hat.

Nach einer Viertelstunde fahren die Polizisten weg. Und ich entscheide mich fürs Rennen, werde nicht erwischt. Diesmal nicht, und auch danach nie. Ein richtiger Gangster, der nie auch nur eine Vorstrafe kassiert.

* * *

Wir hängen ab und reden über Musik. Ich erzähle, was für ein riesiger Bushido-Fan ich bin. Sofort sagt einer: »Alter, ich kenne Abou Hassan, können wir klarmachen.«

Hier öffnet sich genau so eine Tür, wie ich sie in Berlin die ganze Zeit gesucht habe. Schon immer wollte ich irgendwie den Fuß ins Hip-Hop-Geschäft kriegen, jetzt sehe ich meine Chance. Traue mir das absolut zu, habe mit meinem Mundwerk schon so viel erreicht mit nicht mal 30, warum nicht auch das? Ein Treffen mit dem Manager von Bushido, und ich bin wieder im Spiel.

Der alte Vertriebler in mir erwacht. Tagelang mache ich

Pläne. Konzert-Booker, Partyplaner, das könnte mein neues Ding sein. Fahre Filme im Kopf, wie ich mit diesen Leuten Geschäfte mache, wie ich alle Hypes aus Berlin nach Regensburg hole. Ein großes Stück vom großen Kuchen abbekomme. Ich aktiviere meine Kontakte in Regensburg. Du willst die Stars in der Suite 15 sehen? Kannst du haben, zahl mir Vorschuss und Provision, und die Sache läuft …

Die Shisha-Bar am Ku'damm ist voller Gäste. Ich trage die besten Sachen aus meinem Koffer, Jeans und lila Poloshirt von Hugo Boss für den bestmöglichen Eindruck, Kleider machen Leute. Ich werde an einen reservierten Tisch gesetzt, dann warte ich. 20 Minuten. Eine halbe Stunde. Ich denke schon, es wird nichts mehr, da kommt Abou Hassan rein, alle Köpfe drehen sich zu ihm. Ein bekannter Deutschrapper ist bei ihm, jetzt schon ein Riesenhype, sehr stark im Kommen. Sie setzen sich zu mir an den Tisch, beide ultrateuer gekleidet.

Er kommt sofort zur Sache. »Wer bist du? Was willst du?«

Kurz und knackig erläutere ich mein Veranstaltungskonzept, klinge professionell in meinen Ohren, obwohl ich extrem aufgeregt bin und die Branche gar nicht richtig kenne. Aber die beiden reden mit mir, und der ganze Laden guckt mich an, als wäre ich wichtig.

Ich frage: »Wie hoch wäre die Gage für ihn?«

Abou Hassan nennt mir eine Summe.

Ich nicke unbeeindruckt und trinke meine gratis Coke Zero. Wir vereinbaren, in Kontakt zu bleiben, ich melde mich, wenn die Finanzierung steht, noch ein Selfie, und das war's. So läuft dieses Treffen. Keine Begegnung, an die er sich später erinnern wird.

Gleich danach telefoniere ich mit meinem Kontakt in Regensburg. Der Rapper ist ihm zu teuer. Ich selbst habe nicht mal Geld für die U-Bahn, laufe über eine Stunde vom

Ku'damm nach Kreuzberg zu meinem Schlafplatz. Zum Glück habe ich die Mappe mit meinen Rap-Texten nicht gezeigt. Jetzt würde ich mich dafür schämen.

So schnell gebe ich den Traum mit den Hip-Hop-Konzerten aber nicht auf. Ich bekomme den Kontakt von Massiv, dem hammer Newcomer, der wie 50 Cent aus dem Nichts aufgetaucht ist. Stelle mich auf den harten Burschen aus dem »Ghettolied«-Video ein – tätowiert, Glatze, Stiernacken, echter Gangster eben. Aber mein Bild von ihm fällt ein bisschen in sich zusammen, als dann dieser liebe, nette, große Teddybär mit Samtstimme vor mir sitzt, freundlich und respektvoll, ohne Arroganz oder Allüren. Wir reden auf Augenhöhe, und plötzlich sieht es gut aus für meine Pläne.

Das Gespräch läuft sogar so positiv, dass ich mich aus der Deckung wage. »Hey, Massiv, ich schreibe auch Texte. Interessiert dich das?«

Er sagt Ja und liest in meiner Mappe, als Erster überhaupt.

Seit Jahren schreibe ich leidenschaftlich an den Texten, spiele mit Worten, nur für mich allein.

Ünsal ist verliebt, also geht es um Liebe. Ünsal ist voller Hass, also geht es um Hass. Ünsal beschäftigt sich mit Deutschland und der Türkei, also geht es um Almans, Kanaken und den Scheißrassismus.

»hier musst du erst durch die scheiße kriechen
sie rennen weg wenn die ersten steine fliegen
die welt hat keinen platz für einen frieden
das leben ist eine prüfung ihr eintagsfliegen
ich habe vieles aufgegeben um nicht aufzugeben
nur ich allein war bereit für mich alles zu geben«

Massiv will wissen, ob ich damit auftrete. Ich erkläre, wie ich mir das vorstelle, dass ein anderer meine Texte live performen soll, am besten er, und mir dafür ein paar Scheine hinlegt. Als wäre er oder irgendwer sonst auf mich angewiesen. Als wären meine Texte dafür gut genug. Auf sehr freundliche Weise gibt er mir zu verstehen, dass es so nicht läuft.

»Die Lyrics sind Bombe. Aber das hat mit mir ja nichts zu tun. Das erzählt dich, das musst du selber rappen.«

Bedeutet: Es ist okay, aber geh deinen Weg.

Meine Texte sind keinen Euro wert, das akzeptiere ich. Aber wertlos? »Das erzählt dich«, hat Massiv gesagt. Er hat recht. Jedes Mal, wenn ich meine Texte lese, erkenne ich mich darin wieder. Dann sehe ich, was für ein Mensch aus mir geworden ist. Und dann denke ich: Was ist das für ein Typ, der diese Hure fickt, jene Hure fickt? Alles Schlampen außer Mutti – wohin hat mich dieses schlechte Bild von Frauen gebracht? Und tief im Innern denke ich: Scheiße, dieser Typ will ich nicht mehr sein. So kann es nicht mehr weitergehen.

Am Ende haut es auch mit den Gigs nicht hin. Du kannst kein Business aufziehen ohne festen Wohnsitz, mit Schulden und lauter ungelösten Problemen. Du redest mit denen, machst auf Businessman, und zehn Minuten später stehst du da und denkst: Okay, wo übernachte ich heute? Die Traumblase platzt. Du hast nichts erreicht, akzeptiere es. Man muss wissen, wann man verloren hat.

***

Du traust dich nicht, durch die Deckung zu schauen. Brauchst einen Notfallplan, eine Verzweiflungsaktion. Alles ist besser als immer wieder Treffer ins Gesicht. Hauptsache, keine Schläge mehr abbekommen. Rausgehen? Zurückschlagen? Wann ist der richtige Moment? Er gönnt dir keine Pause, bestraft jede falsche Bewegung. Noch eine solche Runde, und der Trainer wird das Handtuch werfen.

* * *

»Salam alaikum, was macht ihr heute noch?«, frage ich an einem Freitag.

»Habibi, wir gehen zum Salat al-Dschum'a. Komm einfach mit.«

Okay, das Freitagsgebet. Das gibt es bei uns Türken auch. Du gehst mit allen zusammen in die Moschee zum heiligen Gebet, der Imam spricht über den Propheten Mohammed, über deinen Glauben und wie du im Islam mit alltäglichen Situationen umzugehen hast. Es soll deinen Blick schärfen, damit du wieder in dir ruhst und klarsiehst. Danach sitzt man zusammen und trinkt Tee. Vielleicht genau das Richtige jetzt.

Ich rechne mit einer normalen Moschee. Aber solche Gebete, so eine Ausführung wie hier habe ich noch nie erlebt. Und ich frage mich: Was passiert hier? Ich sitze zwischen 300, 400 Männern, die wie verhext mit den Köpfen nicken, die Augen geschlossen, und dabei rufen sie in einer Tour: »Allah, Allah, Allah, Allah, Allah, Allah, Allah …« 30 Minuten, ohne Pause. Zwischendurch öffne ich die Augen, um das zu sehen: Sie wackeln sich in Trance und sagen »Allah«. Ich finde es extrem seltsam und kann dem auch nichts abgewinnen, aber ich respektiere es und mache mit.

An mehreren Freitagen gehe ich mit in diese Moschee. Einfach, weil alle gehen. Jedes Mal denke ich darüber nach, was hier abläuft. Wir beten zusammen, da sind wir die Muslime – aber auf der anderen Seite ist es nicht haram, wenn man einem Deutschen Angst einjagt oder wenn wir Einbrüche bei Juden machen. Schlucke meine Zweifel runter.

Sage nichts, aus Respekt, aber auch aus Angst. Weiß nicht, was passiert, wenn ich Nein sage. Will mein neues, halbwegs stabiles Umfeld nicht gleich wieder verlieren. Bin zu schwach, um mich von diesen Leuten zu lösen.

Einer meiner arabischen Kumpels, um die 20, erzählt nebenbei, dass er demnächst heiratet. Sein Papa hat ihm die Braut ausgesucht, Familientreffen ist nächste Woche, da sehen sie sich zum ersten Mal.

»Und wenn sie dir nicht gefällt?«, frage ich.

»Ah, das wird schon.«

Eine Weile danach besuche ich ihn. An der Klingel stehen sein Nachname und der seiner Frau.

Natürlich frage ich nach, weil es mich interessiert: »Wollte sie deinen Namen nicht?«

Er erklärt es mir: Die beiden haben nicht standesamtlich geheiratet, weil – wer schert sich schon ums Standesamt? Nein, wichtig ist nur die Vermählung in der Moschee mit dem Imam.

Stolz zeigt er mir seinen kleinen Sohn, ein halbes Jahr alt.

»Welche Sprache lernt der?«, frage ich.

»Arabisch natürlich«, sagt er.

»Was ist mit Deutsch?«

»Ah … irgendwann, nebenbei. Erst mal Koranschule. Deutsche Schule … wenn er acht ist, frühestens. Lieber gar nicht.« Er lacht. »Deutsche Schule, zu modern.«

So läuft es bei Hunderten, Tausenden dieser Kinder. Der deutsche Staat lässt es geschehen, bekommt keinen Zugriff.

Dann diese Situation: Wir gehen zum Freitagsgebet. Ein ausländischer Imam ist da, als Gast. Er hat einen Übersetzer dabei. Noch nie in meinem Leben habe ich in einer Moschee so brutale, so offensive Worte gehört.

»Andersgläubige sind Ungläubige! Diese schmutzigen Christen verdienen es zu leiden! Sie werden in der Hölle schmoren, sie sollen, sie werden brennen. Wir wollen mit solchen Menschen nichts zu tun haben. Wir werden uns durch nichts und niemanden von unserem gerechten Dschihad abbringen lassen …« Und ich frage mich: Bist du jetzt beim IS gelandet? Geht es von hier aus direkt nach Syrien? Bist du schon dabei? Bist du schon so tief drin, dass du nicht mehr rauskommst?

Das Hässliche daran: Eigentlich ist mir das alles vertraut. Es erinnert mich an früher. Es erinnert mich an die Schule. Weil Deutschland nämlich so supertolerant war und wöchentlichen Türkischunterricht für uns türkische Kinder organisierte. Dafür wurde extra ein Lehrer aus der Türkei geholt. Aber was brachten diese Lehrer uns bei? Das hat die Deutschen nicht interessiert. Das war ein großer Fehler, weil es auch die Lehrer aus der Türkei waren, die uns mit Hass auf Deutschland vergiftet haben.

»Diese ungläubigen Christen, die werden alle in der Hölle schmoren! Die glauben an etwas, das nicht existiert! Wir Muslime sind das einzig Wahre. Es gibt nur den Islam.«

Das haben wir in Deutschland in der Schule gelernt – Hass auf Deutsche. So haben die türkischen Lehrer uns Kinder zusätzlich vergiftet. Wir haben ihnen geglaubt, die Lehrer kamen schließlich aus unserem Mutterland, die mussten es am besten wissen. Für uns ein Grund, mit Todesverachtung zum Florian zu sagen: »Du bist ein ungläubiger Bastard.« Wir haben das wirklich geglaubt.

Du bist also Muslim, und du hasst die Deutschen, einfach aus Gewohnheit. Dabei fehlt es dir hier an nichts, um deinen Glauben auszuleben: Überall geben sie uns Moscheen. Es gibt Koranunterricht von einem Imam, der ein Jahr lang hierbleiben darf. Man lässt uns die Fastenzeit einhalten. Zum Bayram haben wir in Parsberg früher einen Tag freibekommen. Deutschland erlaubt uns alles. Also, wo ist das Problem? Was wollen wir noch? Nichts wird uns verboten, auch wenn es viele Türken nicht hören wollen. Darüber hat nie einer unserer Lehrer gesprochen. Stattdessen schickte man uns zusätzlich noch einmal pro Woche in den Koranunterricht in die Moschee. Da wurde dann noch mal wiederholt, wie scheiße alle Christen sind. »Betretet ja nicht die Kirche, das Haus des Satans, Haus des Teufels!«

Deutschland lässt uns alle Freiheiten, und was machen wir daraus?

Nach längerer Zeit telefoniere ich mit meinem Vater. Wie immer mache ich auf heile Welt, damit er sich keine Sorgen macht. Wie immer tut er es trotzdem, weil er mich kennt.

Ich frage ihn: »Papa, sind das hier in Berlin auch Muslime?«

»Ja, natürlich, was ist das denn für eine Frage?«

Ich beschreibe ihm, was hier in der Moschee passiert. Noch nie habe ich meinen Vater so in Panik erlebt.

»Raus da! Weg da!«, schreit er mich an. »Geh nie wieder dahin, hörst du? Du kriegst gerade eine Gehirnwäsche! Was die dort machen, hat nichts mit dem Islam zu tun. Das sind Radikale, die sind krank im Kopf! Die leben den Islam, wie sie wollen! Bitte, geh nicht mehr hin!«

Ich gehorche. Klinke mich aus, bleibe weg, spreche niemanden darauf an. Zum Glück stresst mich deswegen auch keiner. Wie kurz war ich davor, mich zu radikalisieren? Mich in diese scheißkranke, radikale Salafistenwelt reinziehen zu lassen? Genau so landet man beim IS. Genau die Menschen, die versuchen, sich über den Glauben zu retten, die allein und schwach sind – das werden die Selbstmordopfer, die der sogenannte Islamische Staat braucht. Das sind die Leute, die sie rekrutieren: Deutsche, die gemobbt werden, die allein sind, keine Freunde haben, kein soziales Netz, keine Familie, kein Selbstwertgefühl. Ohne meine Familie, ohne meinen Vater, wäre ich dortgeblieben. Ich hatte Glück, wieder einmal. Wahrscheinlich, weil ich gar nicht so schwach war, wie ich dachte. Andere haben weniger Glück.

ZWISCHEN DEN RUNDEN

Toleranz ist schön, Akzeptanz ist besser. Es ist zu wenig, Türken in Deutschland nur zu tolerieren. Man muss sich aktiv für uns interessieren, uns kennenlernen, um zu entscheiden, was akzeptabel ist und was nicht. Toleranz allein bedeutet: Ihr duldet uns, aber eigentlich sind wir euch scheißegal. Das nutzen wir aus! Wo es keine Grenzen gibt, machen wir, was wir wollen, und ihr zahlt den Preis dafür. Wollt ihr das einfach akzeptieren?

RUNDE IX

WIRKUNGSTREFFER

Kein Treffer ist wie der andere. Einige kassierst du, weil sie dich in eine gute Position bringen und du weißt, dass deine Antwort umso mehr knallt. Einige ärgern dich, weil du sie ohne Not zulässt und den Gegner damit stark machst. Einige sind purer Schmerz. Du kannst zwar jeden körperlichen Schmerz aushalten, aber ein Kampf unter Schmerzen ist schon halb verloren.

Und dann sind da die Treffer, die dich beeindrucken, die dich erschüttern, die dem Kampf die Richtung geben. Ihn vorentscheiden. Nichts ist schwerer, als den Wirkungstreffer zu verdauen. Cool zu bleiben. Das Pokerface zu halten. Weiterzukämpfen und auf keinen Fall das Denken anzufangen.

***

Nach dem Tod meiner Mutter verändert sich für mich vieles. Ich beschließe, mich von Dalibor zu trennen. Zu Unrecht gebe ich ihm die Schuld für viele Dinge, die passiert sind, für das viele verlorene Geld. Es wird Zeit brauchen, bis ich einsehe, dass wir beide grün hinter den Ohren waren und gemeinsam abgezockt wurden. Ab sofort werde ich nicht mehr für Deutschland, sondern für die Türkei kämpfen. Hätte man mich früher gefragt, für welches Land ich boxen will, hätte ich mich sofort für die Türkei entschieden, aber mir wurde von Anfang an der Adler aufgedrückt. Damit ist jetzt Schluss, besser spät als nie. Ich liebe mein Mutterland, gleichzeitig macht mir ernsthaft Sorgen, was ich seit einiger Zeit von dort höre. Nicht dass ich mich bisher besonders für Politik interessiert hätte – aber warum beleidigt der türkische Ministerpräsident seit Neuestem den Staatsgründer Mustafa Kemal Atatürk? Warum tritt er sein Erbe mit Füßen? Atatürk, von dem mein Vater oft gesprochen und geschwärmt hat, war für mich immer ein Leitbild. Er ließ uns Türken den Islam, aber er wollte nicht, dass wir den Koran zum Gesetz machen. Für ihn war die Wissenschaft das A und O, nicht der Islam. Er sagte: »Wenn die Wissenschaft mich widerlegt, glaubt immer an die Wissenschaft.« Und dieses Vermächtnis soll in der Türkei plötzlich ausgelöscht werden? Meine Aufmerksamkeit ist geweckt.

Ich erhole mich von meinem Drogenrückfall und sage der Sucht den Kampf an. Den Entzug kompensiere ich mit Training, arbeite härter als je zuvor. Trainiert werde ich jetzt von Muci Tosun, einer lebenden Legende, als Jugendlicher Mitglied der Berliner Bande 36 Boys, danach deutscher Boxmeister und Weltmeister im Kickboxen. Vorübergehend sponsert mich der arabische Berliner Geschäftsmann, der mich damals vor dem falschen Profivertrag bewahrt hat. Der bezahlt zwar meinen nächsten Kampf und den Trainer, aber kein Taschengeld. Ich bin immer noch auf Hartz IV, wohne wieder in Regensburg und trainiere in Berlin. Pendle hin und her, lebe mal hier, mal dort, von der Hand in den Mund. So ist es schwierig, wieder in Form zu kommen.

Das Boxgeschäft lerne ich jetzt noch einmal ganz neu kennen. Im Kampf gegen Francis Cheka liege ich bis zur achten Runde deutlich zurück. Dann passiert anscheinend irgendetwas außerhalb des Rings, und ich bekomme aus der Trainerecke die Order: »Gib jetzt 20 Sekunden alles, was du hast!«

Also gut. Ich dresche voll auf Francis ein, prügle ihn in die Seile. Er zeigt keine Reaktion. Ist er stehend k.o.? Dann müsste der Ringrichter ihn auszählen – stattdessen fliegt plötzlich aus seiner Ecke das Handtuch, und wir verstehen die Welt nicht mehr. Ich bekomme meinen dritten IBF-Gürtel, auch wenn ich ihn eigentlich nicht verdiene, aber so sind eben die Regeln.

Beim nächsten Kampf läuft es andersherum: Vorher stehe ich weit oben im Ranking, bin meinem bosnischen Gegner klar überlegen. Trotzdem erklären sie mich zum Verlierer.

Ich könnte daran leicht wieder kaputtgehen, wie die vielen anderen Boxer, die so verarscht werden. Diese Sache bringt mir die einzige Niederlage seit meinem ersten Profikampf ein. Sie wirft mich um über 500 Plätze zurück und kostet mich sehr viele Punkte. Aber ich beschwere mich nicht darüber. Man muss immer damit rechnen, so läuft das Business. Entweder man lebt damit oder lässt es ganz. Ich bleibe dran, komme zurück. Die große Chance ist zum Greifen nah.

September 2013. Endlich wird mein Traum wahr: Zum ersten Mal darf ich in der Türkei kämpfen, live im Fernsehen, auf einer neuen Boxgala von Ali Yilmaz. Von diesem Kampf hängt meine Zukunft ab, wieder einmal. Mit der Anreise läuft diesmal alles glatt, und ich bin pünktlich im Hotel in Tekirdağ. Es ist Freitag, also rolle ich meinen Teppich aus, öffne ein Video auf Youtube, in dem ein Imam zum Gebet ruft, und bete zu Allah: »Wenn du mir die Kraft gibst, diesen Kampf zu gewinnen, egal wie, ob geschenkt, K.o. oder nach Punkten, dann verspreche ich, ab sofort jeden Tag mindestens einmal zu beten.«

Da klopft es an der Tür, ich öffne. Vor mir steht mein Gegner, Aleksei aus Estland. Total unüblich, sich direkt vor dem Kampf zu treffen. Auf Englisch frage ich, was ich für ihn tun kann. Er gestikuliert und sagt: »Friday, Dschum'a.« Ich wusste nicht, dass es in Estland Muslime gibt, bitte ihn herein, mache ihm Platz. Wir vollziehen unser Freitagsgebet gemeinsam. Obwohl wir Gegner sind, schafft das eine starke Verbindung, die auch abends im Ring noch zu spüren ist.

So eine Atmosphäre wie in diesem Kampf habe ich noch nie erlebt, es ist wie im Fußballstadion, wie bei einem Heimspiel. Es motiviert mich unglaublich, beim Einmarsch die türkische Fahne zu sehen, zu spüren, dass die Fans alle hinter mir stehen, sie wie aus einem Munde schreien zu hören: »Ünsal! Ünsal!« Eine Wahnsinnspower. So etwas kannte ich bisher nicht.

Es wird ein schrecklicher Kampf. Ein Punktsieg, der mir alles abverlangt. In der letzten Runde laufe ich mehr vor Aleksei davon, als dass ich kämpfe, kann nur noch tänzeln, um zu überspielen, dass ich keine weitere Runde mehr durchstehen würde. Von diesem Tag an bete ich täglich. Gott hat mir die Kraft des Siegers gegeben, ich halte mein Versprechen ein.

Was ich aus der Türkei mitnehme, ist diese Energie, sind dieser Rückhalt und der unbedingte Wunsch, dieses Erlebnis zu wiederholen.

Die nächste Gelegenheit kommt im März 2014. Es ist wieder eine Yilmaz-Boxgala, wieder live im Fernsehen. Das sind die Momente, für die ich brenne, für die ich die Schinderei auf mich nehme. Aber es kann nur funktionieren, wenn ich richtig fit bin. Ich habe genug davon, zwischen Berlin und Regensburg zu pendeln, immer wieder Nächte im Auto verbringen zu müssen, ohne einen Euro in der Tasche – nur weil mein Sponsor und mein Trainer dort sind. Es passt nicht mehr. Also verabschiede ich mich von Berlin und ziehe mein Ding ab sofort allein durch.

Beten, trainieren, Schattenboxen, Liegestütze, Sit-ups, Gewichte stemmen, laufen, schwitzen, stundenlang, jeden Tag. Der Sport wird deine neue Droge. Die verlorene Kraft, die Ausdauer und der Spaß kommen zurück. Doch da bleibt eine Leere, die der Sport nicht füllen kann. Du denkst nach, über deine Tochter, die du nicht sehen darfst, über deine Mutter, über den Tod, über Geld, den Glauben, Deutschland, die Türkei, verpasste Chancen und was du wirklich willst. Du denkst an Afrika, Ghana, und an die Worte des Imams: Brot, Wasser, Frieden. Du denkst an die Freunde, die du verloren hast, an die Frauen, die du ausgenutzt und unglücklich gemacht hast, bis dir klar wird, dass du verfickt noch mal einsam bist. Nichts wäre einfacher, als irgendeine Frau klarzumachen, aber du wünschst dir nicht Sex mit irgendeiner. Du wünschst dir jemanden zum Reden, einen Menschen, dem du vertrauen kannst, der bei dir ist und dich akzeptiert, wie du bist. Du betest zu Gott, bittest ihn um Glück, um ein Zeichen – und er macht dir das größte Geschenk deines Lebens.

Ich lerne Xenia über eine Dating-App kennen. Von Anfang an läuft es anders als mit jeder anderen Frau, die ich bis hierhin kennengelernt habe. Wir chatten wochenlang, bevor wir uns ein-, zwei-, dreimal treffen und uns einfach nur unterhalten. Früher ging es spätestens beim zweiten Date um Sex, diesmal spielt das noch keine Rolle. Es ist befreiend, mit einer Frau einfach nur über die Dinge zu reden, die uns gerade beschäftigen, ohne Hintergedanken, ohne diesen kranken Trieb.

Wir unterhalten uns immer auf Deutsch. Ihre Muttersprache ist Russisch, sie ist als Kind aus Kasachstan nach Deutschland gekommen. Ich kann außer ein paar Wörtern kein Russisch. Sie kann kein Türkisch. Aber Nationalitäten und Sprachprobleme interessieren uns nicht. Ebenso wenig wie Religionen. Sie ist Atheistin, ich bin Muslim. Wir verstehen und akzeptieren einander trotzdem, dürfen beide bleiben, wer wir sind. So fängt es an.

Die Dates mit Xenia tun mir so gut, dass ich aufblühe wie eine Blume im Sommer. Sie glaubt an den Ünsal, der ich wirklich bin. Verleiht mir echtes Selbstbewusstsein, für das ich kein Geld, teure Klamotten oder große Autos brauche. Xenia lebt genau das, wonach ich mich tief im Innern sehne: Frieden, Freiheit und Respekt.

Endlich traue ich mich auch, vieles offen zu sagen, was ich schon lange im Kopf mit mir selbst verhandle: dass ich eher auf die Wissenschaft vertrauen würde als auf den Glauben. Dass ich die Türkei liebe, aber den Rassismus hasse. Dass ich meinen Nächsten liebe, egal wie er ist, woran er glaubt, wen er liebt und woher er kommt, ob Türke, Deutscher, Kurde, Grieche, Alevit oder Armenier. Dass ich einfach jeden respektiere, der mich respektiert. Endlich kommt an die Oberfläche, was der Imam mir damals in Ghana mitgegeben hat.

Xenia zeigt mir eine ganz neue Welt, eine ganz andere Art zu leben. Sie ist Veganerin – ich habe davon noch nie etwas gehört, habe mir noch nie ernsthaft Gedanken darüber gemacht, dass Tiere leiden müssen, damit ich meinen Döner bekomme. Mein Leben lang habe ich fast täglich Fleisch gegessen, kann mir ein veganes Leben noch überhaupt nicht vorstellen. Aber der Tag wird kommen. Xenia weiß zwar, dass ich boxe, aber nicht, dass ich Profi bin und drei Gürtel besitze. Ich hänge es ihr gegenüber nicht an die große Glocke. Im März 2014, gerade als es zwischen uns ernst zu werden beginnt, muss ich Xenia kurzfristig verlassen – für meinen zweiten Kampf in der Türkei.

Diese Gelegenheit will ich nutzen, um ein Zeichen zu setzen gegen das, was gerade im Land vor sich geht. Dass der türkische Ministerpräsident nach und nach alle Macht an sich reißt und drauf und dran ist, die Demokratie in der Türkei abzuschaffen. Seit dem letzten Jahr, seit Anfang 2013, ist es immer schlimmer geworden. Im Gezi-Park, auf dem Taksim-Platz und an vielen anderen Orten lässt Erdoğan das eigene Volk von Polizisten schlagen, es sterben sogar Menschen, weil sie gegen seine Politik protestieren. Berkin Elvan, ein alevitischer Junge, gerade 15 Jahre alt, wird von Polizisten getötet, als er Brot holen wollte. Und was tut Erdoğan? Er verleumdet den Jungen als Terroristen. Ich finde es schrecklich, was dieser Politiker der Türkei antut, wie er sie ausbeutet, spaltet, islamisiert und Atatürks Werte verrät.

Daran denke ich, statt mich auf den Boxkampf zu konzentrieren. Denke nicht an meinen Gegner im Ring, sondern an Erdoğan. Ich will Stellung beziehen zu dem, was er tut. Denke an Muhammad Ali, an seinen Mut und seine Entschlossenheit im Kampf für die Menschenrechte. Denke wieder an mein T-Shirt mit der Deutschlandflagge, mit dem ich gegen die Familienpolitik protestiert habe. So könnte es funktionieren.

Es ist zwar mein Land, aber es ist fremd. Ich brauche Kontakte, fühle mich allein, kenne niemanden. Beim Wiegen treffe ich Ilker Yilmaz wieder, den ich von der letzten Boxgala in Tekirdağ kenne. Wir sind in Kontakt geblieben, um unser Netzwerk aufzubauen und uns weiterzuentwickeln. Wäre er mit Ali Yilmaz verwandt, hätte er alle Kontakte, die er braucht, um groß rauszukommen. Aber Yilmaz heißt in der Türkei jeder Dritte. Ilker will mehr in Deutschland boxen, um mehr zu verdienen, ich in der Türkei, um dort Anerkennung als türkischer Sportler zu bekommen. Man hat Gemeinsamkeiten, versteht sich gut, kann sich gegenseitig helfen. Er stellt mich seinem Bruder und seinem Vater vor. Ich brauche jemanden für meine Ecke, weil ich diesmal ohne Trainer unterwegs bin. Sie sind sofort bereit auszuhelfen.

Nach dem Wiegen verabreden wir uns zum Abendessen in einem Restaurant in Tekirdağ. Die Yilmaz-Brüder und ihr Vater kommen mit einer ganzen Horde an, machen auf mich einen starken, mächtigen Eindruck.

Beim Essen reden wir über Politik. Ich erkläre ihnen meine Perspektive und was aus meiner Sicht falsch läuft. Plötzlich hören mir alle zu. »Ich will gegen Erdoğan protestieren und habe da eine Idee. Was haltet ihr davon? Morgen beim Einmarsch trage ich ein T-Shirt mit der Aufschrift: *Bu ülke Atatürk'ün, Tayyip'in değil.* – ›Dieses Land gehört Atatürk, nicht Tayyip.‹«

Alle sind begeistert, richtig geflasht. Der Erste tippt schon in sein Handy. Sie loben meinen Mut, wollen das T-Shirt sehen.

»Muss ich noch machen«, erkläre ich, »habe extra einen schwarzen Edding dabei.«

Sie sagen: »Nein, nicht mit Edding. Das wirkt zu unprofessionell. Wir lassen dir das drucken.«

»So eine Aktion ist gefährlich«, meint einer der Brüder, »danach wirst du Schutz brauchen.«

Ich weiß gar nicht, was er damit meint. »Wofür brauche ich denn Schutz? Wenn ich in Deutschland sage: ›Hey, Merkel, du blöde Kuh!‹, dann juckt das keinen Schwanz.«

Sie lachen mich aus. »Nein, in der Türkei wird das anders laufen … Am besten fliegen wir danach gleich nach Adana, das ist ja auch deine Heimatstadt. Herr Sözlü wird da in einer Woche zum Bürgermeister gewählt. Wir da sind auch für die Demokratie und für Atatürk. Da kann dir also nichts passieren.«

Wer auch immer dieser Sözlü ist, denke ich und sage einfach zu allem Ja. Mich interessiert nur, dass wir einen gemeinsamen Feind haben, und was Erdoğan angeht, sind wir uns einig.

Abends rufe ich meinen Vater an und erzähle ihm von meinem Plan mit dem T-Shirt. Er versucht, mir die Sache auszureden. »Mach das nicht, Junge! Du kennst dich mit der Politik in der Türkei nicht aus. Da läuft einiges anders als in Deutschland. Die Menschen sind radikaler als hier. Sie werden dich angreifen und verhaften.«

»Mach dir keine Sorgen«, sage ich, »da ist diese Familie, die beschützt mich. Das sind Kemalisten. Alles super.«

Er ist nicht überzeugt. »Kemalist ist nicht gleich Kemalist. Du weißt nicht, auf wen du dich da einlässt.«

»Okay, Papa«, sage ich, »ich mache es nicht, versprochen.«

Am nächsten Tag, vor dem Kampf, ruft er mich noch mal an und schärft mir ein: »Junge, diese Sache, über die wir gestern gesprochen haben – bitte tu es nicht!«

Er ist wirklich besorgt. Im tiefsten Innern weiß er, dass ich es doch tun werde. Er kennt mich ja.

Die Yilmaz-Brüder bringen mir das T-Shirt in die Kabine. Vorn und hinten steht mein Spruch in Hellblau – daneben jeweils auch der Name Hüseyin Sözlü. Ich kenne den Mann nicht, aber sie wollen, dass die Leute sehen, zu wem ich gehöre. Tragen selber Klamotten, auf denen überall sein Name steht. Es ist mir egal, ich sehe es als Sponsorenwerbung.

Nun erfährt auch der Veranstalter, Ali Yilmaz, von meinem Plan und will mich davon abbringen. »Diese Protestaktion mit deinem T-Shirt, die kannst du vergessen. Du wirst nicht boxen, wenn du das im Ring zeigst.«

»Okay«, sage ich, »dann mache ich es nicht.«

Der Kampf dauert nur eine Minute. Mein Leberhaken trifft, und der Gegner steht nicht wieder auf. Zur Siegerehrung kommen die Yilmaz' mit fünf, sechs Leuten in den Ring, feiern mich und wollen mir zur Siegerehrung das T-Shirt anziehen. Es dauert ewig, weil ich zuerst aus den Boxhandschuhen rausmuss. Die ganze Halle wartet. Zu Hause betet mein Vater vorm Fernseher, dass ich es nicht tue, aber sein Gebet wird nicht erhört. Ich werde zum Sieger erklärt, und jeder kann meinen Anti-Erdoğan-Spruch lesen. In der Halle bleibt die Aktion relativ unbemerkt, aber ich bin damit live im Fernsehen. Der große Hype wird kommen – mit Verzögerung, doch er wird kommen.

Ich fahre nach Istanbul zu Verwandten und poste ein Foto von mir mit dem T-Shirt bei Facebook. Bisher war ich froh, zehn Likes für einen Post zu bekommen. Was dann passiert, trifft mich völlig unerwartet, schockt mich. Der Post geht durch die Decke, ich bekomme Nachrichten, Likes, dreistellig, vierstellig, zum ersten Mal überhaupt. Meine Followerzahl springt mit einem Mal von 500 auf 5000. In den Kommentaren und Direktnachrichten werde ich gefeiert wie ein Held. Ein paar beschimpfen mich auch, aber mein Plan ist aufgegangen, sogar besser, als ich dachte.

Beim Durchscrollen springt mir der Name Pelin Doğan ins Auge. Eine bekannte türkische Journalistin, die mir schreibt, dass sie mich bei Can Dündar in die Sendung bringen kann. Can Dündar! Einer der berühmtesten Fernsehjournalisten der Türkei. Er ist gegenüber Erdoğan sehr kritisch. Ich sage zu, und tatsächlich stellt Pelin den Kontakt her.

Schon am nächsten Tag holt Can mich per Telefon in seine Fernsehsendung und befragt mich zu der Aktion mit dem Anti-Erdoğan-T-Shirt. Danach geht die Sache richtig viral. Es gibt kein Zurück mehr. Ich habe einen Nerv getroffen, und zwar voll in die Fresse. Das Timing war perfekt, mein Facebook-Account explodiert. Innerhalb kürzester Zeit bin ich bei 30 000, 40 000, 50 000 Followern! Vorgestern war ich noch ein Niemand, auf einmal kennt mich jeder. Nicht nur im Internet. Auf der Straße wollen Leute Selfies mit mir schießen, wollen Autogramme, sie bedanken sich bei mir, umarmen mich. Es ist wie ein Trip. Was ich in Deutschland mit drei Gürteln nicht erreicht habe, schaffe ich in der Türkei mit nur einem T-Shirt. Dieser Moment verändert mein ganzes Leben.

Zwei, die sich nicht über den Hype freuen, sind: Ilker Yilmaz und sein Bruder Soner. Die beiden entpuppen sich nämlich als ziemlich nationalistische Bastarde und sind so gar keine Fans von Can Dündar. Ich sitze bei ihnen, und wir diskutieren über die T-Shirt-Aktion, die sich ganz anders entwickelt, als sie es sich vorgestellt haben. Der Ton zwischen uns wird rauer, aggressiver. Sie merken: Der Ünsal ist uns zu links! Der hat nichts gegen Kurden, der hat nichts gegen Aleviten. Der ist wirklich demokratisch eingestellt. Und irgendwie müssen wir das Spiel weiterspielen, bis wir ihn kicken können.

Ausgerechnet in dem Moment ruft Pelin mich an, will mich dringend treffen. Sie erklärt mir die Situation: »Das ist eine Riesensache, du weißt gar nicht, was du hier ausgelöst hast! Du brauchst Schutz.«

Das höre ich nicht zum ersten Mal, und diesmal glaube ich es sofort. Verhalte mich vorsichtig, seile mich ab, ohne den Brüdern zu sagen, wo ich hingehe und mit wem ich mich treffe.

Wenig später sitze ich in Pelins Auto, und sie erklärt mir ein paar Zusammenhänge. Was ich erst jetzt wirklich verstehe: In einer Woche sind Kommunalwahlen, und auf meinem

T-Shirt stand der Name Hüseyin Sözlü, Kandidat von der Nationalistenpartei MHP. Graue Wölfe. Jemand, mit dem ich nicht das Geringste zu tun haben will. Die Familie Yilmaz gehört zu ihm, und ausgerechnet an denen hänge ich jetzt dran.

»Wird Erdoğan die Wahlen gewinnen?«, frage ich Pelin.

Anstelle einer Antwort hält sie bei einem Wahlbüro. Direkt vor der Tür steht ein gigantisches Erdoğan-Plakat, davor knien Menschen und beten es an. Bin ich im falschen Film? Wir gehen hinein, und ich sehe mit eigenen Augen, was hier abläuft: Ein Mann wird abgewiesen, angeblich ist er nicht wahlberechtigt. Das bin ich auch nicht, weil ich leider keinen Wohnsitz in der Türkei habe – aber der?

Ein junger Typ kommt mit einer alten Frau. Anscheinend kann sie nicht schreiben, registriert sich per Fingerabdruck. Sie gehen zusammen in die Kabine, und man hört sie sprechen.

»Was soll ich ankreuzen?«

»Da, Oma, AKP.«

Das alles erlebe ich innerhalb von nicht einmal zehn Minuten. Offensichtlich wird in der Türkei wirklich die Demokratie abgeschafft. Das spornt mich richtig an, gegen Erdoğan zu kämpfen. Mit allem, was ich habe.

Zur Sicherheit bringt Pelin mich in einer Ferienwohnung unter. Von dort rufe ich als Erstes meinen Vater an, damit er weiß, dass ich in Sicherheit bin. Ein, zwei Tage brauche ich, um den Hype in den sozialen Medien zu verarbeiten, dann melde ich mich bei Xenia und erzähle ihr, was passiert ist. Versuche ihr meine Situation zu erklären, dass ich plötzlich berühmt geworden bin und jetzt einiges auf mich zukommt – obwohl ich selbst nicht genau weiß, was. Ich weiß nicht einmal, wie lange ich in der Türkei bleiben muss, ob ich gefahrlos ausreisen kann, ob ich mich hier überhaupt frei bewegen kann. Es klingt verrückt, und es würde mich nicht wundern, wenn Xenia mir diese wahre Geschichte nicht abkauft.

Aber sie glaubt mir und sagt: »Ich warte auf dich.«

Goldene Worte, die sich in mein Herz brennen.

***

Bei den Boxern heißt es: Wer denkt, verliert. Du musst aus dem Bauch heraus agieren, musst deinem Instinkt folgen. Du hast es tausend Mal so trainiert, so bist du konditioniert. Wenn du anfängst zu denken, nutzt dein Gegner genau diesen Moment, weil er genauso tickt wie du. Es ist seine Natur.

***

»Ünsal, hast du uns vergessen? Du weißt, wem du das alles zu verdanken hast, oder nicht?«

Einer der Yilmaz' ist dran. Ich hatte ihn wirklich vergessen.

»Doch, doch, Bruder, ich weiß. Danke noch mal, für alles.«

»Ja, ja, pass auf. Der Herr Sözlü, unser Bürgermeisterkandidat, hat uns nach Adana eingeladen. Morgen fliegen wir hin. Die Presse wird vor Ort sein, er wird uns alle vorstellen und uns gratulieren. Du kommst mit, dann kannst du dich direkt bei ihm bedanken.«

Scheiße, denke ich. Ich will ums Verrecken nicht dahin. Will mit der MHP nichts zu tun haben.

»Wofür bedanken?«, frage ich. »Was hat er denn für mich getan?«

»Ünsal, zeig bitte etwas mehr Respekt. So eine Einladung lehnt man nicht ab.«

Nach einigem Hin und Her sage ich erst mal zu. Es kann nur darum gehen, mich für den MHP-Wahlkampf einzuspannen. Was immer sie planen, sie wollen mich unbedingt dabeihaben. Lassen mir im Grunde keine Wahl. Ich bespreche die Sache mit Pelin und Papa. Sie halten es beide für das Beste, diese Leute nicht zu verärgern. Ich möchte kotzen, aber ich werde für einen Tag deren Spiel spielen – mehr nicht.

Auf Kosten der Ultrarechten fliege ich mit den Yilmaz' nach Adana. Der Vater macht während des Fluges einen auf freundlicher Demokrat, um mich bei Laune zu halten, aber die Brüder sind stinksauer und reden kein Wort mit mir.

Der Pressetermin findet in der MHP-Parteizentrale in Adana statt. Wir werden Hüseyin Sözlü vorgestellt. Ein mächtiger Mann, umgeben von Bodyguards.

Es läuft mir eiskalt den Rücken herunter, als er mir die Hand gibt. Als er mein T-Shirt präsentiert. Ich habe bei diesen Rechten nichts verloren, aber ich komme aus der Nummer nicht raus. Permanent werden Fotos geschossen, sie fordern mich auf, den Wolfsgruß zu machen. Ich hasse dieses Zeichen, sträube mich dagegen, drücke mich irgendwie drum herum.

Auf Biegen und Brechen versuchen die Yilmaz-Brüder den Presseleuten weiszumachen, meine T-Shirt-Aktion sei ihre Idee gewesen. »Warum habt ihr es selber nicht getragen?«, werden sie gefragt, aber darauf haben sie keine Antwort. Ich schon: Sie hatten nicht die Eier dazu. Sie wussten, es ist gefährlich, haben mich sogar gewarnt, mir gesagt, danach bräuchte ich Schutz. Anstatt selbst das Risiko einzugehen, haben sie erst mal geschaut, wie es ankommt, wenn ich es trage.

In der Pressekonferenz mache ich gute Miene zum bösen Spiel, bedanke mich explizit für die Unterstützung meiner – jawohl, meiner – Idee mit dem T-Shirt. Als die Sache vorbei ist, möchte ich sofort zurück nach Istanbul. Doch die Yilmaz' wollen plötzlich länger in Adana bleiben, eine ganze Woche – mehr Auftritte, mehr Interviews, mit Hüseyin Sözlü den Sieg feiern und Pläne für die Zukunft machen. Alles mit mir zusammen.

Doch ich will nicht bleiben. Will mich nicht von Rassisten und Faschisten in ihre Ecke ziehen lassen. Ich rufe Pelin an und erzähle ihr alles. Sofort sagt sie: »Um Gottes willen, das geht viel zu weit. Geh nicht noch einmal zu diesen Leuten. Die sind gefährlich! Fahr direkt zum Flughafen und komm nach Istanbul.«

Da ich kein Geld habe, kauft sie mir ein Ticket, ich hole meinen Koffer, steige einfach in ein Taxi und haue ab, ohne Bescheid zu sagen.

Ich wechsle nie wieder ein Wort mit den Grauen Wölfen. Wir tragen es später online aus.

Die nächsten zwei Wochen soll ich die Füße stillhalten. Pelin und ich wissen nicht, ob die Familie Yilmaz mich sucht, oder auch die AKP. Also hänge ich allein in der Ferienwohnung herum und tue nichts.

Schon nach dem ersten Tag fällt mir die Decke auf den Kopf. Obwohl Pelin es mir verboten hat, gehe ich raus, spazieren. Die Wohnung liegt in einem schicken, wohlhabenden Viertel, wenig Erdoğan-Fans. Es macht mir Spaß, mein Gesicht überall in den Zeitungen zu sehen, auf der Straße erkannt zu werden, Selfies mit den Leuten zu schießen, mich von den Istanbulern feiern zu lassen, wie damals, als ich Jugendspieler bei Fenerbahçe war. Noch nie habe ich mich so sehr wie ein türkischer Sportler gefühlt.

Innerhalb kürzester Zeit beginnt mir mein Fame über den Kopf zu wachsen. Ich genieße den Höhenflug. Werde leichtsinnig. Am nächsten Tag laufe ich einfach los, den ganzen Weg bis runter zum Meer, setze mich an die Uferpromenade, trinke Kaffee, esse viel zu süße türkische Süßigkeiten und lasse den Blick übers Wasser schweifen. Sonne mich. Flirte mit den hübschen Frauen. Schaue den Jachten hinterher, die vorbeifahren. Sehe einen schwarzen Mercedes Vito halten, blank poliert. Sechs Männer mit Krawatten steigen aus. Schauen in meine Richtung.

Gehen in meine Richtung.

Kommen auf mich zu, näher und näher. Ich checke erst, dass sie zu mir wollen, als sie direkt vor mir stehen bleiben.

Einer mit Aktenkoffer in der Hand spricht mich an. »Ünsal Arık?«

»Ja?« Mein Mund voll.

Er hält mir den Koffer hin und klappt ihn auf. Ich sehe Scheine, viele Scheine. 100-Dollar-Noten.

Ich habe nie länger in der Türkei gelebt, darum verstehe ich nur ungefähr, was mir der Mann jetzt sehr leise, aber höflich erklärt: Anscheinend soll ich 150 000 Dollar bekommen, wenn ich mich live im Fernsehen bei Erdoğan für mein T-Shirt entschuldige und behaupte, ich hätte mich geirrt, man hätte mich getäuscht, weil ich als gurbetçi es nicht besser wusste.

»150 000 …« Ich rechne, denke nach. Das würde über Jahre all meine Geldprobleme lösen. Aber ich wäre halt käuflich. Jeder, der mich heute feiert, würde morgen auf mich scheißen. Und wer garantiert mir, dass ich das Geld wirklich bekomme? Dass sie mich damit nicht nur locken wollen? Für diese Leute spielt Geld doch keine Rolle, also warum nicht ein bisschen pokern?

Ich versuche zu scherzen mit meinem schlechten Alman-Türkisch: »Für das bisschen Geld kriege ich in Deutschland nicht mal eine Wohnung. Macht eine Million daraus, dann können wir reden.«

»Also nein?«

Ich stecke mir mehr Zucker in den Mund, kaue. »Nö.«

Er schaut mich an. »Letztes Wort?«

»Ja.«

Er klappt den Koffer zu, und sie gehen.

Ich schaue mich um. Keiner achtet auf mich. Was war das gerade? Wie oft passiert so etwas? Ist das hier normal? Ich haue ab, so schnell ich kann. Habe plötzlich eine Scheißangst, fahre Filme, laufe zurück zu meiner Wohnung, gucke mich die ganze Zeit um. Wie haben die mich gefunden? Wer würde es mitbekommen, wenn die mich einfach einsacken und verschwinden lassen?

Abends treffe ich Pelin und erzähle ihr die ganze Geschichte. Sie ist erst mal sprachlos, dann sagt sie: »Junge, du steckst noch tiefer in der Scheiße, als ich dachte.«

Wir wollen die Sache publik machen. Anfangs zögern die Medien, über den Vorfall zu berichten, weil ich natürlich keine Beweise habe. Doch nachdem *Cumhuriyet* die Story druckt, kommt sie überall.

Ab hier gibt es keinen Schritt mehr zurück. Ich begreife, dass ich meine Bekanntheit nutzen und etwas Gutes, möglichst das Beste daraus machen muss. Mein Fuß steckt im Schlamm, jetzt muss ich diesen Weg auch gehen und mich für die Leute einsetzen, die an mich glauben, egal wie tief es durch die Scheiße geht.

Zwei Wochen bin ich schon in der Türkei, und allmählich sinkt meine Stimmung auf null. Ich führe ein Leben wie im Knast, aber Pelin möchte, dass ich noch bleibe, dass ich diesen Oppositionellen treffe und jene Menschenrechtlerin kennenlerne. Ich spüre, dass es für mich Zeit wird, wieder nach Hause zu fliegen, wo Xenia auf mich wartet. Heimweh nach Deutschland, noch ein ganz neues Gefühl.

Zurück in Regensburg, rufe ich sie sofort an und frage, ob sie Zeit hat. Wir treffen uns, und ohne lange zu überlegen, küsse ich sie einfach.

»Jetzt sind wir endlich zusammen«, sage ich. »Probieren wir es.«

Xenia sagt einfach Ja, und ich küsse sie noch mal.

In der nächsten Zeit poste ich fleißig weiter in den sozialen Medien. Teile Zitate von Atatürk und aktuelle Artikel, lobe den einen, zeige mich solidarisch mit dem anderen – aber die Likes und Kommentare werden immer weniger. Es scheint ebenso schnell vorbei zu sein, wie es angefangen hat. War ich nur ein kurzer Hype? Eine Eintagsfliege?

So geht es eine Weile bergab, bis ich irgendwann bei Facebook schreibe: »Erdoğan ist ein Hitler 2.0.« Boom, plötzlich bin ich wieder da! Nicht weil das ein besonders guter Post ist, sondern weil ein bekannter AKP-Politiker ihn verbreitet. Es ist die beste Werbung, die ich mir wünschen kann. Sofort kommen die Hater aus ihren Löchern und beschimpfen mich in den Kommentaren, nennen mich einen Ungläubigen, einen Landesverräter, einen Terroristen.

Aber ich reagiere nicht darauf. Denn ich merke sofort: Hunderte, Tausende Follower stehen hinter mir. Ich muss mich nicht mehr ständig selbst verteidigen. Das tun jetzt andere für mich.

Provokation ist die beste PR. Willst du Aufmerksamkeit, dann sprich nicht deine Freunde an, sondern provoziere den Gegner. Er wird dich angreifen, und deine Freunde werden dich verteidigen. So geht es um deine Sache, gleichzeitig bleibst du im Gespräch. Eine einfache Win-win-Situation: Du verstärkst die Stimmen von denen, die keine Stimme haben, die wehrlos sind, und sie verhelfen dir zu mehr Bekanntheit.

Mache ich also nur Eigenwerbung, wie es mir die Erdoğan-Fans vorwerfen? Will ich nur daran verdienen? Nein. Ich bin so tief drin, dass ich nicht mehr rauskomme. Mein Leben lang werden die Medien mich mit Erdoğan in Verbindung bringen, sie nennen mich »Erdoğan-Boxer« und wärmen das Thema andauernd neu auf. Damit lebe ich und mache das Beste daraus, immer für die Sache, für die Menschenrechte, aber niemals für Geld. Das können mir nur dumme Menschen vorwerfen. Ginge es mir um Geld, würde ich morgen zu Erdoğan gehen und wäre übermorgen Sportminister, so, wie es viele türkische Sportler gemacht haben.

Sich für Menschenrechte einzusetzen, bringt kein Geld. Das zu tun, ist keine Werbung, das ist eine Selbstverständlichkeit. Für diese Sache haben schon viele Menschen teurer bezahlt als ich, Menschen wie Martin Luther King oder Nelson Mandela, aber auch Sportler wie Muhammad Ali, der seine Boxlizenz verlor, weil er den Wehrdienst verweigerte. Aus mir wird niemals ein Muhammad Ali, aber ich kann seinem Beispiel folgen. Das allein gibt meinem Leben einen Sinn. Dafür halte ich den Kopf hin, jeden Tag, innerhalb und außerhalb des Rings.

RUNDE X

ANGEZÄHLT

Du hast schon viel eingesteckt, ohne zu fallen. Nicht nur Schläge, auch Schmerzen, Erniedrigung, Zweifel. Hast Nehmerqualitäten bewiesen, dir und allen anderen. Und dann kommt er doch, der Augenblick, wo du den Boden unter den Füßen verlierst und fällst. Dein Körper ist dankbar. Er will sich entspannen, ausruhen, Schluss machen mit der sinnlosen Prügelei, einfach hier liegen und in Frieden gelassen werden. Du erlaubst es ihm, denn im Ring ticken die Uhren anders. Was da draußen Sekunden dauert, zieht sich hier drinnen zu Minuten und Stunden. Du hast Zeit. Viel Zeit. Der Ringrichter zählt: »Eins. Zwei. Drei.«

***

»Wenn du keine Lust mehr auf Fußball hast, machst du Ausbildung«, meint mein Vater. Er sieht es nicht gern, wie ich den Fußball schleifen lasse. Es hat zwar beim ersten Anlauf bei Fenerbahçe nicht geklappt, aber ich bin noch jung genug für ein Leistungszentrum bei einem Topverein.

Papa telefoniert herum, versucht Probetrainings zu organisieren, kontaktiert deutsche Erst- und Zweitligisten. Mit wenig Erfolg. Der Druck von zu Hause wird mir zu viel. Diese hohen Erwartungen will ich nicht mehr. Interessiere mich mehr für Mädchen und Partys als für Fußball. Spiele gerade noch gut genug, um beim Jahn aufgestellt zu werden. Wir streiten oft deswegen.

Jetzt hat Papa mir einen Ausbildungsplatz im Autohaus organisiert, bei VW. Ich weiß, Papa macht sich Sorgen und will nur mein Bestes, also gebe ich nach und probiere es. Kfz-Mechaniker. Azubi. Der unterste Arsch in der Hackordnung. Von Beginn an werde ich nur gemobbt. Als Erstes lerne ich, wie man Leberkässemmeln für alle holt, außer für mich selbst. Alles daran widert mich an, der Metzger, der Geruch, das Schweinefleisch in meinem Beutel, aber ich lasse es über mich ergehen.

Dann lerne ich, wo der Schäferhund vom Chef am liebsten in den Hof kackt. Jeden Morgen muss ich mir eine Schaufel holen und die Hundehaufen aufsammeln. An den Stellen, wo er gern hinpisst, muss ich Heu verteilen und es am nächsten Tag wegräumen. Ich bin der Einzige, der diesen Scheißjob machen muss. Zwei-, dreimal mache ich es nicht, dann fällt es auf, und ich muss zum Chef ins Büro.

»Das macht hier immer der Azubi«, sagt er. »Entweder du räumst es auf, oder du brauchst nimmer kommen.«

Die Kollegen kriegen es mit, machen sich darüber lustig. Besonders einer der Meister, ein Riesenkerl aus Sachsen. Ich habe von Anfang an das Gefühl, dass der mich nicht leiden kann. Er hat einen starken Dialekt, alle lachen darüber. Wenn ich mitlache, nennt der Ossi mich »Scheißtürke«. Ich kenne das ja. Seit dem Mauerfall ist die Stimmung in Parsberg noch ausländerfeindlicher geworden. Jetzt laufen hier auch noch Neonazis mit Ossidialekt herum, fordern uns heraus, offen rechtsradikal. Alle Ostdeutschen, die mir begegnen, sind rechts, das bleibt bei mir hängen. Insgesamt sind es nur wenige, aber dieser Meister bestätigt das Vorurteil. Ich hasse ihn vom ersten Tag an, und er mich genauso. Es schaukelt sich hoch.

»Hey, Scheißtürke«, ruft der Ossi irgendwann quer durch den vollen Frühstücksraum, »na los, tu mal deine Arbeit, hol Leberkässemmeln.«

So redet er mit mir. Keiner widerspricht. Und mir reicht es. »Bin ich dein Scheißsklave?«, sage ich vor versammelter Mannschaft. »Du Scheißdeutscher, hol dir dein Schweinefleisch selber, weil – du bist ja auch ein Schwein!«

Totenstille.

Der Ossi steht auf, läuft rot an.

Einer sagt: »Oh, oh.«

Ich kann meinen Text. Schreie rum. »Hast du ein Problem? Können wir draußen klären! Komm her, schlag mich! Morgen komme ich mit 20 Türken zu deinem Haus! Na los, fass mich an! Überleg dir, was du tust, du Bastard!«

Der würde mich zerquetschen, aber ich kann nicht anders, als ihm zu drohen. Habe richtig Schiss vor einer Abreibung. Natürlich lässt er sich darauf nicht ein. Ich bin 16. Nicht ernst zu nehmen.

Er sagt: »Du kannst alleine rausgehen, putz mal ein bisschen.«

Ein paar lachen, er setzt sich wieder hin, keiner stellt sich hinter mich. Nach der Aktion schmeißt der Chef mich raus. Nach dem Grund für meinen Wutausbruch fragt mich mal wieder niemand.

Eine Weile danach kommt Erkan mit der Ansage um die Ecke: »Digger, ich gehe wieder zur Schule.« Ich denke, ich höre nicht richtig, aber er meint es ernst. Seine Eltern haben ihn auf einer privaten Wirtschaftsschule in Regensburg angemeldet. Es kostet 256 Mark im Monat, man braucht keinen Quali und kann die Mittlere Reife bekommen. Erkan macht so etwas? Und ich stehe ohne alles da? Vergiss es. Mein Vater staunt nur noch, als ich ihm sage, dass ich das auch will, und ermöglicht es mir.

Die Wirtschaftsschule verspricht die Chance auf einen Neuanfang. Du bekommst neue Lehrer, lernst andere Jugendliche kennen, Deutsche, Türken, Jungs, Mädchen, ganz egal, du gehst mit ihnen ins Café und genießt das Leben, ohne Druck, ohne Hass. Dass du der kleine Schlägerkanake warst, der schon im Knast saß – vergessen. Du fühlst dich wohl, alles ist cool, fast normal.

Bis dein altes Ich dich doch wieder einholt. Gerüchte machen die Runde: Der Ünsal hat andere Schüler geschlagen, beklaut, bedroht. Ich erfahre nie, woher das kommt. Aber irgendwer gibt es an die Leitung weiter. Wieder hat mich jemand auf dem Kieker.

Zum Hauptproblem wird der Lernstoff. Ich strenge mich an, will es schaffen, aber ich habe nie gelernt zu lernen. Mir fehlt zu viel. In Englisch falle ich durch. Mein Vater sieht, dass ich mich bemühe, und ermutigt mich weiterzumachen. Ich gehe in die Nachprüfung. Verkacke wieder. Es gibt ein Elterngespräch, in dem auch die Gerüchte zur Sprache kommen. Sehr freundlich wird mir nahegelegt, die Schule zu verlassen. Für mich ist es ein Rauswurf.

Da bietet sich eine zweite Chance für meinen großen Traum: Fenerbahçe kommt noch einmal, um nach Spielern für eine neue Auswahl zu suchen. Diesmal habe ich einen direkten Draht. Sie kennen mich, laden mich ein. Wollen sehen, wie ich mich entwickelt habe. Plötzlich ist mein Ehrgeiz zurück. Jetzt kann ich es doch noch allen beweisen! In den letzten zwei Jahren habe ich einen Riesensprung gemacht. Bin ein Mann geworden. Habe Kraft. Habe Sex. Und es geht mir am Arsch vorbei, ob irgendwelche Kanaken aus Istanbul mich einen »Deutschen« nennen. Damals hat mich das verletzt – jetzt würde ich sagen: ›Ich ficke deine Mutter, du Bastard.‹

Wochenlang trainiere ich wie besessen. Tag und Nacht. Liegestütze, Kniebeugen, Sit-ups. Habe meine feste Joggingstrecke, werde immer besser. Kaufe mir fünf Bälle und laufe damit jeden Tag drei Kilometer zum Sportplatz in Darshofen, einem Nachbarort von Parsberg. Zum Aufwärmen. Ich bleibe sechs Stunden dort. Übe Spielsituationen, mache Laufeinheiten, trainiere Flanken und Freistöße. Schieße aufs Tor – 500, 600, 700 Mal. So oft, dass ich alles um mich herum vergesse, bis die Sonne untergeht. Bis es dunkel wird. Oft kommt mich mein Vater abholen. Er weiß, dass ich zu müde bin für den Heimweg.

Nach vier Wochen ist der Tag gekommen, ich bin topfit. Noch mal richtig essen, Regeneration, locker laufen. Noch mal anschwitzen. Und dann mache ich vor dem Duschen etwas, was ich schwer bereuen werde: Ich steige mit den nackten Füßen auf die Kloschüssel und hocke mich hin. Konnte es noch nie leiden, mich auf eine kalte Toilette zu setzen. Kaum hocke ich, da rutsche ich mit meinem nackten, verschwitzten Fuß ab. In die Kloschüssel. Bevor ich überhaupt begreife, was passiert, sitze ich auf dem Boden. Und da ist Blut. Viel Blut, und Schmerz im Fuß. Ich habe mir den rechten großen Zeh an einem Riss in der Kloschüssel aufgeschlitzt.

Die Wunde muss mit acht Stichen genäht werden. Ich flehe und bettle den Arzt an, mir das Stärkste zu geben, was er dahat.

»Nur für eine halbe Stunde«, sage ich, »danach kann es bluten! Danach können wir es noch mal nähen.«

Aber es geht absolut nicht. In der Nacht weine ich, bis ich nicht mehr kann. 100-prozentig hätte ich es noch einmal zu Fenerbahçe geschafft. Sie hätten mich wieder genommen, und ich hätte meine Chance genutzt. Aber irgendeine Macht will es nicht. Es tut unglaublich weh. Der Schmerz ist schlimmer als die Trennung von meiner ersten Freundin. So schnell werde ich mich diesmal nicht erholen.

***

»Ich mache keine Ausbildung mehr«, sage ich zu meinem Vater. »Ich lasse mich nicht drei Jahre lang wie einen Hund behandeln, für 400 Mark. Ich suche mir jetzt einen Job.«

Anpacken auf dem Bau, wie alle Türken ohne Schulabschluss. Ehrlich verdientes Geld durch eigener Hände Arbeit. So hat es der Berufsberater vorausgesagt. So hat es Papa selbst gemacht. Also unterstützt er mich auch dabei, besorgt mir einen Job als Gerüstbauer bei einem Bauunternehmer. Jeden Morgen stehe ich um vier auf, schufte bis um drei, verdiene 1800 Mark im Monat. Bin der Krösus unter meinen Freunden, lege immer 1000 zur Seite für meinen ersten Mercedes, wenn ich 18 bin. Gigantisch! Alles richtig gemacht, denke ich.

Den Traum, für meinen Lieblingsverein zu spielen, habe ich aufgegeben, hoffe aber immer noch auf eine große Karriere. Papa lässt nichts unversucht, führt massenweise Telefonate mit Vereinen, auch in der Türkei. Ich bin fast 17, da bekomme ich eine Einladung zum Probetraining beim 1. FC Nürnberg. Kein Spitzenverein, aber immer noch eine sehr gute Adresse.

An diesem Tag bin ich in der Form meines Lebens. Fühle mich besser als je zuvor beim Fußball. Der Ball ist mein Freund, der Rasen mein Teppich, jeder Schuss ein Treffer, jede Übung das reinste Kinderspiel. Mir gelingt einfach alles. Mit Volkan, einem türkischen Jungen aus Frankfurt, spiele ich mir die Bälle zu, als würden wir schon immer zusammen kicken. Jeder, vom Trainerstab bis zum Sportdirektor auf der Tribüne, kann sehen: Wir beiden sind die Besten auf dem Platz.

Hinterher spricht uns der Jugendtrainer an, ein Grieche. »Ihr zwei steht auf unserer Liste. Wir melden uns.«

Logisch, dass wir zwei Kanaken uns freuen wie die Verrückten.

Ein bekannter türkischer Fußballspieler und Ex-Clubberer, der zufällig heute seinen alten Verein besucht, dämpft unsere Euphorie: »Ich glaube nicht, dass der Jugendtrainer euch wirklich will«, sagt er. »Der hasst alle Türken. Der hat euch nur angesprochen, weil der Vorstand zugeschaut hat. Die melden sich nicht. Ihr müsst selber anrufen. Immer wieder. Richtig Terror machen, am besten beim Vorstand, sonst wird es nichts.«

Wir glauben ihm nicht. Talent ist Talent, oder? Alles andere sollte doch bei einem Profiverein wie den Clubberern keine Rolle spielen, oder?

Aber Ersen behält recht. Wir warten. Tagelang. Ich rufe Volkan an, Volkan ruft mich an.

»Hast du schon was gehört?«

»Nein, noch nicht.«

Wochenlang geht es so. Die Warterei macht mich verrückt, es ist die reinste Folter. Es wird sich tief bei mir einprägen: In Deutschland zählt nur Papier. Worte allein sind nichts wert. Nichts ist sicher, alles kann sich noch zerschlagen, solange du keinen unterschriebenen Vertrag in den Händen hältst.

Hintenrum erfahre ich dann, dass zwei andere Jungs verpflichtet wurden. Wahrscheinlich fängt unter diesem griechischen Trainer während seiner gesamten Zeit beim FCN kein einziger Türke neu an. Solche Dinge sprechen sich herum. Es passt zu den Erfahrungen, die sich immer mehr einschleichen: Der Hass kommt längst nicht mehr nur von Deutschen. Jetzt hat auch der Hass unter Ausländern den Fußballplatz erreicht. Türken, Kurden, Griechen, Armenier, Albaner, der hasst den, der hasst den. Hört das nie auf?

Schließlich wechsle ich für ein paar Tausend Mark Ablöse vom Jahn Regensburg in die bayerische Landesliga zum FC Tegernheim, wo mein Bruder Üstün in der zweiten Mannschaft spielt. Sie bezahlen meinen Führerschein und den Sprit für meinen Benz. In der ersten Mannschaft verdiene ich sogar ein paar Hunderter – alles schön und gut, aber auf die Dauer reicht mir das nicht. Ich will in die Türkei. Profi werden.

Die Chance kommt. Kocaelispor, 1999 noch ein erfolgreicher Verein der Süper Lig, lädt mich zum Probetraining ein. Zur Sicherheit unterschreibe ich noch einen Vorvertrag beim Zweitligisten Boluspor, der Heimatmannschaft meines Vaters. Bei einem von beiden wird es schon klappen! Ich schwebe auf Wolke sieben, könnte Bäume ausreißen.

Eine Woche vor dem Abflug in die Türkei fragt unser Tegernheimer Trainer: »Wer hat Lust, die zweite Mannschaft im nächsten Spiel zu unterstützen?«

Es ist die erste und vielleicht einzige Gelegenheit überhaupt, zusammen mit Üstün ein reguläres Punktspiel zu machen. Zum Spaß in der zweitniedrigsten Liga ein paar Tore schießen und hinterher mit dem Bruder essen gehen – so stelle ich mir das vor. Ich hebe die Hand.

Im Spiel für Tegernheim II kann ich machen, was ich will. Muss mich nicht mal anstrengen, um meinen Gegenspieler abzuschütteln. Der ist fertig. Vor mir nur noch ein Verteidiger und der Torwart. Sie scheißen sich ein, zu Recht. Zwei Dinger habe ich ihnen schon verpasst, jetzt kommt Nummer drei.

»Dich haue ich um, Kanake!«

Irgendein Bastard von Innenverteidiger. Denkt, er kann mich provozieren. Als ob ich so ein fettes deutsches Schwein überhaupt an mich ranlasse. Sollte mehr trainieren und weniger Bier saufen, der bayerische Bauer. Vor ihm bremse ich ab, verarsche ihn ein bisschen. Wie ich es schon die ganze Zeit mache.

»Pass bloß auf, wenn ich dich kriege, du Wichser.«

»Versuch's doch.«

Gelb hat er schon, er kann mich eh nicht ohne Foul stoppen. Ich bin ihm um Welten überlegen. Zweimal hat der Schiri weiterspielen lassen, beim dritten Mal gab's Freistoß für mich. Sauber verwandelt, in den rechten Winkel. Und jetzt? Kurzes Dribbling, links angetäuscht, dann tunnele ich den Depp und gehe rechts vorbei. Immer derselbe Trick, es ist wirklich zu einfach. Weiter, mit Tempo aufs Tor und trocken in die Maschen. Applaus von der Tribüne, der Schiri gibt den Treffer.

Der Torwart scheißt den Verteidiger zusammen: »Warum haust du den kleinen Kanaken nicht um?«

Ganz einfach, weil ich nicht mehr der »kleine Kanake« bin. ›Ich bin Ünsal Arık, Tegernheimer Topspieler! Ich war bei Fenerbahçe Istanbul, falls euch Schwanzlutschern das was sagt!‹ Ich lasse mich feiern, wenn auch nur von der zweiten Mannschaft. Nächste Woche ist endgültig Schluss mit der bayerischen Provinz. Dann werde ich Profi in der Süper Lig, bei Kocaelispor – mit gerade mal 18!

Direkt nach Wiederanstoß klaue ich mir den Ball im Mittelfeld, lasse zwei Gegner aussteigen, gebe ab zum Mitspieler und sprinte los. Er hat's kapiert und spielt mir den Steilpass direkt in den Lauf. Ich renne allen weg und ziehe ab. Vollspann. Treffe den Ball perfekt. Der Torwart reißt die Hände hoch. Viel zu spät. Hinter ihm fällt der Ball ins Netz.

Jemand schnauft mir in den Nacken. Eine offene Sohle trifft meine Wade, dann bricht mein Bein durch wie ein Stock. Später wird Üstün mir erzählen, dass er das Krachen noch ganz hinten auf der Liberoposition gehört hat. Weiße Knochen ragen aus meinem Schienbein, ich will schreien, dann versagen mir die Kräfte. Endlich beugen sich Sanitäter über mich. Ob ich von selbst ohnmächtig werde oder ob es an der Narkose liegt, weiß ich nicht.

Im Krankenhaus Barmherzige Brüder in Regensburg wache ich wieder auf. Sehe die Decke, den Gips. Zuerst ist es für mich nicht mehr als ein einfacher Fußbruch. In vier Wochen kannst du locker laufen gehen, in acht bist du fit und kannst wieder spielen. Das denke ich wirklich. Dann machen sie meinen Verband auf, und ich sehe, was los ist. Sehe die riesige offene Wunde und breche in Tränen aus, schreie den Arzt an, er soll abhauen.

Wochenlang kann ich nicht aufstehen. Alle besuchen mich, meine Familie, meine Freunde und Mannschaftskollegen. In dieser Zeit erlebe ich wirklich gute Kameradschaft, auch wenn mich die Handshakes und der Trost überhaupt nicht interessieren.

Drei oder vier Schrauben und ein Nagel halten irgendwie mein Bein zusammen. Ein nasser Schwamm liegt auf der Wunde, damit sie nicht austrocknet. Wegen der Schwellung lässt sie sich nicht zunähen. Keine Chance, dass die Haut von selbst wieder zusammenwächst.

Sie operieren mich noch mal, holen Nagel und Schrauben raus. Verpflanzen ein Stück Haut von weiter oben. Hinterher sagt der Arzt: »Mit einem Jahr Pause müssen wir rechnen.« Da weiß ich: Der Traum ist ausgeträumt. Es ist endgültig vorbei mit der Profikarriere. Tage- und nächtelang weine ich, Papa sitzt neben mir und weint mit mir, um mich. Für uns beide ist es bis hierhin der tiefste Punkt. Gegen diese Schmerzen gibt es kein Medikament.

Viele sagen vielleicht: ›Das ist eben Sport, das kann passieren.‹ Nein, das sollte nie passieren. Das war eindeutig Körperverletzung. Eigentlich hätte ich diesen Bastard anzeigen müssen, der mich kaputt getreten hat. Aber es interessiert mich nicht mehr. Meine Träume sind zerstört. Mein Leben ist zerstört.

Ein halbes Jahr später, in der Reha bei Klaus Eder in Donaustauf, lerne ich den deutschen Nationalspieler Ulf Kirsten kennen. »Wenn du wieder fit bist, dann komm doch mal in Leverkusen vorbei«, sagt er. »Ich organisiere dir ein Probetraining bei der ersten Mannschaft.«

Ich schöpfe noch einmal Hoffnung. Leverkusener Trainer ist Christoph Daum, der gibt türkischen Talenten gern eine Chance.

Auch mein Vater glaubt immer noch daran, dass ich es schaffen kann. »Reiß dich zusammen«, sagt er, »glaub an dich, du musst kämpfen!«

Er macht mir so viel Mut, dass ich wieder anfange, zu laufen und mit der Mannschaft zu trainieren. Aber es reicht einfach nicht mehr. Ich bin weit weg von meiner alten Form, und Christoph Daum geht zu Beşiktaş Istanbul. Der kleine Ünsal, der so talentiert war, der das heilige Fenerbahçe-Trikot getragen hat – jetzt ist er ein Niemand. Sitzt 90 Minuten auf der Bank, kommt nicht zum Zug. Holt für die Stammspieler den Ball aus dem Seitenaus. Bekommt keinen Respekt mehr. Es zieht mich tief runter, zerstört mich psychisch.

Im selben Jahr, 1999, feiert der TV Parsberg, für den ich über zehn Jahre gespielt habe, sein 100-jähriges Bestehen. Zum Jubiläum erscheint eine Festschrift über die Vereinsgeschichte, über die Highlights und herausragende Spieler. Solche, die es zu großen Vereinen geschafft haben. Es gab in Parsberg über die Jahre einige gute Spieler, aber nur einen einzigen Türken, der dort erfolgreich war. Der in der Bayernauswahl gespielt hat, der bei Fenerbahçe Istanbul war. Dieser Spieler heißt Ünsal Arık. Doch dem TV Parsberg ist er keine Erwähnung wert. Und alle Vorurteile, die dieser 19-Jährige in seinem Kopf hat, werden wieder einmal bestätigt: Der Türke bekommt keine Anerkennung für seine Leistungen, weil es die Deutschen nicht interessiert. Mit dieser Sache hat der Verein bei mir für die nächsten 100 Jahre verschissen.

Total frustriert schmeiße ich den Fußball hin. Interessiere mich erst mal nur noch für Frauen und Partys. Zu Hause gibt es Ärger deswegen. Für meine Verletzung kassiere ich 10 000 Mark Unfallgeld und werde wegen Sportuntauglichkeit vom Bund ausgemustert. Mit diesem Amtsarzt würde ich mich gern eines Tages noch einmal unterhalten.

***

Du hörst deine Fans schreien: »Steh auf! Du musst kämpfen!« Du denkst, du hast keine Kraft mehr. Aber du weißt: Jeder hat Reserven. Du stellst dir vor, es wäre kein Boxkampf. Stellst dir vor, die Hölle würde losbrechen, als ginge es ums nackte Überleben. Versuchst, diese Energie anzuzapfen, die ein Mensch in Todesangst freisetzt.

Vier. Fünf. Sechs. Du denkst an alle, die du liebst, denkst an deinen größten Feind. Das Adrenalin schießt dir ins Blut, und du stehst wieder auf.

***

Wer du bist, hat viel damit zu tun, wem du im Leben begegnest. Wenn du dir als konservativer Türke eine konservative Türkin suchst, dann bleibst du, wer du bist. Du lebst einfach dein Leben weiter, deine Kultur, deinen Glauben, dein Denken, mit allen Fehlern und allem Unglück. Früher hast du zusammen mit deinen Freunden geschimpft – auf Kurden, Deutsche, Christen, Atheisten und Schwule. Jetzt schimpfst du zusammen mit deiner Frau. Du fährst dich im Unglück fest, ohne jemals über den Tellerrand zu sehen, ohne dich jemals weiterzuentwickeln.

Ich musste erst nach Afrika fahren, um zu verstehen, dass es nicht darauf ankommt, ob jemand Atheist, Christ oder Muslim ist, ob schwarz oder weiß, Mann oder Frau, schwul, lesbisch oder hetero. Genau dieses Umdenken war notwendig, um dieser einen Frau zu begegnen, die mich gerettet hat. Für den alten Ünsal wäre sie unerreichbar gewesen. Der alte Ünsal wäre im Drogensumpf versunken.

Durch Xenia verändert sich mein Leben zum Guten. Ich spüre, dass sie für mich alles akzeptieren würde, und bin selbst bereit, für sie Kompromisse zu machen. Als sie ihr Studium abschließt und für ein Praktikum nach Frankfurt gehen will, sage ich sofort: »Gehen wir zusammen.« Ich bin mir sicher, dass wir eine Fernbeziehung nicht überstehen würden. Früher hätte ich das einfach in Kauf genommen. Ich hätte gesagt: Ich gehe doch nicht dahin, wo die Alte hinwill. Mein Leben ist hier. Was soll ich in Frankfurt? Entweder du bleibst, oder du verpisst dich.

Jetzt sind wir ein Team, das heißt geben und nehmen. Xenias Arbeit hat Priorität, also machen wir das. Ich finde schon einen Weg, wie ich dort boxen kann.

Mit ihr an meiner Seite habe ich die doppelte Kraft, ihre Weltoffenheit und ihre positive Lebenseinstellung färben auf mich ab. Schwule zum Beispiel habe ich früher gehasst. Homosexualität war in meinen Augen wider die Natur. Eine Krankheit. Was habe ich in der Moschee gelernt? Gleichgeschlechtliche Liebe ist Sünde! Ein Mann fickt keinen Mann, eine Frau fickt keine Frau. Schwule sind eine Gefahr für Kinder. Und so weiter.

So ekelhaft rede ich daher, bis Xenia mir die Augen öffnet: Liebe ist immer das Gute und kein Grund, jemanden zu hassen. Alle Menschen können lieben, wen sie wollen, und wir sollten das respektieren, schließlich wollen wir auch respektiert werden. Homosexualität ist nichts Unnatürliches, sie kommt auch im Tierreich vor. Und wo ist ein Waisenkind besser aufgehoben – bei zwei Männern, die sich lieben, die das Kind lieben und großziehen, oder im Waisenhaus, wo es gar keine Eltern hat?

Xenia bringt mir erst Menschenliebe und dann Tierliebe bei. Wir schaffen uns einen Hund an, und von Anfang an bin ich in den Scheißköter verknallt, akzeptiere, dass jedes Wesen ein Recht auf Leben, Frieden und Freiheit hat. Die Tierliebe macht mich zum Vegetarier und eines Tages sogar zum Veganer. Zum ersten Mal habe ich das Gefühl, im Leben wirklich angekommen zu sein, und ich verdanke es einer Frau.

Den richtigen Partner gefunden zu haben, bedeutet nicht, dass sich alle Probleme plötzlich in Luft auflösen. Du bist nicht von heute auf morgen ein anderer. Nach und nach wird dir klar, wie du dein Leben gelebt hast, du machst dir Vorwürfe, schämst dich. Kannst nicht aus deiner Haut, verfällst in alte Muster. Fragst dich, womit du diesen Menschen an deiner Seite überhaupt verdienst.

Mein letzter Kampf liegt ein Jahr zurück, seitdem war ich nicht mehr aktiv. Habe nur unregelmäßig trainiert, war mit mir selbst beschäftigt, mit meiner Beziehung, der neuen Stadt und der Suche nach Jobs und Sponsoren.

Seit dem Medienrummel in der Türkei hat sich meine Online-Reichweite rasant entwickelt. Auch in Deutschland bin ich bekannter geworden. Aber bei den Sponsoren mache ich mir keine Freunde damit, dass ich jetzt politisch aktiv bin. Die wenigen, die ich noch habe, trennen sich von mir. Die sind wohl eher nicht auf meiner Seite. Vielleicht sind sie Erdoğan-Fans, vielleicht haben sie Angst, Kunden zu verlieren, vielleicht wollen sie grundsätzlich auch keine politischen Sportler. Jetzt hocke ich ohne Einkünfte und ohne Trainingsmöglichkeit in unserer kleinen Frankfurter Zweizimmerwohnung. Xenia verdient gut für eine Praktikantin, aber mehr als die Miete und Essen für zwei Wochen können wir uns davon nicht leisten.

Um nicht auf ihre Kosten zu leben, besorge ich mir einen schlecht bezahlten Drecksjob in einem Fitnessstudio. Der Laden ist ständig unterbesetzt, es wird immer Personal gesucht. Die Büroangestellte, wahrscheinlich die rechte Hand vom Chef, sortiert Bewerbungsmappen, dann guckt sie den einen Stapel genauer durch.

Ich zeige auf den anderen. »Und was ist mit denen?«

Sie schüttelt den Kopf. »Wir schauen erst mal, was sich bei den Deutschen so ergibt. Wenn wir da nichts finden, sehen wir uns die Ausländer an.«

Sie weiß genau, dass ich Türke bin. In diesem Moment weiß ich: Ich war nicht ihre erste Wahl. Und sie sagt mir das ins Gesicht, ohne rot zu werden. Was sagt es über diesen Laden aus, dass hier fast nur Kanaken arbeiten?

Immerhin ist der Job gut für neue Kontakte. Ich werde zu einem Treffen eingeladen, angeblich wollen ein paar Leute einen Boxklub gründen. Da wäre ich ein gutes Aushängeschild. Vor Ort treffe ich aber keine Boxer, sondern nur tätowierte Stiernacken, Türken, Kurden, Leute vom Balkan. Und ich checke: Die gründen hier garantiert keinen Boxklub, sondern was ganz anderes. Vor meinen Augen legen sie die Hand auf den Koran und schwören, wozu sie bereit sind: die Kutte tragen, erpressen, schlagen, rauben, zur Not sterben – im Namen der Osmanen Germania. Erdoğan wird diese Leute ein paar Jahre später dafür bezahlen, dass sie die Drecksarbeit für ihn erledigen und Leute wie mich wegschaffen. Aber noch wollen sie mich haben. Es sind zwar Erdoğan-Fans dabei, aber der Klubpräsident spricht ein Machtwort: »Wir sind alle Brüder. Niemand wird politisch verurteilt. Auch Ünsal Arık wird akzeptiert.«

Alle halten sich daran und lassen mich in Ruhe.

Später spricht mich einer aus der Runde an, ein Puffbesitzer: »Ünsal, du bist doch Sportler, du gehörst hier nicht hin! Wir machen das einfach unter uns. Ich sponsere dich so.« Er drückt mir eine Rolle Fünfziger in die Hand, und ich kann mein Glück kaum fassen. Zwei-, dreimal bekomme ich von ihm 1000 Euro, einfach bar auf die Kralle, ohne Bedingungen, und kann ganz normal in die Boxhalle zum Training gehen, ohne Zeit im Fitnessstudio totzuschlagen.

Endlich kann ich mich in der Boxwelt zurückmelden. Mit etwas Geld in der Hand kontaktiere ich die WBU, um den Superweltertitel zu boxen. Eine Hammer-Chance, die ich nutze. Ich gewinne durch K.o. in Runde eins und kann mich WBU-Weltmeister nennen. Zugegeben, ein eher unwichtiger Titel. Aber ich habe ein Zeichen gesetzt. Ich bin nicht tot, bin wieder im Gespräch. Ziel erreicht.

Genauso plötzlich, wie mein Sponsor aufgetaucht ist, verschwindet er wieder. Ist nicht mehr zu erreichen. Ich bekomme kein Geld mehr, habe keine Arbeit, nichts. Stattdessen Unterhaltsforderungen von Doro und Inkassobriefe. Das

Monatsende kommt, die Miete wird fällig, wir haben Rechnungen zu bezahlen, einen überzogenen Dispo und einen leeren Kühlschrank. Wir sind pleite. Am Boden. Haben nichts zurückgelegt, keine Vorräte mehr, können nicht mal einkaufen. Stellen alles auf den Kopf, durchsuchen unsere Hosentaschen, die Schränke, die Winterklamotten, ob wir nicht noch irgendwo einen Euro finden. Am Ende reicht es für eine Packung Billig-Toastbrot und Scheiblettenkäse. Nichts hat uns je besser geschmeckt. Tagelang leben wir davon, trinken nur Leitungswasser.

Ängste kommen hoch. Xenia zu verlieren. Das Boxen aufgeben zu müssen. Dass ich wieder krumme Dinger drehe. Wieder an Drogen gerate. Wieder auf der Straße lande. Alles, was ich dank ihr gerade hinter mir gelassen habe. Ich ziehe sie mit runter, lasse sie für meine Probleme bezahlen, ist es nicht so? Habe alles gesparte Geld in den letzten Kampf gesteckt und wieder nur an meine Karriere gedacht. Wozu?

»Schatz«, sage ich schließlich, »ich gehe wieder arbeiten. Wir müssen wieder auf die Beine kommen.«

Da setzt sie sich zu mir und nimmt meine Hand. »Nein, gib deinen Traum nicht auf. Wir kriegen das schon irgendwie hin.«

Allein für diesen Satz liebe ich sie. Er bedeutet, dass sie es gut mit mir meint, dass sie an meinen Erfolg glaubt. Dass wir ein Team sind. Wir stehen Seite an Seite. Wir nehmen das Schicksal zusammen an, wir fallen zusammen, wir stehen zusammen wieder auf.

Nach Wochen finde ich meinen Geldgeber wieder. Er steckt selbst in der Krise, hat gerade eine Scheidung hinter sich und kann mich nicht mehr sponsern. Immerhin bietet er mir Arbeit als Türsteher an, vor seinem Puff, für 250 die Nacht, dreimal die Woche. Alles andere als ein Traumjob, aber ich bin ihm dankbar. Xenias Praktikum ist bald vorbei, und wir wissen nicht, wie es weitergeht.

Morgens um sechs komme ich heim. Dann schlafen bis Mittag. Dann trainieren. Dann wieder arbeiten. Der Laden, äußerlich ein Tabledanceklub, wird von den Hells Angels kontrolliert. Deren Offenbacher Chef steht mit mir vor der Tür, ein Berg von Mann, der mir bei jeder Begrüßung fast die Hand zerquetscht, aber sonst ist er zu mir immer nett und korrekt. Er weiß, warum ich hier stehe. Wenn es Ärger gibt, hält er mich raus, holt andere Leute, damit die sich die Hände schmutzig machen. Früher bin ich keiner Schlägerei aus dem Weg gegangen, habe mir hinterher nie einen Kopf wegen der Opfer gemacht. Hier stehe ich nur daneben, schaue nur zu. Danach blutet mir jedes Mal das Herz. Ich will das nicht mehr. Nacht für Nacht sehe ich mit an, was die Frauen hier im Milieu für Geld tun müssen. Wie sie sich erniedrigen. Wie sie ihre Würde verkaufen. Einige freiwillig, um mit 40 in Rente zu gehen, andere gezwungen von Zuhältern. Es deprimiert mich. Ich will mit diesem ganzen Scheißmilieu nichts mehr zu tun haben. Und ich werde mich von niemandem verabschieden.

»Schatz, wir müssen weg aus Frankfurt«, sage ich, »sonst gehe ich noch vor die Hunde.«

Habe Filme im Kopf. Weiß nicht, wie gefährlich es wirklich ist, einfach auszusteigen. Xenia unterstützt mich auch jetzt. Wir kündigen die Wohnung und beschließen, in Nürnberg neu anzufangen. Für den Übergang zieht sie zu ihren Eltern, findet auf Anhieb einen Job und eine Wohnung für uns.

In Frankfurt traue ich keinem, den ich um Hilfe bitten könnte, darum mache ich den Umzug allein, an einem Tag. Trage Kisten, Möbel, Waschmaschine zum Aufzug, wuchte alles irgendwie auf den Mietlaster, fahre das Zeug zur neuen Wohnung, lade alles ab, bringe den Lkw wieder nach Frankfurt und nehme spätabends den Flixbus zurück nach Nürnberg. Danach schlafe ich erst mal zwei Tage durch, komme zur Ruhe.

***

Du bist angezählt, aber du stehst. Blickst dem Ringrichter in die Augen, nickst ihm zu. Sieben. Acht. Er fragt dich, ob du kämpfen kannst. Du weißt es nicht, siehst aus wie der sichere Verlierer, aber du sagst Ja, und es geht weiter. Von jetzt an kann alles passieren.

***

Ohne den Sport hätte ich Deutschland nie verlassen, abgesehen vom Urlaub in der Türkei und den Ländern auf der Durchreise. Durch den Fußball reise ich mit meinem Vater durch halb Europa.

Als Sportler hast du in dieser Hinsicht gewisse Vorteile: Du erweiterst deinen Horizont, lernst andere Kulturen und viele, viele Menschen kennen. Du kommst überall rein, denn du fährst ja nur zu einem Wettkampf. Sie sind nett zu dir. Sie wissen, du bist harmlos, du haust wieder ab, nimmst keinem etwas weg. Vielleicht mache ich deswegen im Ausland nie schlechte Erfahrungen und erlebe keine Vorurteile, weil ich nicht als Gastarbeiter da bin. Aber da kann ich auch falschliegen.

Zu meinem Glück bekomme ich 2015 über Boxkontakte eine private Einladung nach New York. Dieser erste Besuch dort erweitert definitiv meinen Horizont – auch auf der Schattenseite. Viele Amerikaner haben zwei, drei Jobs auf einmal und verdienen viel mehr als wir, aber das müssen sie auch, um ihre Mieten und ihre Arztrechnungen zahlen zu können. Während ich in den USA bin, kommt mir oft der Gedanke: Wie gut es doch ist, in Deutschland zu leben. Da kannst du zum Arzt, wenn es dir schlecht geht, ohne erst mal aufs Konto schauen zu müssen.

Meinem New Yorker Freund geht es finanziell sehr gut. Ich erzähle ihm, was ich plane: Ich will den IBF-Europameistertitel. Unbedingt. Erstens ist es ein großer Verband. Zweitens wird der Kampf live im türkischen Fernsehen übertragen. Die Türken sollen sehen, dass ich nicht aufgegeben habe, dass ich mich nicht einschüchtern lasse, dass Erdoğan mich am Arsch lecken kann. Der Veranstalter der Boxgala, die in einem Vierteljahr bei Bielefeld stattfindet, ist mein Freund Adonis. Seine Gala geht zugunsten der Stiftung KinderHerz, für die ich inzwischen als Botschafter unterwegs bin. Noch ein sehr guter Grund, dort zu boxen.

Sofort verspricht mir mein New Yorker Freund, die Kampfgebühr von 14 000 Dollar zu übernehmen. Den Rest – Punktrichter, Flugtickets, Hotelzimmer und Verpflegung für die Punktrichter, dasselbe für den Gegner, dazu noch seine Kampfgage – muss ich aufbringen. Natürlich lade ich auch Erkan und Üstün ein, inklusive Fahrt und Hotel. Fünf, sechs Scheine werde ich brauchen. Es ist wie immer, das alte Problem: Du hast die Chance auf einen großen Titel, aber es fehlen Sponsoren. Ohne Sponsoren kein Geld, ohne Geld kein Kampf. Du machst dich auf die Suche, kommst außer Form, und am Ende wird es eng.

Zurück in Nürnberg, gehe ich Klinken putzen. Staune, dass es dort einige Türken gibt, die mich kennen und mich trotz meiner klaren Meinung zu Erdoğan unterstützen wollen. So kommen ein paar Hundert zusammen – dafür bin ich dankbar –, aber es muss mehr Geld her, viel mehr.

Auf meiner Sponsorensuche sagt mir jeder: »Hey, geh zu Mehmet! Der hat Verbindungen.«

Also gehe ich zu Turan, einem witzigen Typen mit mindestens zehn Standbeinen. Ich erkläre ihm die Situation, und er verspricht, sich für mich umzuhören. Dann höre ich nichts mehr von ihm. Tagelang. Läuft es jetzt wieder wie damals beim FCN? Der Kampf rückt näher, und es fehlt immer noch Geld.

Adonis kommt aus Bielefeld zu Besuch. Er spielt für mich den Sparringspartner, aber außer ein bisschen Jogging komme ich nicht viel zum Trainieren. Die Finanzierung geht vor.

Dann endlich, zwei Tage vor dem Kampf, ruft Mehmet mich an.

»Hast du morgen um vier Uhr Zeit?«

»Abi«, sage ich, »da bin ich hoffentlich in Bielefeld beim Wiegen.«

»Nicht nachmittags. Vier in der Früh.«

Mein erster Gedanke: Ich soll einen umbringen. Vielleicht auch nur einen Einbruch machen. Oder Drogen verkaufen. Was sonst soll um vier Uhr morgens passieren? Eigentlich müsste ich im Bett liegen und schlafen, um einigermaßen fit um sechs Uhr nach Bielefeld zu starten. Stattdessen fahre ich mal wieder zu einer dubiosen Adresse. Finde eine Tür, finde eine Treppe und gehe runter. Unten wartet schon Mehmet und nimmt mich mit in einen verrauchten Kellerraum. Da sitzen neun Männer, rauchen dicke Zigarren und pokern. Überall goldene Uhren, Schmuck, hier und da Waffen. Auf dem runden Tisch Berge von Geld.

Mehmet macht eine Ansage. »So, Leute. Da ist er, unser Champion.«

Alle Augen auf mich. Die reinsten Verbrechervisagen. Ich denke an Belgrad, wo mich ein Typ dieser Sorte gefickt hat. Denke an meinen Job als Drogenkurier. Denke, ich soll hier einsteigen, soll um meinen Kampf zocken, alles oder nichts. Breche in Schweiß aus. Aber Mehmet holt mich wieder runter.

»Der Ünsal ist jetzt genau eine Stunde hier«, sagt er. »Von jedem Gewinn kriegt er 300 Euro, egal wer gewinnt.«

Ich bekomme einen Sessel in der Ecke und einen Tee, dann werde ich nicht mehr beachtet. Was gespielt wird, weiß ich nicht und frage auch nicht danach. Alles geht sehr schnell. Mit jeder Karte fliegt ein Hunderter Mindesteinsatz auf den Tisch. Erhöht wird ohne Limit, bis weit in den fünfstelligen Bereich. Ich habe im Leben schon viel Geld gesehen, aber diese Summen, dieses Tempo, dass einer mit 50000 All-in geht, ohne mit der Wimper zu zucken, ist eine völlig andere Liga.

Nach einer halben Stunde kriege ich Kopfschmerzen vom Zusehen und vom Rauch. Mache die Augen zu. Frage mich, ob mir wohl später jemand ein Angebot machen wird, das ich nicht ablehnen kann. Fahre die verrücktesten Filme, wie ich einem die Waffe entreiße und mit einer Viertelmillion hier rausmarschiere. Dann tippt Mehmet mich an und hält mir ein Geldbündel hin.

»Zähl mal. Reicht das?«

Ich blättere die Scheine durch. Scheine, Scheine, Scheine. Nicke und bedanke mich artig.

»Okay. Du warst nie hier, du kommst nie wieder her und hast nie einen von uns gesehen. Wir reden nie wieder über diese Sache. Viel Erfolg beim Kampf. Und tschüss.«

Um halb sechs komme ich nach Hause. Xenia steht in der Tür, Ringe unter den Augen. Ich zeige ihr das Geld. Sie schaut mich völlig entgeistert an.

»Ünsal, was hast du gemacht? Wo bist du gewesen?«

»Ich habe gar nichts gemacht!«, schwöre ich. »Die haben mir das einfach gegeben!«

Sie hört sich alles an, den ganzen Mafiafilm, in allen Einzelheiten. Lässt sich beruhigen. Klar, es ist wieder schmutziges Geld, aber danach wird mich nie jemand fragen. Es wird mich nie jemand um einen Gefallen bitten oder mich irgendwie stressen. Alles wird gut.

Stunden später als geplant kommen Adonis und ich bei ihm zu Hause in Bielefeld an. Ich bin übernächtigt und ausgehungert, habe den ganzen Tag noch nichts gegessen. Wackelig auf den Beinen, gehe ich kurz unter die Dusche und dann auf die Waage, bevor wir zum offiziellen Wiegen fahren.

72 Kilo. Über zwei Kilo zu viel für meinen ersten wirklich großen Kampf im Superweltergewicht. Zu wenig getan, wie gesagt.

»Jetzt haben wir ein Problem«, sagt Bes. »Du musst noch ein bisschen durchhalten.«

Er schickt mich joggen, aber ich kann nicht, ich komme nicht mal richtig die Treppe hoch. Bin völlig fertig. Wäre der Kampf schon heute, hätte ich keine Chance.

»Das darf die IBF nicht mitbekommen«, meint Bes. »Wenn die sehen, dass du dich gequält hast, wirst du nicht zum Kampf zugelassen. Also machst du auf stark.«

Er gibt mir Traubenzucker, und ich gehe zum ersten Wiegen. Hoffe, dass Bes' Waage nicht stimmt, aber auch die offizielle im Hotel zeigt fast zwei Kilo zu viel. Der Supervisor von der IBF gibt mir zwei Stunden.

Was soll ich machen? Wie verliert man zwei Kilo in zwei Stunden, ohne sich Körperteile abzuschneiden? Ich habe nichts mehr. Ich kann nicht mal mehr pissen, geschweige denn scheißen. Bleibt nur noch schwitzen. Zum Hotel gehört ein großer Fitnessbereich mit Schwimmbecken, Trainingsgeräten und – Saunalandschaft. Der erste Saunagang bringt nichts, also gleich wieder rein, diesmal wärmer, noch mal fünf Minuten bei 90 Grad. Dann sofort raus, abtrocknen und auf die Waage. 100 Gramm habe ich rausgeschwitzt. Mache auf der Stelle kehrt, setze mich wieder rein, danach wiegen, und dasselbe von vorn. Mache 15 Saunagänge in 90 Minuten, auf eigene Gefahr, wie mir gesagt wird. Vor der Tür wird jemand postiert, der aufpasst, dass ich nicht sterbe.

Es funktioniert tatsächlich. Ich bin ganz dicht dran. Beim 16. Saunagang läuft die Zeit ab, und der Supervisor von der IBF klopft an die Tür.

»Herr Arık, verlassen Sie bitte die Sauna, oder Sie sind disqualifiziert.«

Ich gehorche, bekomme noch die Zeit zum Abtrocknen, denn jeder Schweißtropfen zählt. Da ist nicht mal mehr Spucke in meinem Mund, und ich wiege immer noch 69,88 Kilo. Es dürfen aber höchstens 69,86 Kilo sein, da sind die Offiziellen sehr pingelig. 20 Gramm zu viel, und ich kann nicht mal mehr pupsen!

10, 15 Leute stehen um mich herum. Der Supervisor schlägt einen normalen Kampf vor, ohne Titel, aber dann wäre mein Geld weg. Adonis fängt an, richtig Ärger zu machen, ob ich jetzt wirklich noch vor allen Leuten die Unterhose ausziehen muss. Einer sagt, ich soll mir doch den Bart abschneiden. Ich zeige ihm den Stinkefinger. Mir wird schwindelig. Aus purer Verzweiflung steige ich noch mal auf die Waage, konzentriere mich, mache mich so leicht ich kann – und wie durch ein Wunder zeigt das Display genau 69,86 Kilo! Ob jemand an der Waage herumgespielt hat, oder ob mich mein Schutzengel ein bisschen anhebt – egal. Ich bekomme das Okay vom Supervisor, dann schaffe ich es gerade noch ins Nebenzimmer und kippe um. K. o. vor der ersten Runde.

Eine Stunde lang werden mir Wasser, Zucker und Vitamine eingeflößt, bis ich wieder stehe. Endlich darf ich essen, aber nicht zu viel, sonst fällt beim Nachwiegen auf, dass ich mich runtergehungert habe. Zu Hause bei Adonis schlafe ich wie ein Toter, fühle mich krank, nicht wettkampffähig. Wie immer vor einem Kampf knie ich nieder zum Gebet. Komme nicht mehr hoch. Der Saunamarathon von gestern war zu viel.

Das Einzige, was dich in so einer Situation noch aufrichten kann, ist Adrenalin. Vor dem Kampf deinen Bruder und deinen besten Freund zu sehen. Beim Einzug deine Musik zu hören. Zu wissen: Das türkische Fernsehen überträgt live. Die Türkei schaut zu. Dein Vater schaut zu. Wäre deine Mutter noch am Leben, sie wäre hier und würde dir in den Arsch treten. Du willst dich nicht blamieren. Nicht zur Lachnummer in der türkischen Presse werden.

Inzwischen hat Erdoğan sich zum Staatspräsidenten wählen lassen – meiner persönlichen Meinung nach war diese Wahl manipuliert, dafür sehe ich viele Hinweise. Seit dem Medienhype wegen meines Atatürk-T-Shirts ist dies mein erster großer Auftritt im Ring. Auch diesmal habe ich wieder eine T-Shirt-Botschaft an die Erdoğan-Fans dabei: *Ne mutlu Türküm diyene.* (»Glücklich derjenige, der sagt: ›Ich bin ein Türke.‹«) Das wohl berühmteste Atatürk-Zitat. Sein Leitsatz, der dem neuen türkischen Präsidenten nicht über die Lippen kommt. Und: *Doğruyu bilen yanlışı görür.* (»Wer die Wahrheit kennt, erkennt das Falsche.«) Eine Kampfansage an die türkische Regierung und ihre Lügen.

Mein Gegner im Ring ist Zoltan Zera aus Ungarn, auch an guten Tagen ein extrem schwieriger Gegner. Heute ist kein guter Tag, und es wird der härteste Kampf meiner Karriere. Ich stehe neben mir, komme nicht klar. Verstecke mich hinter meiner Doppeldeckung, bin nur im Rückwärtsgang, konzentriere mich aufs Ausweichen, lasse den Gegner arbeiten. Versuche zu kontern, Big Points zu setzen. Will schnell den K.o., aber Zoltan kann einstecken. Und viel zu oft erwischt mich sein rechter Schwinger. Das Publikum steht hinter mir, feiert jeden meiner Treffer. Sie spüren, dass ich sie brauche. Ich höre die »Ünsal«-Sprechchöre. Sie halten mich aufrecht.

In Runde fünf bekomme ich einen Tiefschlag, keine Absicht, aber schmerzhaft. In Runde sechs schiebt Zoltan mich mit dem Kopf voran in die Seile. Headbutt, unsere Schädel krachen gegeneinander. Um Zeit zu gewinnen, werfe ich mich absichtlich zu Boden, wie beim Fußball, wälze mich. Blute wie ein Schwein, werde verarztet. Jetzt feuert mich das Publikum erst recht an, aber ich habe keine Kraft mehr. Zoltan geht auf Sieg, ich hänge in den Seilen, verzweifle, kassiere richtig Prügel. Er will den Sieg. Ich klammere, blocke, renne ihm weg. Bin in Panik, nahe am Kollaps, so dicht am Abgrund wie noch nie.

Noch einmal pushen mich die Zuschauer nach vorn, und ich lande ein paar Treffer. Blut läuft mir in die Augen, ich schlage in die Luft. Immer wieder bricht Zoltans harte Linke durch meine Deckung.

Der Kampf wird dreckiger, es wird geschubst und gestoßen. Der Ringrichter unterbricht jede zweite Aktion. Ich drehe mich unsportlich weg, bekomme einen verbotenen Schlag auf den Hinterkopf. »Was ist hier los?«, meckere ich den Ringrichter an, ein absolutes No-Go. Punktabzug.

Was meine Jungs in der Ecke mir in den Pausen sagen, kommt nicht mehr bei mir an. Zu viele Leute reden auf Türkisch auf mich ein. Als gefühlt nichts mehr geht, erkenne ich eine vertraute Stimme: »Jetzt verpisst euch mal alle! Seht ihr nicht, dass er was zu trinken braucht?«

Das ist Üstün. Böse, aggressiv. Es tut so gut, in diesem Moment meinen Bruder dabeizuhaben. Er ist wieder einmal meine Rettung, so viel wir auch streiten. Üstün reicht mir die Trinkflasche, die ich von Mama geerbt habe, mit dem Wasser, das mein Vater zu Hause für mich gesegnet hat. Ich trinke pure Kraft, atme die zweite Luft.

In Runde zehn eskaliert der Kampf. Mit offenem Visier dreschen wir aufeinander ein. Ich gebe alles, was ich noch habe, treffe Zoltan ein paar Mal. Er gerät in Rücklage, mir gelingt eine gute Kombination, und er fällt in die Seile, geht zu Boden, wird angezählt. Die Halle tobt, feiert meine Auferstehung. Es ist wie ein Stromstoß. In meinem Kopf habe ich gerade den Titel gewonnen. Mein Gegner macht weiter, ich will die Sache jetzt beenden, doch der Gong rettet ihn.

In Runde elf schicke ich Zoltan gleich drei Mal auf die Matte. Er revanchiert sich mit einem weiteren Kopfstoß, das kostet ihn Punkte. Runde zwölf, und noch mal geht er zu Boden. Steht wieder auf, klammert sich an mich, nervt mich. Der Ringrichter muss uns mit Gewalt trennen. Als der letzte Gong ertönt, stoße ich Zoltan unsportlich weg, statt abzuklatschen, das macht man nicht, aber ich bin einfach am Ende.

Bis zum Urteil vergehen Ewigkeiten. Der Moderator verkündet eine »Split Decision«, die drei Punktrichter sind sich nicht einig. Dann dieser einzigartige Moment, für den ich alles investiert habe: »The new IBF Champion: in der roten Ecke – Ünsaaaaal Arık!«

Gewonnen, egal wie! Der Supervisor legt mir diesen schönen, schweren Gürtel um die Hüften, und alles ist vergessen. Da sind nur noch Triumph, Freude, Endorphin.

ZWISCHEN DEN RUNDEN

Jeder kleine Kicker träumt davon, ein berühmter Fußballstar zu werden. Träumt vom großen Geld, von Luxusautos, Luxusjachten, von der eigenen Villa und einem Model als Frau.

Manchmal macht es mich immer noch traurig, dass es mit dem Profifußball nicht geklappt hat. Der liebe Gott hat mir alles dafür mitgegeben. Aber wer wäre ich heute, wäre ich wirklich mit 18 Profifußballer geworden? Jedenfalls nicht der Mensch, der ich heute bin. Vielleicht ein arroganter Bastard im Ferrari, der vergessen hat, woher er kommt, der den Unterschied zwischen Arm und Reich nicht mehr kennt. Vielleicht hätte ich mein Geld in der Türkei investiert, ich wäre mit irgendeinem türkischen Topmodel verheiratet, würde mich mit Erdoğan fotografieren lassen, und er würde mich politisch instrumentalisieren. Der Rest der Menschheit würde mir am Arsch vorbeigehen.

Anscheinend wollte es das Schicksal nicht. Anscheinend war ein anderer Weg für mich bestimmt. Denn auch wenn mich der Sport nie reich gemacht hat: Ich habe ein anderes großes Ziel erreicht, das für mich früher unerreichbar war.

RUNDE XI

AUFWÄRTSHAKEN

Du bist einen langen Weg gegangen, vom ersten Sparring bis hierher in den Ring. Hast oft und hart trainiert, Kraft, Ausdauer, Präzision. Für diesen einen Moment. Du erkennst den Schwachpunkt deines Gegners, siehst die Lücke in seiner Deckung, nimmst Maß und bringst den Handschuh im Halbkreis von unten auf sein Kinn. Der Haken erwischt ihn kalt, die Wucht des Schlags lässt seinen Kopf zurückkippen. Er taumelt, Überraschung in seinen Augen, als würde er jetzt erst begreifen, wem er da gegenübersteht. Dass er dich ernst nehmen und mit allen Mitteln bekämpfen muss.

***

Ich hatte einen türkischen Freund, der in Deutschland lebt. Heute ist er Erdoğan-Fan. Er will anonym bleiben, also nennen wir ihn Mesut.

Früher hatten Mesut und ich dieselben Feinde. An erster Stelle: die Deutschen, weil sie uns »Scheißkanaken« nannten und uns benachteiligten. Als wir älter wurden, hatten wir plötzlich »Erbfeinde«: Griechen, Kurden, Aleviten, Armenier. Überall nur Feinde. Der einzige Freund des Türken war der Türke.

Dann kam Erdoğan. Der 25-jährige Ünsal Arık hätte Erdoğan gewählt, genau wie Mesut. Er hätte gesagt: Dieser Mann spricht mir aus der Seele, er versteht meine Wut auf Deutschland, er weiß, was uns und unseren Eltern hier angetan wurde. Erdoğan trifft genau den Nerv, wenn er sagt: »Die Deutschen haben euch nie richtig akzeptiert! Ihr werdet zweitklassig behandelt! Schluss damit! Ihr müsst euch erheben, und ich werde euch beschützen!«

Der 25-jährige Ünsal hätte genau das gesagt, was Mesut sagt und was heute die meisten Türken in Deutschland sagen: Erdoğan hat recht. Wir leben im 21. Jahrhundert und werden immer noch zweitklassig behandelt.

Doch dann fing Erdoğan an, eine Politik zu machen, die das türkische Volk spaltet – Reiche gegen Arme, Stadt gegen Land, Männer gegen Frauen, Bildung gegen Glauben, Islamisten gegen Kemalisten, Mächtige gegen Minderheiten, Gewinner gegen Verlierer. Entweder du bist für diese Politik oder dagegen – es gibt kein Dazwischen. Wer dagegen ist, wird nicht akzeptiert, basta.

Heute ist nicht einmal mehr der Türke der Freund des Türken. Heute sind Mesut und ich keine Freunde mehr, sondern Feinde. Weil ich gegen Erdoğan bin, und er für ihn. Weil ich sage: ›Wir Türken machen etwas falsch‹, und er sagt: ›Nur die anderen sind schuld.‹

Mesut geht es finanziell gut. Er verdient im Monat um die 3000 Euro netto. In Deutschland lebt er damit nicht schlecht – aber in der Türkei ist er richtig reich. Seit Erdoğan Präsident wurde, ist die türkische Lira gefallen und die Inflation ist gestiegen. Erdoğan behauptet, die türkische Wirtschaft würde florieren, er baut Flughäfen und Brücken, aber es gibt über zehn Prozent Arbeitslose. Der gesetzliche Mindestlohn liegt bei umgerechnet 270 Euro im Monat – weniger als Hartz IV. Mehr als die Hälfte der Türken lebt unter der Armutsgrenze. Jeder Fünfte hungert. So tief ist das Land gesunken.

Mesut stört das nicht, im Gegenteil. Je schlechter es den Türken in der Türkei geht, umso besser für ihn. Umso mehr feiert er seinen Präsidenten. Das würde er nicht tun, wenn er ein Patriot wäre, aber er denkt eben nur an seinen eigenen Arsch.

Seit 2014 ist Mesut so reich geworden, dass er sich ein, zwei, drei Häuser in der Türkei kaufen konnte. Er denkt sich: Irgendwann ist die Krise vorbei, dann verkaufe ich alles, bin Millionär und muss nie wieder arbeiten. Danke, Herr Präsident!

2015 fliege ich zum ersten Mal nach Izmir, drittgrößte Stadt der Türkei und wichtigstes kemalistisches Zentrum. Die Stadt Atatürks. Hier leben sehr viele Liberale, auch Erdoğan-Kritiker. Meine Anwältin hat mich eingeladen, es gibt viel zu besprechen, ich muss mich rechtlich absichern.

Schon am Flughafen nehmen mich zwei Polizisten fest, sehr freundlich, aber ich muss mit auf die Wache. Die beiden nehmen nur meine Personalien auf. Kein Verhör. Sie haben auch gar kein Problem mit mir, wir sitzen nur im Büro herum, unterhalten uns, machen Selfies, sehen fern. Sie lassen mich sogar zwei Anrufe machen: bei meinem Vater, der die Anwältin alarmiert, und bei Xenia, damit sie sich keine Sorgen macht. Den Grund für meine Festnahme erfahre ich nicht, wir müssen auf den Hauptmann warten.

Als die Schicht wechselt, stecken sie mich dann doch in eine Zelle, damit sie keinen Stress mit dem Vorgesetzten kriegen. Rums, Tür zu, Einzelhaft. Die Zelle ist noch kleiner als im Jugendknast, und ich bekomme Angst. Erst Platzangst, dann, dass ich hier nie wieder rauskomme, dass sie an mir ein Exempel statuieren, dass ich in irgendeinem Loch verschwinde. Zwei Tage lang sehe ich den Himmel nicht, spreche mit niemandem, bekomme immerhin etwas zu essen.

Aber keine Info, keine Anklage, nichts. Ich schiebe weiter Panik, male mir das Schlimmste aus, sage mir, dass mein Vater schon alles regeln wird. Warte, schlafe. Vertreibe mir die Zeit mit Liegestützen und Sit-ups.

Am dritten Tag holt meine Anwältin mich raus. Anscheinend hat mich jemand angezeigt, warum auch immer, keine Details. An so etwas werde ich mich gewöhnen müssen.

Bevor ich wieder nach Hause abhaue, bleibe ich noch einen Tag in Izmir, regle meine Angelegenheiten und besuche das berühmte, über 40 Meter hohe Atatürk-Denkmal in Buca, auf dem riesig groß seine Worte stehen: *Yurtta barış dünyada barış.* »Frieden zu Hause, Frieden in der Welt«. Ziele, für die es sich zu kämpfen lohnt.

Mein EM-Titel beschert mir noch eine weitere Reise in die Türkei. Der türkische Politiker Osman Pamukoğlu von der Partei HEPAR lädt mich nach Ankara ein. Dort darf ich, als erster türkischer Boxer überhaupt, in Atatürks Mausoleum Anıtkabir an einer offiziellen Staatszeremonie teilnehmen, eine Schweigeminute abhalten, meinen Meistergürtel präsentieren und einen Kranz niederlegen – die größte Ehre meiner Laufbahn.

Ich reise gemeinsam mit meinem Vater, für den es auch der erste Besuch dieses Orts sein wird. Ein erhebendes Gefühl, als Welt- und Europameister an diesem würdevollen Ort offiziell empfangen zu werden. Viele Journalisten sind gekommen. Vor dem Mausoleum werden Fotos gemacht und Fragen gestellt.

»Hat Ihnen die Regierung der Türkei zu Ihren Titeln gratuliert?«

»Natürlich nicht«, sage ich, »weil ich Kemalist bin.«

Es ist wahr, was auf meinem T-Shirt stand: Es ist Atatürks Land, nicht Tayyips. Atatürk hat dieses Land gegründet.

Auch Erdoğan schuldet ihm Respekt. Am Nationalfeiertag kommt er immer zum Anıtkabir und legt einen Kranz nieder – das wird so von ihm erwartet. Aber die Werte Atatürks und seiner Anhänger, also auch meine, tritt er mit Füßen. Was für eine Augenwischerei.

Zum Abschluss trage ich mich in das Gästebuch ein: »Ich werde unseren Kindern von dir und der von dir gegründeten Republik erzählen. *Doğruyu bilen yanlışı görür.* (›Wer die Wahrheit kennt, erkennt das Falsche.‹)«

Es ist vorerst das letzte Mal, dass ich die Türkei besuche. In der Nacht vom 15. auf den 16. Juli 2016 gibt es einen Putschversuch gegen die Regierung, angeblich von Gülenisten. Anscheinend besitzt der Präsident eine Glaskugel, die ihm sofort alle Putschisten und ihre Helfer verrät. Noch in derselben Nacht werden Tausende eingesperrt, ohne dass Gründe genannt werden, ohne Verfahren, ohne Anhörungen, so, wie es mir in Izmir passiert ist. Von jetzt an kann sich kein Erdoğan-Kritiker in der Türkei mehr sicher fühlen.

Weil er noch nicht genug Macht hat, will Erdoğan ein Präsidialsystem einführen. Ein Referendum soll darüber entscheiden. Wenn er gewinnt, ist die Gewaltenteilung im Land Geschichte. Mesut findet das sehr gut, er meint, ein starker Mann sei besser als eine Regierungskoalition. Ich stelle mich lautstark dagegen, habe plötzlich viele Pressetermine, Auftritte in großen deutschen und türkischen Medien. Meine Erfolge als Boxer haben mich dorthin gebracht, deshalb hört man mir zu. Natürlich habe ich viele Hater, aber weitaus mehr Fans. Jeder, der über mich herzieht, bringt zwei andere zum Nachdenken, ob ich nicht doch recht habe.

Vor dem Verfassungsreferendum schreibe ich einen Anti-Erdoğan-Song: *Ben seni yok edeceğim* (»Ich werde dich vernichten«). Ein alter Kontakt aus der Hip-Hop-Szene produziert die Nummer für mich. Der Song ist ein Rundumschlag, in dem meine Sicht auf Erdoğans Lügen und Verbrechen auf den Tisch kommt.

Getroffene Hunde bellen: Erdoğan zeigt mich direkt dafür an, mir drohen 15 Jahre Haft. Seinen Sieg kann ich mit meinem Song nicht verhindern, und natürlich lassen seine Lakaien kein gutes Haar an mir. Doch ich rege viele Menschen an, mal genauer hinzuschauen: Wie ist Erdoğan eigentlich Millionär geworden? Hat er nicht damals seinen Ehering, »seinen einzigen Besitz«, in die Kamera gehalten und gesagt: »Sollte ich jemals mehr als das besitzen, dann wisst ihr, dass es haram ist«?

Ich habe gelernt, wie Deals und Profit gemacht werden. Ich will immer wissen, wie sich jemand dieses oder jenes leisten kann. Woher kommt das Geld? Das ist für mich eine normale Frage, sie beschäftigt mich vor jedem Kampf. Also, wie ist Erdoğan Millionär geworden? Wie kann sein Sohn Ahmet einfach eine ganze Reederei kaufen? Woher hat sein Sohn Bilal diese Millionen, die er offenbar zu Hause in Schuhkartons hortet? Wenn das oberste Verwaltungsgericht den Präsidentschaftspalast verbietet, warum wird er dann trotzdem gebaut? Woher kommt die halbe Milliarde Euro für diesen Palast mit 1000 Zimmern, der die Türken jährlich zehn Millionen Euro an Steuergeldern kostet? Allein mit Erdoğans Korruptionsskandalen könnte ich drei Bücher füllen. Er ist ja nicht der erste korrupte Politiker in der Türkei. Aber keiner hat sich bisher so am Land bereichert wie er.

Für Mesut war ich früher ein Freund, heute sagt er, ich bin ein Staatsfeind. Warum? Weil ich gegen seinen Präsidenten bin. Bist du gegen den türkischen Präsidenten, bist du in Mesuts Augen automatisch gegen die Türkei. Du landest in einem Topf mit den anderen Staatsfeinden: der PKK und den

Gülenisten. Bist du eines von beiden, haben sie ihren Grund, dich zu verfolgen und in den Knast zu stecken. Schön einfach ist das.

Also: Bin ich Gülenist? Nur absolute Vollidioten würden mir das unterstellen. Wir Kemalisten konnten Fethullah Gülen noch nie leiden. Er war Erdoğans Mentor, und Erdoğan sein größter Bewunderer, beide vertreten denselben Islam. Auch Gülen wollte einen islamischen Staat gründen und die Demokratie beenden. Der Streit zwischen beiden ist doch nichts als ein Machtkampf.

Bleibt also die PKK – eine militante, extremistische Terrororganisation, da gibt es nichts zu diskutieren. Mesut meint, zu denen würde ich gehören, weil ich kritisiere, wie Erdoğan mit dem kurdischen Volk umgeht. Dass er Waffen an den IS liefert, der nicht nur die PKK, sondern alle Kurden töten will. Dass er seit Jahren im Südosten der Türkei Krieg führt, in Nordsyrien, im Nordirak. Die Zivilbevölkerung, die Zerstörung ihrer Heimat, Tausende tote Kurden interessieren ihn nicht. Der Kampf gegen die PKK rechtfertigt alles, aber ich bin für Mesut ein Terrorist.

Mesut meint, man müsste alle PKK-Kämpfer erschießen, bis keiner mehr übrig ist. Aber was passiert, wenn ein achtjähriger Kurde erlebt, wie ein türkischer Soldat seinen Vater tötet? Dann gibt es für den Jungen nur noch ein Ziel, nämlich Rache. Das ist verständlich. Er wird erwachsen, geht zur PKK und erschießt den Vater eines türkischen Jungen. Der wird Soldat und kämpft gegen die PKK. Es ist ein endloser Teufelskreis. Und alle erschießen? Hat noch nie funktioniert. Also, was ist die Lösung?

»Papa«, haben wir schon als Kinder in den 80ern gesagt, »der Kurde schimpft über die Türkei. Ich dachte, das sind auch Türken?«

»Nein, nein«, wurden wir dann aufgeklärt, »wenn der

über die Türkei schimpft, ist er PKK. Das ist eine Terrorgruppe. Halte dich mal von der Familie fern.«

Diese alten Feindbilder müssen weg. Natürlich ist nicht jeder Kurde, der etwas gegen die Türkei sagt, ein Terrorist. Die wenigsten wollen ein eigenes Land, das ist PKK-Quatsch.

Wenn die Kurden uns Türken hassen, hat es ganz andere Gründe. Sie werfen uns vor, dass wir Atatürks Versprechen von kurdischer Autonomie nie erfüllt haben. Die kurdische Sprache war per Gesetz verboten und die kurdische Kultur wurde unterdrückt. Erdoğan selbst hat als Ministerpräsident das Verbot aufgehoben und mit kurdischen Politikern zusammengearbeitet, weil er sie brauchte. Heute als Staatspräsident unterdrückt er sie, weil sie seine Macht gefährden könnten. Die Nationalisten feiern ihn dafür, und wer ihn auch nur dafür kritisiert, macht in seinen Augen PKK-Propaganda und gehört automatisch dazu.

Es ist in der Türkei ein absolutes Tabu, sich als prominenter Türke öffentlich für die Kurden auszusprechen. Ich tue es trotzdem, als Erster. Live im türkischen Fernsehen: »In unserem Land leben 20 Millionen Kurden. Die gehören zu uns, wie wir zu ihnen gehören. Warum lernen wir nicht ihre Sprache? Eine Stunde Kurdisch pro Woche sollte Standard an türkischen Schulen sein. Es wäre doch ein Gewinn für Geist und Bildung, wenn wir uns mit 20 Millionen Menschen mehr unterhalten könnten. Toleriert und akzeptiert dieses Volk endlich!«

Kaum habe ich das ausgesprochen, bin ich Staatsfeind Nummer eins. Landesverräter. Gülenist. PKK-Terrorist. Nur weil ich mich für die Kurden starkmache. Mesut hasst mich jetzt noch mehr, so wie alle Erdoğan-Fans in Deutschland.

Dafür lieben mich ab heute die Kurden. Ich kenne ihre Kultur schon seit meiner Kindheit, aus Adana, wo meine

Mutter herkommt. Kurden werden dort als Teil der türkischen Gesellschaft akzeptiert. Diese Menschen wollen keinen Krieg. Die meisten von ihnen wollen einfach nur ihre eigene Sprache sprechen, ihren Glauben praktizieren und in Frieden leben.

Natürlich gilt das nicht nur für Kurden. Mein alevitischer Nachbar sagt: »Für die Türken bin ich ein Ungläubiger, weil wir ein eigenes Glaubenshaus haben.« Warum verurteilen wir ihn? Wir Türken sind nichts Besseres als die Kurden, die Aleviten, Griechen, Syrer oder Armenier. Wir sind alle Menschen, wir sind alle gleich. Würde Mesut sich bemühen, mal wie ich über den Tellerrand zu schauen, könnte er das auch erkennen. Er könnte, was für ihn ja tabu ist, kurdische und alevitische Freunde haben, so wie ich. Er könnte einfach als Mensch unter Menschen leben. Was wäre daran so schlimm?

In Deutschland werden Wahlkampfauftritte türkischer Minister abgesagt. Erdoğan schimpft über Merkel, beleidigt die Deutschen als undemokratisch, als Faschisten. Ausgerechnet dieser Diktator, der die Menschenrechte mit Füßen tritt, wirft der deutschen Regierung Nazimethoden vor.

Mesut steigt sofort mit ein: »Scheißdeutschland, Scheißfaschisten, diese Nazis nehmen unseren Ministern die Redefreiheit weg!«

In diesem »Scheißdeutschland«, diesem christlich geprägten Land, lebt Mesut in Freiheit und Wohlstand. Dieses »Scheißdeutschland« erlaubt im selben Moment, dass dort die größte türkische Moschee außerhalb der Türkei gebaut wird, mit zwei Minaretten, als wäre man in Istanbul. An den Schulen in diesem »Scheißdeutschland« gibt es Türkischunterricht, in den Parlamenten sitzen Politiker mit ausländischen Pässen. Ihr Glauben spielt keine Rolle. In der tollen, überlegenen Türkei würden diese Leute wahrscheinlich verhaftet werden.

Dann kommt 2018 der türkische Präsident nach Köln und eröffnet diese riesige DITIB-Moschee, in dem Land, das er gerade noch übel beleidigt hat. Die Kölner Förderer werden nicht eingeladen, komplett außen vor gelassen. Gut, dass eh fast alle deutschen Politiker Erdoğan boykottieren – noch besser wäre, ihn gar nicht ins Land zu lassen. Man könnte einen Haufen Geld für Sicherheitsmaßnahmen beim Aufmarsch von zweitausend Erdoğan-Fans sparen. Aber anscheinend gibt man lieber wieder eine Million Euro aus, wie 2014, als er das letzte Mal vorbeikam, kurz nachdem er die Deutschen als Nazis beleidigt hatte.

Ich gehe auch hin, mit einem Kamerateam, gebe ein Interview. Werde sofort angegangen, beschimpft, bedroht, vor laufender Kamera. Die Erdoğan-Fans dürfen bleiben, ich muss mich zurückziehen. Die Erdoğan-Fans dürfen mich bedrohen, ich werde als Unruhestifter angeschwärzt und von der deutschen Polizei festgesetzt.

Und was passiert in dieser nagelneuen türkischen Moschee? Das wird im Wesentlichen in Ankara bestimmt. Erdoğan selbst ist nämlich Chef der türkischen Religionsbehörde Diyanet, der die DITIB untersteht. Diese Kölner DITIB-Moschee ist in meinen Augen kein Glaubenshaus mehr. In dieser Moschee wird Politik gemacht. Sie ist der verlängerte Arm von Erdoğan nach Deutschland. Da predigen Erdoğan-treue Imame, da verkehren islamistische Muslimbrüder. Ich habe keine Zweifel, dass dort auch Gehirnwäsche stattfindet und Jugendliche radikalisiert werden.

Vielen Deutschen geht das am Arsch vorbei. Man merkt es an einer dummen Aktion des 1. FC Köln, der sich die Skyline der Stadt auf seine Trikots druckt. Riesengroß mittendrin: die DITIB-Moschee, »symbolisch für die große türkische

Community in Köln«, völlig unpolitisch natürlich. Sponsert Erdoğan plötzlich den FC Köln, oder ist es Gratiswerbung für seine Regierung? Jede Wette, dass sie sich in Ankara totlachen, und die Hälfte der türkischen FC-Fans ist zu Recht stinksauer.

Natürlich kritisiere ich die Scheißaktion, nehme kein Blatt vor den Mund. Ausgerechnet FC-Torwartlegende Toni Schumacher widerspricht meinen Argumenten live im Fernsehen. Er glaubt wirklich, es ginge nicht um Politik, sondern um Weltoffenheit und Toleranz. Schumacher ist übrigens nicht nur in Köln eine lebende Legende, sondern auch in Istanbul. Ich kann ihn verstehen, dass er sich mit dieser Sache keine Feinde machen wollte.

Hinterher schreibt mir Mesut auf Facebook: »Sogar der Scheißdeutsche hat's kapiert, aber du als Türke nicht?! Gib's endlich auf, du Trottel!« Noch der harmloseste Kommentar. Plötzlich bin ich nicht mehr nur gegen Erdoğan. Jetzt bin ich auch noch gegen den Islam, werde als Ungläubiger beschimpft und erhalte Morddrohungen. Mir rennen die Sponsoren weg. So läuft es für dich in Deutschland, wenn du dich gegen einen Diktator stellst.

Es war schon vor der Erdoğan-Sache nicht einfach, gute Sponsoren zu finden. Ein guter Sponsor finanziert dir alles – Kampfgebühr, Ausstattung, Unterkunft, Fahrten, Verpflegung, Taschengeld. Man macht einen Vertrag, die 50 000 kommen Jahr für Jahr aufs Konto, und du hast keine Probleme. Solche Sponsoren wissen auch, wie sie von dir profitieren, wie sie dich für ihre Marke einsetzen. Du wirst deren Werbegesicht, absolvierst Messeauftritte, wirbst für deren Produkte. Man sieht das Logo im Ring, aber das ist eher Nebensache.

Natürlich ist ein großer Sponsor immer mein Ziel, und oft

wird mir Hoffnung gemacht. Einmal lädt mich ein reicher Türke zu sich nach Dortmund ein, ich treffe ihn in einem Nobellokal. Er kommt mit seiner S-Klasse, ein Riesentyp, Brillant-Rolex für 50 000 Euro. Zig Freunde und Geschäftspartner sind auch dabei.

»Schaut mal, Ünsal Arık ist da!«

Er macht auf Best Friends, wir schießen Selfies, gehen zum Abendessen. Dann reden wir über Sponsoring. Er fragt mich, was ich brauche.

»5000 im Monat«, sage ich. »Dann kann ich dieses Jahr die zwei Kämpfe machen, die ich geplant habe. Du bist mein Hauptsponsor, exklusiv.«

»Ah ja, Bruder, 60 000, darüber reden wir doch nicht. Komm, essen wir, trinken wir!«

Zu Hause mache ich den Vertrag fertig. Schicke ihn hin, warte zwei, drei Tage. Vielleicht schaut er nicht täglich in seine Mails. Er muss den Vertrag ja noch lesen und vielleicht noch seinem Anwalt zeigen.

Tag vier, ich rufe ihn an.

»Ja, Ünsal, seit Tagen will ich mich bei dir melden. Ich hätte es dir lieber von Angesicht zu Angesicht gesagt, aber ich wollte dich nicht extra noch mal nach Dortmund fahren lassen.«

Dann geht es los: Finanzamt, ein Brief, total vergessen, gar nicht mehr damit gerechnet, dies, das. Meint, mir erzählen zu können, das Finanzamt wäre so eine Art Geist, der plötzlich auftaucht. Als wüsste man in einem großen Unternehmen nicht, dass die Finanzprüfung kommt. Ich nenne ihn einen gottverdammten Bastard und lege auf.

Hintenrum höre ich, was er rumerzählt: »Ja, der Ünsal Arık, der war respektlos. Der hat mich beleidigt. Bloß weil ich ihn nicht sponsern wollte.« So etwas passiert mir nur mit Türken. »Machen wir schon«, heißt es immer. Und kaum bist du zur Tür raus: »Allah, das Geld war für dich geplant, ist jetzt Finanzamt.«

Anderes Beispiel. Hayri Şükür, der an mich geglaubt hat, als ich noch ein kleiner Hosenverkäufer war. Ein guter Arbeitgeber, aber für jemanden, der mich oft Bruder genannt hat, bin ich von ihm oft enttäuscht. Ich bin ihm dankbar, als er mir Afrika zahlt, für Lukas spendet und mich in Teilzeit unter Vertrag behält, damit ich über die Firma sozialversichert bin. Doch je reicher er wird und je öfter er sagt, dass er ja meine Boxkarriere finanziert, umso öfter denke ich: Warum steht er nicht öffentlich zu mir und sponsert mich richtig? Ein wirklich guter Freund mit seinem Vermögen hätte mehr investiert, um mir den Erfolg zu ermöglichen. Er hätte mir die ganze Hand gegeben und nicht nur den kleinen Finger.

Was für ein Freund ist dagegen mein alevitischer Sponsor Mustafa aus Berlin? Er gibt mir nicht das Gefühl, um jeden Schein betteln zu müssen. Er unterstützt mich dauerhaft. Macht mich nicht reich, aber er nimmt mir meine Sorgen. Zahlt mir 3000 Euro, damit ich den UBF-Europameistertitel bei Armin Göbel holen kann, und legt von sich aus noch 1000 drauf, damit ich von etwas leben kann. Leider bin ich Mustafa nicht früher begegnet.

Wenn du nicht den einen großen Sponsor hast, brauchst du drei, vier kleine. Diese Kämpfe um die Finanzierung sind das Härteste im Profiboxen. Viele unterschätzen das. Bei kleinen Sponsoren musst du jeden Monat Angst haben, dass sie den Vertrag kündigen, weil ihnen etwas nicht passt. Dagegen wird der Kampf im Ring fast zur Formsache. Es ist wie im Vertrieb. Es gibt Konkurrenz. Es gibt unrealistische Erwartungen. Manche Leute denken, ihre Kunden würden mehr bei ihnen kaufen, weil ein Boxer ihr Logo auf seine Hose druckt. Die haben einfach keine Ahnung, wie Marketing funktioniert. Solche Leute kündigen dir den Vertrag, weil sie denken, dass sie nichts davon haben, und dann lästern sie hintenrum, wie viel Geld du ihnen angeblich abgenommen hast.

Du versuchst alles, damit ihre Logos gut zu sehen sind – auf T-Shirts, Hosen, Kappen. Aber irgendwer ist immer angepisst. Du sitzt in der Kabine, willst dich auf den Kampf fokussieren, dann kommen solche Fragen: »Warum ist mein Logo kleiner als das andere? Warum ist meins da unten?« Der Kampf kostet locker eine fünfstellige Summe, aber du diskutierst mit Leuten, die fette Autos fahren, die einmalig 500 geben, sich in die erste Reihe setzen und rumerzählen, sie hätten den Kampf finanziert. Die wollen, dass du ihre Kappe im Fernsehen bei RTL, ProSieben oder Sat.1 trägst. Dass du einen Exklusivpartner hast, der das Fünffache zahlt, akzeptieren die nicht.

All das kenne ich nur von Türken. Diese faulen Ausreden, die gekränkten Egos, die weltfremden Erwartungen, das Schlechtmachen hintenrum.

Bei den Deutschen weiß ich wenigstens, woran ich bin. Deutsche sagen Ja, oder sie sagen Nein. Die Erdoğan-Sache macht es ihnen natürlich viel leichter, Nein zu sagen. Ob diese Begründung dann vorgeschoben ist oder nicht – ich muss es akzeptieren. Ich werde zwar überall gelobt, alle Deutschen finden das, was ich mache, super. Aber Wirtschaft geht in Deutschland vor. Und viele haben Angst vor wirtschaftlichen Verlusten, wenn man sie mit einem Erdoğan-Gegner in Verbindung bringt. Damit unterstützen sie einen Diktator. Politische Haltung muss man sich halt leisten können.

Oft höre ich: Sport ist Sport, und Politik ist Politik, das sollte man nicht vermischen. Was für ein scheinheiliges Argument.

Der deutsche Boxverband BDB hätte fast einen Kampf von mir verhindert, weil man nicht wollte, dass ich dort ein Statement gegen Erdoğan abgebe. Wenn aber ein Türke für Erdoğan Propaganda macht, dann stört es die Deutschen nicht, dann wird er unter Vertrag genommen. Der eine darf einen Diktator unterstützen, aber der andere, der für Menschenrechte kämpft, ist zu heiß. So ist Deutschland.

Während der Black-Lives-Matter-Proteste haben sich Profis der Ersten deutschen Fußball-Bundesliga mit den Protestierern solidarisiert. Auf einmal hatte Sport doch etwas mit Politik zu tun. Aber den Kampf für die Menschenrechte muss man jeden Tag kämpfen, weil sie jeden Tag verletzt werden. Nicht nur dann, wenn es plötzlich einen Hype gibt. Ich mache das seit neun Jahren. Muss mir erst etwas passieren wie George Floyd, damit es anerkannt wird?

Wovor hat zum Beispiel Nike Angst, dass sie mich nicht sponsern? Mir sagen sie, ich sei ihnen zu politisch. Andererseits sponsert Nike zum Beispiel eine muslimische Boxerin, die im Ring Kopftuch trägt. Mit ihr verkaufen sie Nike-Hijabs, -Burkas und so weiter. Nike sagt: »Für sie ist der Glaube sehr wichtig, darum will sie das Kopftuch beim Kampf nicht ablegen. Das finden wir persönlich sehr stark, und wir unterstützen sie darin. Es zeigt, dass auch Frauen mit Kopftuch ihr Leben leben können.«

Nichts gegen die Boxerin, aber als gläubige Muslima dürfte sie streng genommen gar nicht boxen, denn im Islam ist es Sünde, Menschen ins Gesicht zu schlagen. Eine Sportart, die nicht ausgeführt werden darf. Nun bin ich selbst gläubiger Muslim. Warum boxe ich, obwohl es als haram gilt? Weil wir den Islam eben immer so auslegen, wie wir ihn gerade brauchen.

Einerseits sagen wir: Beim Sport ist ins Gesicht schlagen ausnahmsweise in Ordnung, schließlich tut man im Ring niemandem böswillig weh, alle wissen, worauf sie sich einlassen. Andererseits setzt eine Boxerin durch, dass die internationalen Wettkampfregeln geändert werden, damit sie mit Hijab Wettkämpfe boxen darf. Das ist in meinen Augen eine Politik, die durch Nike unterstützt wird, weil sie sich für Nike lohnt. Weil Nike Sport-Hijabs verkauft. Ein religiöses Symbol, das man vermarkten kann. Kritik an einem Diktator, der islamische Politik macht und die Menschenrechte verletzt, lässt sich nicht vermarkten – also werde ich nicht unterstützt. Traurig, aber das ist die Wahrheit.

Nach dem Vorfall mit den Erdoğan-Fans vor der DITIB-Moschee gebe ich ein Liveinterview bei *stern TV*. Hinterher scheint mich in Deutschland plötzlich jeder zu kennen. Als Nächstes steht der EM-Titelkampf der UBF in Braunschweig an. Inzwischen habe ich mich mit Dalibor versöhnt und ihn wieder als Matchmaker dabei. Veranstalter ist der deutsche Boxer Armin Göbel, der gerne patriotisch auftritt.

Ich bezeichne mich selbst als Patriot oder *vatansever*, weil ich die Türkei über alles liebe. Jeder darf sein Land lieben. Aber wenn man sich in Deutschland Patriot nennt, hat es zumindest einen Beigeschmack. Oft wählen solche Leute die AfD oder gehen zu PEGIDA. Deutschland den Deutschen, Ausländer raus, so denken die. Das sind in meinen Augen keine Patrioten, sondern Nationalisten. Armin Göbel gehört zwar wahrscheinlich nicht zu denen – rechts angehaucht finde ich ihn aber allemal. Und ein echtes Weichei. Er, der Patriot, macht sich Sorgen, dass meinetwegen vielleicht Türken auf seiner Boxgala Ärger machen könnten. Fast will er meinen Kampf absagen. Da liebt ein Deutscher sein Vaterland über alles und hat Angst vor ein paar Kanaken?

Noch schwieriger als die Suche nach Sponsoren ist die nach einem guten Trainer. Ich fahre nach Berlin zum Probetraining in »Higgen's Boxclub«. Mit dem Trainer dort verstehe ich mich gut, aber am Ende kassiere ich doch wieder eine Absage, wegen meiner politischen Aktivitäten. Nach dem Treffen habe ich die Sache innerlich schon abgehakt, bin im Hotel und packe meinen Koffer, als mein Handy brummt. Eine SMS von Karl-Heinz Raschke, der auch beim Probetraining dabei war. Er gehörte früher zum Team von Graciano »Rocky« Rocchigiani, ein sehr erfahrener Mann also. Einen wie ihn würde ich mir beim kommenden WBC-Titelkampf in meiner Ecke wünschen. Er schreibt:

»Hallo Ünsal. Du hast mich sportlich sehr überzeugt. Was die Politik angeht, bin ich nicht so skeptisch, darum möchte ich dich nicht einfach so wegschicken, sondern einen Kompromiss vorschlagen: Mein Sohn Leroy (23) hat Sport studiert. Durch Graciano und meine Wenigkeit hat er seit seinem sechsten Lebensjahr mit Boxen zu tun und auch selber drei Profikämpfe erfolgreich bestritten. Er wird dir auf jeden Fall beim Kraft- und Ausdauertraining sehr viel helfen können. Ich werde mich mit ihm austauschen, so gut ich kann, und dich beobachten. Ich hoffe, dass zum Schluss alles gut wird und du eine tolle Vorbereitung bekommst.

Gruß, Kalle Raschke«

Ich bin platt. Dieser Deutsche läuft mir hinterher, versucht mich zu halten, einen völlig fremden Türken? Früher hätte ich vielleicht gesagt: 23 Jahre, was will denn so ein Knirps von mir? Fick dich, Alter, ich fahre nach Hause! Natürlich sage ich das nicht, sondern lasse den Koffer stehen und warte auf Leroy. Ich habe schon vorher gemerkt, dass Kalle Raschke ein guter Mensch ist. Genau das Beispiel des guten Deutschen, den ich im Leben gegen keinen Türken eintauschen würde.

Mit Leroy passt es von Anfang an. Zuerst denke ich: Der Typ ist 17 Jahre jünger, hat 3 Kämpfe und ich 33. Wie soll ich den für voll nehmen? Türkische Kultur halt, der Ältere hat das Sagen und so weiter.

Dann trainieren wir, und er ist knallhart, aber kreativ. Hat Fachwissen und Ideen. Er versteht mich, weiß mich zu nehmen. Nach einem halben Tag hat er mich überzeugt. Nach ein paar Wochen sind wir Freunde geworden. Er bringt mich auf ein Level, das ich im Boxen vorher nie hatte. Das ich dringend brauche, um den WBC-Gürtel zu holen.

Dieser Titelkampf bringt mich zurück ins Erdoğan-Land, Bergisch Gladbach, fast Köln. Ich mache die vielleicht professionellste Vorbereitung meiner Karriere. Leroy und Kalle begleiten mich zusammen zum Kampf, ein enormer Rückhalt.

Wie nicht anders zu erwarten, sind auch ein paar meiner Hater gekommen. Beim Einmarsch pfeifen sie mich aus, sie pfeifen sogar bei der türkischen Nationalhymne. Früher dachte ich, wir Türken stehen Schulter an Schulter, wenn es um unsere Fahne geht. Das scheint nicht mehr zu gelten. Diese unpatriotischen Erdoğan-Fans feuern lieber meinen weißrussischen Gegner Huliakevich an: »Dawai, dawai! Hau den um, diesen Hurensohn, diesen Landesverräter!«

Meine eigenen Landsleute pfeifen die türkische Nationalhymne aus, und mich nennen sie Landesverräter!

Es bleibt bei ein paar solchen Rufen, und es hat keinen Einfluss auf mich. Hatte es noch nie. Als die Erdoğan-Fans merken, dass sie in der Minderheit sind, dass die meisten mich anfeuern, dass ich den Kampf gewinne und den Titel hole, da höre ich von denen nichts mehr.

Neulich treffe ich zufällig einen meiner arabischen Berliner Freunde wieder. Wir halten falsch geparkt vor der Ampel, Berliner Kanaken eben.

Er sagt: »Hör auf, meinen Präsidenten zu beleidigen.«

Der Typ ist nicht mal Türke. Er hat auch sonst nichts mit der Türkei zu tun. Aber er mag Erdoğan, weil der die härteren islamischen Regeln in der Türkei durchsetzen will.

»Bruder«, sage ich, »wir sind alte Freunde, lassen wir Politik weg. Ich weiß, wir sind verschiedener Meinung, aber lassen wir es weg.«

Da sagt er: »Ünsal, manche aus meinem Umfeld würden dich jederzeit erschießen wegen Erdoğan. Nimm es einfach als Warnung von einem guten Freund. Okay?«

»Okay«, sage ich.

Ich weiß, wen er meint. Kenne diese Leute. Das sind Schwerkriminelle. Früher wäre ich wegen so was in Panik ausgebrochen. Inzwischen ist es Normalität. Wie viele Menschen werden so bedroht, weil sie sich offen gegen Diktatoren stellen? Und wie viele tun es nicht, aus Angst vor Bedrohung?

Ich werde oft bedroht. Dann klemmt zum Beispiel ein Umschlag mit einer Patronenhülse an meinem Auto. Oder ich werde aus dem Hinterhalt beim Joggen überfallen, mitten in Berlin. Die meisten Bedrohungen kommen aber anonym, auf Facebook oder Twitter. Ab und zu stehen dahinter die Initialen des bekanntesten, früher mächtigsten Paten der Türkei. Türken muss man ihn nicht vorstellen. Dieser Mann war jahrelang Herrscher über die Straßen und Klubs von Istanbul, Schutzgeldmilliardär, Freund der Grauen Wölfe. Megaplayer im türkischen »Deep State«. Erdoğan und er waren nie Freunde, er saß schon früh wegen Putschvorwürfen im Knast. Nach 2016 war er dann plötzlich Erdoğans rechte

Hand, bis der ihn einfach aus dem Land schmiss. Inzwischen packt er auf Youtube über Erdoğan und seine Komplizen aus. Ist zum Internetstar mit Millionen Followern geworden. Man kann über ihn nicht vieles mit Sicherheit sagen, außer dass er gefährlich ist, sehr viel Macht hat und sich überall auf der Welt verstecken kann.

Seine Initialen dürfen nur Leute benutzen, die zu ihm gehören. Ich twittere die Bedrohungen gegen mich und schreibe dazu: »Sollte ich in der nächsten Zeit sterben, dann war er es.« Die Sache schlägt in der Presse ein wie eine Bombe.

Nicht lange danach komme ich nach Hause, stehe noch in der Haustür, da klingelt mein Handy. Facetime. Ich gehe ran.

Er.

Ich lege direkt wieder auf. Bin dichter am Herzinfarkt als beim Boxen auf Speed.

Da ruft er noch mal an. Lächelt sehr nett. »Oh, Ünsal, mein Bruder. Wie geht es dir?«

»Gut, … Abi«, sage ich, »woher hast du meine Nummer?«

»So etwas ist kein Geheimnis.« Er lacht. »Ünsal, weißt du, ich lese interessante Dinge in der Zeitung. Über uns.«

»… Abi, ich bin Sportler«, sage ich. »Ich habe nur die Presse, um mich zu schützen.«

»Aber mein Freund«, sagt er, »erstens twittert keiner, wenn ich etwas vorhabe. Zweitens würde ich dir nie etwas tun. Wir haben denselben Weg, denselben Feind.«

»Denselben Feind haben wir erst seit Kurzem«, unterbreche ich ihn, frech wie immer. »Gerade warst du noch sein Freund.«

Er nimmt es mit Humor, bleibt sehr respektvoll. »Nein, nein, nein. Du verstehst immer noch nicht, wie es in der Türkei funktioniert. Du bist der Feind meines Feindes, also bist du mein Freund. Glaub mir, wir sind auf derselben Seite. Ich beobachte dich schon lange, und ich bewundere, was du tust.

Wenn du möchtest, kannst du mich jederzeit hier in meiner Villa besuchen.«

»Komme ich auch lebendig zurück, oder bleibe ich gleich dort?«

Er lacht sich halb kaputt. »Du bist sehr lustig! Aber mach dir keine Sorgen. Was immer du brauchst, du kannst mich anrufen, und ich helfe dir. Demnächst wird dich jemand kontaktieren, der dich zu mir bringen kann. Überlege es dir einfach.«

Nach dem Telefonat bittet er mich, unser Gespräch bei Twitter zu posten. Dass alles super verlief. Dass wir viele Meinungen teilen und denselben Weg verfolgen. Ich schreibe ihm zurück: »Es tut mir sehr leid, … Abi, aber das kann ich leider nicht posten. Die paar Sponsoren, die ich habe, würden das nicht verstehen.«

Er bedankt sich für meine Ehrlichkeit und wünscht mir alles Gute. Kein Telefonat hat mich jemals mehr eingeschüchtert.

Wenig später meldet sich einer seiner Männer bei mir. Ich könnte mit ihm fahren und die Einladung annehmen. Es wäre das Ende all meiner Geldprobleme, doch ich entscheide mich dagegen. Diese Entscheidung werde ich mehr als einmal bereuen.

* * *

Als politischer Aktivist brauchst du Kontakte. Am wertvollsten sind die zu Politikern, um möglichst gute, aktuelle Informationen zu bekommen. In der Türkei habe ich reichlich Verbindungen zu Oppositionellen, aber in Deutschland sieht es schlecht aus.

Zum Glück öffnet mir meine Bekanntheit durch das Boxen wieder eine Tür. Über Twitter komme ich mit Thomas

Hitschler in Kontakt, der für die SPD im Bundestag sitzt. Er schlägt mir vor, mich bei ihm für ein Praktikum zu bewerben, um den politischen Betrieb und den Bundestag von innen kennenzulernen. Ich lasse mich nicht zweimal bitten und werde direkt eingeladen. Werde gefragt, ob ich mir vorstellen könnte, in die Politik zu gehen. Warum nicht? Ich will schon lange nicht mehr nur reden. Ich will etwas bewirken. Vielleicht wäre das etwas für mein Leben nach der Boxkarriere. Und wieder einmal staune ich über den kleinen Türkenjungen, der es aus Parsberg bis hierher geschafft hat.

Im Bundestag spreche ich mit vielen Politikern, darunter auch einige richtig hohe Tiere. Einer von denen kennt mich aus den Medien, er nimmt mich zur Seite und sagt:

»Herr Arık, ich finde es wirklich sehr gut, wie Sie sich einsetzen – aber ich würde Ihnen gern eine Geschichte erzählen, über Herrn Erdoğan. Ich muss sagen, ich verstehe ihn. Dieser Mann hatte ein großes Ziel, er wollte unbedingt schaffen, was keiner vor ihm geschafft hat: die Türkei in die EU bringen. Jahrelang hat dieser Mann all unsere demokratischen Anforderungen erfüllt. Er hat viel Gutes getan. Er hat den Kurden neue Wege eröffnet, ihre Sprache freigegeben, sie ihre eigene Partei gründen lassen. Und jedes Mal, wenn er alle Vorgaben der EU erfüllt hatte, haben wir ihm neue Auflagen gemacht. Die hat er auch wieder erfüllt. Bis es ihm zu viel wurde. Bis er irgendwann gesagt hat: Rutscht mir den Buckel runter! Mit mir nicht mehr. Von da an hat er die Kehrtwende vollzogen und Europa endgültig den Rücken zugewandt.«

So weit, so gut, das passt zu dem, wie ich die Dinge sehe: Dass am Anfang ganz Europa Erdoğan toll fand, weil er nach dreißig Jahren Krieg endlich etwas für die Aussöhnung mit den Kurden getan hat. Dass er die Kurden eigentlich hasst. Dass er ihnen aus rein politischen Motiven hilft, um EU-Gelder zu kassieren. So ausgestattet wäre es für ihn viel einfacher, das zu tun, was er wahrscheinlich sowieso die ganze Zeit vorhatte: das Land umkrempeln und ein islamisches Kalifat gründen, mit ihm als Alleinherrscher. Was könnte Brüssel schon dagegen unternehmen? Ich will einhaken, aber jetzt kommt der Mann zur Sache.

»Und wissen Sie, Herr Arık, woran es scheitert? Wir trauen uns bis heute nicht, es laut zu sagen – und das ist die Wahrheit: Wir wollen kein islamisches Land in der EU. Fertig. Wir wollten die Türkei nie haben. Immer nur Auflagen, Auflagen, Auflagen. Die türkischen Regierungen haben es jahrelang mit sich machen lassen, haben alles geschluckt – aber für Erdoğan war das Maß voll. Das rechtfertigt nicht, was er jetzt tut! Aber menschlich gesehen kann ich ihn verstehen. Man hätte ihm einfach nur sagen müssen: Wir wollen euch nicht. Dann wäre das Thema erledigt gewesen.«

Ich muss zugeben: Das klingt logisch. Die EU will die Türken nicht. Ein bisschen Zündstoff genügt Erdoğan anscheinend schon als Vorwand für die 180-Grad-Wende. Er entscheidet sich für die Saudis und für den IS. Und gegen Europa und die Kurden, die er ab sofort wieder bombardiert. Die Türken feiern Erdoğan dafür, dass er Europa den Stinkefinger zeigt. Weil das stolze türkische Volk schon immer gegen die EU war. Ich habe es tausendmal gehört: »Die Europäer vergiften unsere Kultur, unsere Mentalität, unseren Glauben, unsere Tradition, unsere Frauen – die haben in der Türkei nichts verloren!« Ich habe selbst so geredet, im Prinzip nicht anders als Strauß, Streibl und Stoiber mit ihrem reaktionären »Mia san mia«.

Interessant, es einmal von einem hochrangigen deutschen Politiker zu hören: Europa will euch nicht, aber wir sind zu feige, es offen zu sagen. Jetzt verstehe ich, warum Erdoğan so geworden ist, wie er ist. Man hat ihn schlicht und einfach verarscht. Ich werde ja selbst zum radikalen Arschloch, wenn Leute mich verarschen wollen. Wenn sie so tun, als wollten sie mich sponsern, weil sie keinen Bock haben, einfach Nein zu sagen, und dann G'schichten vom Finanzamt erfinden.

Übrigens: Mein früherer Freund Mesut wählt in der Türkei natürlich die AKP. Er wählt dort unten eine europafeindliche, rechtspopulistische Islamistenpartei, weil er von ihr profitiert. Und was wählt Mesut wohl in Deutschland? Die SPD. Mehr politische Schizophrenie geht nicht.

ZWISCHEN DEN RUNDEN

Mit 25 hätte ich jeden Deutschen zerfetzt, der etwas gegen meinen Präsidenten sagt. Erst Erdoğans Scheißpolitik hat mir vor Augen geführt, dass wir Türken etwas falsch machen. Dass die Deutschen zum Teil im Recht sind, wenn sie uns nicht akzeptieren. Dass wir mal anfangen sollten, vor unserer eigenen Tür zu kehren.

Früher dachte ich immer, dass die Deutschen die egoistischen Arschlöcher sind. Ein unstolzes, unehrliches Volk, ohne Zusammenhalt, in dem der Kapitalismus regiert. Ich dachte, die Türken wären anders. Dachte, dass alle Türken zusammenhalten. Heute sehe ich: Die Türken sind längst genauso egoistisch wie die Deutschen.

Solange Mesut profitiert, kann Erdoğan mit der Türkei machen, was er will. Er kann das Land ausbeuten und ausbluten lassen, die türkische Bevölkerung bestehlen und in die Armut treiben, sich selbst Paläste bauen, seine Familie bereichern, die Demokratie angreifen, die Meinungsfreiheit einschränken, Universitäten schließen, die Scharia einführen, er kann Unternehmen, Immobilien, ganze Ländereien an Dubai verscherbeln, gegen die Menschenrechte verstoßen, Minderheiten unterdrücken, die Natur zerstören und, und, und. Dieser Präsident kann das alles machen, bis die Türkei komplett ruiniert ist. Und in Deutschland werden ihn Erdoğan-Fans wie Mesut trotzdem weiter feiern und wählen, weil sie vom Ruin der Türkei profitieren. Leute wie Mesut sind keine Patrioten. Leute wie Mesut halten sich für schlau, aber sie sind ungebildet und dumm.

RUNDE XII

LUCKY PUNCH

Es ist einer dieser Kämpfe, bei denen niemand weiß, wer gewinnt. Sportliche Gegner kommen und gehen, aber dieser Gegner bleibt. Er folgt mir wie mein Schatten. Er sieht jeden meiner Schritte voraus, kennt meine Stärken und meine Schwächen. Ich kann vor ihm weglaufen, aber er holt mich jedes Mal wieder ein. Ich führe immer nach Punkten, aber der Kampf nimmt kein Ende. Ich kann ihn bearbeiten, ihn hart treffen und auf die Matte schicken, aber er wird immer wieder aufstehen. Ich kann ihn kontrollieren, aber er wird nicht zulassen, dass ich ihn überwinde. Weil er ein Teil von mir ist.

Manchmal braucht es diesen berühmten Lucky Punch, der die Welt auf den Kopf stellen kann. Wenn einfach alles zusammenpasst – der Moment, der Winkel, der Punkt, die Kraft. Kein Gegner ist davor sicher, bis auf diesen einen. Manchmal lasse ich ihn zuschlagen, knicke vor ihm ein, weil ich zweifle, weil ich keinen Ausweg sehe oder die Geduld verliere. Aber dann kämpfe ich mich zurück, radikal, ohne Kompromisse. Bis ich jedem bewiesen habe, dass ich diesem Bastard überlegen bin. Bis ich mein Ziel erreiche, bis ich endlich diesen Lucky Punch setze und er k. o. geht. Und wenn es das Letzte ist, was ich im Leben tue.

***

Im Berliner Isigym finde ich mit der Zeit Geschmack am Boxen. Kriege viel aufs Maul, liege oft am Boden. Werde besser, schlage auch mal einen. Anfang 2011 folge ich Sentürks Rat und melde eine Profilizenz an.

Was musst du mitbringen, um Profiboxer zu werden? 10 Amateurkämpfe? 20? Falsch: keinen einzigen. Du füllst einen Antrag aus, absolvierst einen Check-up beim Sportarzt, und schon kommt der Boxausweis vom BDB mit der Post. Zack, du bist Profiboxer, für nur 62 Euro im Jahr. Das kannst du dir sogar auf Hartz IV leisten.

Fast jeder Anfänger im Profiboxen trainiert erst mal nur wie bekloppt. Der Vertriebler in mir will das Business verstehen. Hört genau zu, was ihm die alten Hasen sagen: Du forderst nur Gegner heraus, die du auch schlagen kannst. Du musst eine Gage zahlen, weil kein Gegner umsonst den Kopf hinhält. Du musst die Kampfkosten abdrücken, mit dem Risiko, dass du verlierst und Punkte im Ranking abgibst. Denn keiner verliert freiwillig.

Schnell begreife ich: Zwei Drittel beim Profiboxen sind Business – ohne Geld läuft nichts. Sponsoren müssen her und jemand, der die Szene kennt, der mir passende Gegner sucht. Ein Matchmaker.

Genau im richtigen Moment ruft mich ein alter Freund an. Jemand, mit dem ich viel gemeinsam habe. Der sich auch als Ausländerkind in Deutschland behaupten musste. Ich kenne ihn aus der Landesliga, ein riesengroßes Sturmtalent. Auch einer, der seine Träume von der Profikarriere wegen einer Verletzung begraben musste. Sein Name: Dalibor Ban.

»Ich habe gehört, du bist jetzt Profiboxer«, sagt er. »Ich glaube, ich bin jetzt Boxpromoter.«

Er erzählt mir von seiner Boxgala, die er im Zenith in München organisiert. 5000 Zuschauer passen dort rein. Heimboxer Alexander Petkovic, eine ziemlich große Nummer, kämpft um die IBF-Europameisterschaft im Schwergewicht – und ich soll den Vorkampf boxen. Was für eine Gelegenheit, mein erster Profikampf, vor so einer Kulisse!

Sofort schlage ich ein. In Berlin hält mich jetzt nichts mehr. Ich habe meinen Grund, nach Regensburg zurückzukehren, erhobenen Hauptes, mit einem klaren Ziel vor Augen. Bereit, die Trümmer zu beseitigen, die ich hinterlassen habe. Claudia macht meine Wohnung wieder frei, und ich gehe auf Neustart. Verhalte mich wie ein Profi: professionell. Lasse die Finger von den Drogen. Baue keine Scheiße mehr. Stelle mein Leben wieder auf die Füße. Kontaktiere Doro wegen unserer Tochter, die bald drei Jahre alt wird. Versuche, nicht mehr das egoistische Charakterschwein von früher zu sein. Bringe ein Geschenk für die Kleine vorbei, denke, dass Doro und ich es noch einmal versuchen könnten. Aber es geht nicht gut, wir machen genau da weiter, wo wir aufgehört haben. Haben beide anscheinend immer noch nicht begriffen, dass es nicht um uns geht, sondern um das Kind. Dass wir unsere jahrelange Schlammschlacht auf dem Rücken unserer Tochter austragen.

Doro kann mir vieles vorwerfen, aber nicht, dass ich keinen Kontakt suchen würde. Leider kommt von ihr nie eine Antwort. Ich verstehe es nicht, aber ich akzeptiere es. Ich würde wollen, dass mein Kind, das ich liebe, auch die andere Seite der Familie kennenlernt. Wenn Gott will, kommt meine Tochter eines Tages vielleicht von selbst auf mich zu. Es würde mich freuen.

***

Februar 2011. Mittellos sitze ich in Regensburg und träume vom Profiboxen. Das Jobcenter ist keine Option, weil ich Vollzeit trainieren muss, aber ich habe Ausgaben. Miete, Essen, Fitnessstudio. Zum ersten Mal bitte ich meinen Bruder um Geld. Tatsächlich sagt er Ja. Wahrscheinlich will er nicht, dass ich meinen Traum vom Boxen aufgeben muss. Er hat ja live erlebt, wie mein Fußballtraum zu Ende ging. Natürlich konnte er nichts dafür, aber vielleicht hat er doch Schuldgefühle, weil er mit mir auf dem Platz stand, als es passiert ist. Wahrscheinlich werden wir nie darüber reden, aber es ist eine schöne Vorstellung. Ein halbes Jahr lang zahlt er meine Miete, ohne Wenn und Aber. Er ist mein erster Sponsor.

Mir bleiben gut drei Monate Zeit für die Vorbereitung. Ich brauche einen Trainer. Erinnere mich an einen russischen Boxer aus dem Teufelsgym, der mal Moskauer Stadtmeister war. Ein 60-Kilo-Mann, gegen den keiner in Regensburg boxen wollte, weil er zu gut war. Als ich noch gar nichts konnte, hat dieser Mann zu mir gesagt: »Du hast Herz. Das ist das Wichtigste.« Sein Name: Juri Steiner. Ein guter Mensch. Inzwischen ist er Physiotherapeut, hat Familie und drei Kinder. Ich treibe ihn auf, erzähle ihm von meinen Plänen und sage: »Ich will, dass du mich trainierst.«

Er weiß, wie viel das Boxen einem abverlangt, welchen Verzicht es bedeutet. Bittet mich um Bedenkzeit. Nach drei Tagen sagt er zu, gibt mir einen Trainingsplan.

Obwohl ich nicht das nötige Geld dafür habe, nimmt Juri mich ins Einzeltraining. Mehrmals täglich. Er verlangt mir alles ab, scheucht mich, macht mit mir Sparring. Übt mit mir stundenlang nur einen Schlag: Abtauchen! Schlagen! Abtauchen! Schlagen! Abtauchen! Schlagen! Schickt mich viele Male auf die Matte, obwohl ich 15 Kilo mehr wiege als er. Ich habe schon oft im Ring gestanden, doch erst bei Juri lerne ich, was es wirklich bedeutet, Profiboxer zu sein.

Endlich mache ich mit Dalibor meinen ersten Vertrag. Mein Gegner in München ist Georgios Pegios, ein Grieche. Kein Profiboxer, aber viel erfahrener als ich. Im Prinzip scheiße ich drauf, gegen wen es geht, sie könnten mir Felix Sturm hinstellen, und ich würde in den Ring steigen. Strotze vor Selbstbewusstsein, bin topmotiviert, zu einhundert Prozent von mir überzeugt. Ich poste es groß auf Facebook, mache einen Riesenwirbel, will es allen zeigen. Lade alle zum Kampf ein, die ich kenne, alte Freunde aus Parsberg, Fußballkollegen, meinen Bruder.

Am 20. Mai 2011 marschiere ich zum ersten Mal als Boxprofi ein. Die Halle ist nicht mal halb voll, aber meine 30 Leute bejubeln mich, als wäre ich der Star hier. Stolz stehe ich in der Ringecke, werde vorgestellt. Juri sagt: »Denk dran, was du gelernt hast.«

Ich gehe raus, mache auf cool, bin noch gar nicht im Kampf, da trifft Georgios' Rechte meine Schläfe, und ich gehe direkt zu Boden. Knock-out. Schluss. Aus. Ich verliere meinen ersten Profikampf nach sage und schreibe vier Sekunden. Stehe noch auf, will es durchziehen, muss mich aber an den Seilen festhalten. Der Ringrichter bricht ab, es ist vorbei. Ich habe nicht den Anstand, bis zur Siegerehrung zu bleiben, schäme mich zu sehr, haue einfach ab, Richtung Kabine. Packe meine Tasche, gebe Georgios noch kurz die Hand und steige fix und fertig ins Auto.

Jeder würde nach so einer Niederlage aufhören. Mein Trainer Juri, der mich so gut vorbereitet hat, könnte sagen: Wir lassen es, das hat keinen Sinn mehr. Stattdessen sagt er: »Nicht hängen lassen! War ein Lucky Punch, kann mal passieren. Aber ein Knochen bricht nicht zweimal an derselben Stelle. Wir sehen uns morgen in der Halle.« Sätze, die einen guten Trainer ausmachen. Für ihn ist die Situation auch nicht einfach. Auch er hat einen Ruf zu verlieren.

Zu Hause weine ich mir erst mal die Augen aus, igle mich ein, rede mit keinem Menschen. Nach Tagen gehe ich einkaufen. Muss an der Stelle am Dom vorbei, wo sich die Regensburger Jugend trifft. Als sie mich sehen, zeigen sie mit dem Finger auf mich, lachen mich aus. Meine Schlappe hat sich herumgesprochen. Ich schäme mich so sehr, dass ich einen anderen Rückweg nehme.

Jeder, den du in Regensburg kennst, zieht über dich her. Du warst doch mal der Türsteher, der die fetten Autos fuhr, die geilsten Weiber hatte, die dicke Kohle. Jetzt lachen sie dich aus. Bist für alle nur noch ein Rummelboxer, der zu viel wollte.

Ein paar Monate später ruft mich Dalibor an. Ich habe länger nichts von ihm gehört. Auch für ihn war die Boxgala mit Petkovic ein Reinfall, er sitzt auf einem Schuldenberg, obwohl er hervorragende Arbeit geleistet hat. Fragt mich, ob ich weitermachen will. Ich sage Ja. Frage ihn, was er mir zutraut.

»Ich glaube an dich. Du könntest jetzt noch zwei, drei Kämpfe in Deutschland machen. Aber wenn du bekannt werden und für Sponsoren interessant sein willst, musst du schon etwas Spezielles anbieten.«

Dalibor ist ein Fuchs, das war er schon als Fußballer. Ich will wissen, was er plant.

»Ünsal, traust du dich, ein paar Kämpfe in Ghana zu machen?«

Afrika? Ich denke an die Bilder, die ich aus dem Fernsehen kenne. Halb verhungerte Kinder mit Fliegen in den Augen. Denke an Malaria, Ebola, Aids. Nach und nach melden sich in meinem kranken Hirn all meine rassistischen Vorurteile.

Aber ich sage, dass ich es machen will.

Dali erklärt mir die Details: Sein Freund da unten besorgt mir ein paar Aufbaugegner. Keine Selbstläufer, aber machbar. Wenn ich die Kämpfe gewinne, verkünden wir es groß in der Presse, und ich bin wieder im Spiel.

»Gut«, sage ich. »Dalibor, was brauchen wir?«

»10 000.«

Ich muss mich setzen. Vor gut einem Jahr war ich noch obdachlos. Jetzt bin ich auf Hartz IV, und mein Bruder zahlt meine Scheißmiete. Woher soll ich 10 000 Euro nehmen? In meinem Bekanntenkreis fällt mir nur einer ein, der auf die Schnelle und legal so viel beschaffen kann – Hayri Şükür von halix GmbH, mein alter Arbeitgeber.

Unser Telefonat dauert zehn Minuten. Am nächsten Tag meldet er sich und sagt: »Du kannst dein Geld abholen.« Wieder einmal kann ich mein Glück kaum fassen.

Schwieriger als die Geldbeschaffung ist es, Juri von Ghana zu überzeugen. Er will zuerst nicht mit, aus familiären Gründen. Eine Woche lang hänge ich in der Luft, bis er endlich sagt: »Vielleicht tut mir Afrika auch gut. Fliegen wir.«

Ghana empfängt mich wie einen Promi, feiert diesen völlig unbedeutenden Europäer. Wir wühlen uns durch die Menschenmenge, alle Sinnesorgane sind überfordert, vor allem die Ohren und die Nase. Ich vermeide es zu atmen. Drinnen ist es kaum auszuhalten. In unserem angeblichen »Luxushotel« funktionieren weder die Dusche noch die Klimaanlage, die Hitze drückt wie eine schwere Wolldecke. Juri tut Afrika anfangs überhaupt nicht gut, er kommt mit den Zuständen am schlechtesten zurecht. Legt viel Wert auf Ordnung und Hygiene. Bereut schon, dass er mitgekommen ist. Ich halte ihn bei Laune. »Wir sind eben in einem armen Land«, sage ich.

Am nächsten Morgen werde ich von Lord abgeholt, einem jungen Ghanaer, der sich um mich kümmern soll. Er lächelt die ganze Zeit und redet nur Englisch – ich kann kein Englisch, habe es in 30 Jahren noch nie gebraucht, außer in der Schule!

Lord sagt: »My friend, jogging.«

Ich dachte, ich wäre schnell. Laufe über den Strand, renne, so schnell ich kann. Lord joggt rückwärts neben mir her.

»Come on, come on, no walking!«

Ich keuche. »Oh Lord!«

Er spielt mit mir, er kann laufen, er kann Englisch, ich kann nichts. Halte die Hitze nicht aus, denke ans Aufgeben, aber ich beiße mich durch.

Später am Tag gehen wir in die Boxhalle, ein einziger großer Ofen. Zehn Minuten Training halte ich durch, dann bitte ich Juri um eine Pause. Trinke meine ganze Flasche leer. Sehe mir die afrikanischen Jungs an, ihre Ausdauer, ihre schnellen, geschmeidigen Bewegungen. Mein Arsch geht mir gewaltig auf Grundeis. Bin ich überhaupt Profiboxer? Ja, ich trainiere, ich habe den Willen und eine harte Rechte. Doch was kann ich im Ring wirklich? Wie gut sind diese Boxer? Wird Afrika meine nächste Nullnummer?

Nach drei, vier Tagen gewöhne ich mich an die extremen Bedingungen. Lasse mich am Telefon von Dalibor beruhigen. Sie haben mir leichte Gegner ausgesucht. Aufbaugegner. Ich schaffe das schon.

Vor meinem ersten Kampf möchte ich gern in die Moschee, um Allah um Kraft für meinen Kampf zu bitten. Es ist ein weiter Weg zu Fuß, quer durch Accra. Lord führt mich hin, Juri, der keine Lust hat, allein im Hotel herumzusitzen, begleitet mich.

Bei diesem Freitagsgebet läuft es etwas anders als in der türkischen Moschee in Regensburg – und erst recht anders als in der Berliner Moschee, wo ich mehrmals war: Hier beten Muslime und Christen Seite an Seite, jeder auf seine Weise, und keinen stört es. Bis auf einen türkischen Deppen aus Bayern, der letztes Jahr fast beim IS gelandet wäre! Der den Frieden zwischen den Religionen nicht respektieren will und jetzt glaubt, sich hier aufspielen zu müssen.

Alle Schritte in meinem Leben – mein Fußbruch, das Geld, die Frauen, meine Tochter, die Drogen, die Obdachlosigkeit, die krummen Dinger, das Boxen, der K. o. in meinem ersten Profikampf –, alle diese Schritte haben mich genau zu diesem Ort geführt, damit ein Mann drei Worte zu mir sagt:

Brot, Wasser, Frieden.

Gott sei Dank. Gott sei Dank für diese Chance. Dass ich meinen ersten Kampf verloren habe und nicht die Bodenhaftung. Was für ein Mensch wäre aus mir geworden, wäre ich nie nach Afrika geflogen, um diesem Imam zu begegnen?

Draußen, nach dem Gebet, höre ich Gesang und Klatschen. Gemeinsam mit Juri folge ich der Musik in einen Innenhof. Dort singt ein christlicher Gospelchor, laut und voller Begeisterung, wie ich es höchstens aus Filmen kenne. Juri und ich gehen einfach rein und setzen uns dazu. Keiner fragt: Was wollt ihr hier? Warum kommt ihr hier einfach rein? Der Priester singt, klatscht und zeigt auf mich, animiert mich: Komm, steh auf, mach mit!

Ich denke wieder an den Imam. Okay, ich bin Muslim, der andere ist Christ. Egal wer du bist, du gehörst dazu. Wir sind alle nur Menschen. Ich stelle mich hin, klatsche in die Hände, lasse mich mitreißen.

Abends lädt uns eine Familie spontan zum Essen unter freiem Himmel ein. Wir sehen beim Kochen zu. Eine Frau schlägt mit einem großen, schweren Holzlöffel auf eine riesige Teigmasse, ein Mann wendet sie im Takt. Eine anstrengende Arbeit für beide – nur ein Fehler, und sie erwischt ihn. Juri meint, das wäre ein gutes Training für mich. 30 Minuten lang geht es so im Takt, ich schaue wie hypnotisiert zu, wie sie den Teig kneten und dabei hineinschwitzen. In einem Steinofen backen sie daraus Fladenbrote. In einer gigantischen Pfanne werden Reis und Gemüse gekocht, es duftet wie im Himmel.

Nach und nach kommen immer mehr Leute, 40, 50, als wäre ein ganzes Dorf da – aber es ist nur eine Familie, dazu wir, und ein paar wirklich arme Leute, die um etwas Essen bitten. Niemand wird weggeschickt. Jeder greift in die Pfanne, hundertmal, und leckt sich genauso oft die Finger ab. Ich ekle mich und nehme am Anfang nur zwei Happen vom Reis, das Brot lehne ich dankend ab. Später werde ich mich darüber ärgern. Juri langt ordentlich zu. Erst nur aus Höflichkeit, dann noch einmal, weil es ihm einfach zu gut schmeckt.

Ich habe etwas anderes zu verdauen. Ghana ist kein armes Land, im Gegenteil. Es ist reich an allem, worauf es wirklich ankommt. Lebensfreude. Herzlichkeit. Großzügigkeit. Gemeinschaft. Hier spielt das wahre Leben. Nur fröhliche Gesichter. Niemand wirkt traurig, verbittert oder zornig. Jeder wird willkommen geheißen, egal ob schwarz oder weiß, arm oder reich. Sie teilen ihr Brot und ihr Wasser, sie leben glücklich und in Frieden. Was brauchen wir mehr? Sie singen und tanzen zusammen am Lagerfeuer, ich tanze mit, so habe ich in meinem ganzen Leben noch nicht getanzt. Und ich denke: Die haben nichts und sind glücklicher als wir in Europa! Die wären gern da, wo wir sind, und ich würde am liebsten hierbleiben. Wir Europäer verhöhnen die Afrikaner, weil sie herkommen und laut sind, aber wir sehen nicht, was wir von ihnen lernen könnten.

Nach der Begegnung mit dem Imam dauert es noch lange, bis ich mich wirklich aus meiner Deckung herauswage. Will keinen Stress in meinem Umfeld, will nicht anders sein als die anderen. Aber es gibt kein Zurück mehr in meine kleine, türkische Blase. Ich fange an, mich mit anderen Ländern und Religionen zu beschäftigen, verbringe Stunden in Online-Foren, verfolge Diskussionen, schaue Dokus im Fernsehen. Wie wird der Glaube in Afrika praktiziert? Welche Gemeinsamkeiten gibt es zwischen Koran und Bibel? Welche Suren findet man so ähnlich auch als Bibelverse? Was glauben eigentlich Buddhisten, was glauben Hindus? Das hat für mich bisher nie eine Rolle gespielt.

Ganz allmählich verändert sich auch meine Haltung zu anderen Menschen. Ich lerne Empathie. Lerne, mich in die Lage des anderen zu versetzen, um ihn zu verstehen. Plötzlich verschwindet dieser Hass in mir. Plötzlich kann ich mich mit Leuten unterhalten, die ich vorher nicht mal angeschaut habe. Interessiere mich für sie. Versuche, sie zu verstehen. Auch wenn sie sich wie Arschlöcher benehmen, wie ich eines war.

* * *

Zurück in Deutschland, geht Dalibors Plan auf: Die *Mittelbayerische Zeitung*, die nach der Katastrophe in München nichts mehr von mir wissen wollte, berichtet groß über meine drei K.-o.-Siege in Ghana und begleitet ab jetzt jeden meiner Kämpfe. Ich bin wieder im Gespräch.

Ich telefoniere mit Üstün, erzähle von Afrika und meinem neuen Ziel, deutscher Meister zu werden. Da fragt er wie aus dem Nichts: »Ünsal, hast du nicht Lust, mal wieder zusammen zu kicken?«

Ich muss nicht lange überlegen. Er holt meinen Spielerpass von Fortuna Regensburg, und wir laufen zusammen für Daßwang auf. Ich schieße Tore und bin glücklich, wenn auch nur in der untersten Liga.

Wir haben Spaß, bis mir ein Gegenspieler beim Vorbeigehen den üblichen Spruch reindrückt. »Scheißkanake.«

Bevor ich reagieren kann, geht Üstün dazwischen: »Hast du gerade mit meinem Bruder gesprochen?«

Er ist überhaupt kein aggressiver Typ, aber in solchen Situationen beschützt er mich, selbst jetzt noch. Als ob ich Schutz bräuchte! Ich bin Profiboxer, ich könnte die ganze Mannschaft allein zusammenschlagen!

Dann lasse ich es sacken. Verstehe es. Er beschützt mich nicht vor dem deutschen Hurensohn, sondern vor mir selbst. Er weiß, wie schlecht ich in der Presse aussehen würde. Dass ich bald meinen ersten Gürtel gewinnen kann. Dass ich meine Lizenz verlieren oder mich verletzen könnte. Es macht mir deutlich: Wir lieben uns, obwohl wir es uns nicht zeigen können. Er war immer Mamas Liebling, ich der Prügelknabe. Wir streiten oft, aber wenn es drauf ankommt, steht er für mich ein. Warum können wir uns nicht immer so gut verstehen?

***

Nach all dem Scheiß, den ich seit meiner Kindheit in diesem bayerischen Kaff erlebt habe, reicht mir die Stadt Parsberg 2015 endlich die Hand. Ich bin amtierender WBU-Weltmeister, und Andi Pollinger – der Sohn des besten Bürgermeisters, den die Stadt je hatte – hat dem jetzigen Bürgermeister Josef Bauer (CSU) nach mehreren Versuchen klargemacht, dass ich etwas Besonderes geschafft habe, das man würdigen muss. Deshalb werde ich offiziell eingeladen, mich ins Goldene Buch der Stadt einzutragen.

Um ehrlich zu sein: Die WBU hat ihre beste Zeit lange hinter sich. Heute ist es nur noch ein unbedeutender Verein. Ein WBU-Gürtel ist also ungefähr dieselbe Liga wie das Goldene Buch der Stadt Parsberg – da steht außer mir wirklich schon jeder Depp drin. Bis heute hat es gedauert, dass sie mich fragen. Aber okay, denke ich, wenn's euch wichtig ist, dann mache ich's halt, sage zu, vereinbare einen Termin.

Als ich da hinkomme, ist der Erste Bürgermeister nicht

da. Er hat Knieschmerzen. Der Zweite Bürgermeister ist auch nicht da, nur der Dritte. Welche Ehre.

Am nächsten Tag gehe ich Fußball gucken. Wen sehe ich auf der Tribüne? Den Ersten Bürgermeister. Seinen Knien geht es wohl wieder gut. Später erfahre ich, dass er eigentlich dagegen war, mich ins Goldene Buch schreiben zu lassen. Zum Glück hatte er ja Knieschmerzen und musste es nicht mitansehen.

Zwei Jahre später kommt das ZDF nach Parsberg, um eine Doku mit mir zu drehen. Sie möchten unter anderem gern zum TV Parsberg. Auch die *Bild*-Zeitung hat sich angekündigt, es interessiert viele. Jeder halbwegs normale Verein würde sagen: ›Wir fühlen uns geehrt, wenn die großen Medienhäuser kommen, um über einen ehemaligen Spieler von uns zu berichten, der jetzt ein bekannter Boxer geworden ist und sich für Menschenrechte und Demokratie einsetzt.‹

Aber der TV Parsberg ist eben kein normaler Verein. Sie sagen zum ZDF: »Aufgrund seiner politischen Haltung möchten wir nicht mit Ünsal Arık in Verbindung gebracht werden.« Wie bitte?! Wie oft bist du kleiner Pissverein im ZDF oder in der *Bild?* Wenn die kommen, ist das eine Gratiswerbung für dich! Aber du hast Angst, mit deinen drei türkischen Fußballern und ihren Familien Ärger zu kriegen. So viel zur deutschen Demokratie!

Es geht also weiter, ZDF-Interview im Rathaus. Diesmal hat der Erste Bürgermeister nichts an den Knien, will natürlich auch ins Bild. Als die Kamera aus ist, sage ich zu ihm: »Weißt du, was mir auffällt? Im Fernsehen sagen sie nicht ›der Regensburger‹, ›der Oberpfälzer‹ oder ›der Bayer‹. Sie sagen ›der Parsberger Ünsal Arık‹. Merkst du das? Ich bin ein Aushängeschild für diese Stadt.«

Was darf ich mir von ihm anhören? Das soll natürlich mal wieder nur meine persönliche Wahrnehmung sein. Und ich soll mal die türkischen Parsberger Wähler nicht vergessen.

Als wäre seine CSU auf die angewiesen. In Parsberg wohnen um die 150 wahlberechtigte Türken mit deutscher Staatsbürgerschaft. Wie viele von denen gehen überhaupt zu deutschen Wahlen? Und wie viele von denen wählen die CSU, sodass sie ihm wichtiger sind als ein Botschafter der Stadt, der sich für die Menschenrechte engagiert?

»Komm, ich möchte dir etwas zeigen«, sage ich zum Bürgermeister. »Schlag mal das Goldene Buch auf. Siehst du das? Da steht dein Name. Du hast da bis heute nicht unterschrieben. So wichtig war es dir.«

Was ist so ein Goldenes Buch wert, wenn es nicht einmal vom Bürgermeister selbst wertgeschätzt wird? Wenn der auf die Leute scheißt, die drinstehen?

Ich bin zwar kein Schwergewichts-Weltmeister bei einem großen Verband, war aber immerhin IBF-Europameister im Superweltergewicht. Woran liegt es, dass ich von meinem Heimatort nie die Anerkennung bekommen habe wie andere Sportler mit vergleichbaren Leistungen in ihren Heimatorten? Ich könnte auch fragen: Warum bin ich eigentlich in Deutschland, dem Land, wo ich geboren wurde und lebe, als Boxer so unbekannt geblieben, obwohl kaum ein anderer Boxer so regelmäßig in den deutschen Medien auftritt wie ich?

Lange habe ich es darauf geschoben, dass ich für die Türkei boxe. Aber es hat noch einen anderen, unschöneren Grund.

Warum nennt sich ein Adnan Ćatić wohl plötzlich Felix Sturm? Warum heißt ein Awetik Abrahamjan hier Arthur Abraham? Warum heißt eine Nikolina Orlović hier Nikki Adler? Warum heißt ein Muamer Hukić hier Marco Huck? Es gibt immer wieder neue Beispiele. All diese Leute wussten: Mit ihrem ausländischen Geburtsnamen haben sie bei der Presse und bei den Sponsoren in Deutschland schlechtere Karten. Also haben sie ihre Namen verkauft, damit sie besser als Marke funktionieren und vom Profisport leben können.

Ich bin Türke. Mein türkischer Name funktioniert in Deutschland nicht als Marke. Ohne mich zu fragen, hat Deutschland aus dem Ünsal Arık einen Ünsal Arik gemacht. Wo könnte ich heute stehen, wäre mein Name nicht Ünsal Arık, sondern zum Beispiel Rüdiger Stark? Was sagt es über ein Land aus, wenn Sportler ihre Namen eindeutschen müssen, damit sie akzeptiert werden?

***

Ich komme mit dem Auto aus Berlin nach Parsberg. Freue mich, meine Familie zu sehen, mich mit Erkan zu treffen. Zehn Meter hinter dem Ortsschild steht eine Polizeikontrolle, natürlich werde ich rausgewunken. Wie früher, als ich mit 18 in meinem ersten Mercedes herumfuhr, gekauft von meinem eigenen Geld, ehrlich verdient auf dem Bau. Dann hieß es: »Sind Sie der Halter dieses Fahrzeugs? Führerschein und Zulassung bitte. Wo fahren Sie hin? Wo kommen Sie her? Aussteigen bitte. Einmal Kofferraum öffnen.« Dann wurde das Auto komplett gefilzt. Die Polizei fand immer einen Grund, mich aufzuhalten. Und komischerweise erlebten meine deutschen Freunde und Bekannten so etwas nie.

Und jetzt? »Ah, grüß Gott, Herr Arık, wie geht es Ihnen? Mal wieder zurück im schönen Parsberg? Wie läuft das Boxen? Na, dann alles Gute, grüßen S' Ihren Vater, gell.«

Auf einmal bin ich nicht mehr der Türke, auf einmal habe ich Privilegien. Vielleicht liegen ja Drogen oder Waffen hinten drin, aber jetzt, wo ich Champion bin, interessiert es keinen mehr. Das Auto wird nicht gefilzt, nicht kontrolliert. Eigentlich auch traurig. Warum behandeln die nicht alle Menschen gleich?

***

Ich würde gern wieder kicken, just for fun, aber nicht in Berlin. Da spielen mir zu viele Erdoğan-Fans, auch in der unteren Liga, das Verletzungsrisiko wäre zu groß. Also kommt mir der verrückte Gedanke, doch wieder zum TV Parsberg zu gehen. Es noch mal zu versuchen, ihnen die Hand zu reichen. So kann ich mich fit halten, meine Familie sehen und sogar mit Üstün zusammen spielen.

Wahrscheinlich machen sie sich im Verein Sorgen, dass es vielleicht Ärger geben könnte, wenn sie mich spielen lassen – aber inzwischen sollten sie mich gut genug kennen, um zu wissen, dass es erst recht Ärger geben wird, wenn sie mich nicht spielen lassen.

Beim ersten Training schaut Xenia zu, sieht mich zum ersten Mal überhaupt Fußball spielen. Auf dem Heimweg zu Fuß durch den Wald klingt sie fast eifersüchtig, als sie sagt: »Ünsal, ich habe dich noch nie so strahlen gesehen. Hör doch auf zu boxen und spiel lieber Hobbyfußball.«

Sie hat recht, wie immer. Tore schießen, egal in welcher Liga, macht mich einfach glücklicher, als jemandem die Fresse einzuschlagen.

Ich werde in der ersten Mannschaft aufgestellt und reise ab sofort für jedes Kreisligaspiel aus Berlin nach Parsberg an. Es macht Spaß. Anfangs. Doch manche Dinge ändern sich nie. Ein Gegenspieler denkt, er könnte mich ärgern, wenn er mich als »Scheißkanake« beleidigt. Er sagt es nicht nur 1 Mal, sondern 30 Mal, bei jedem Eckball, bei jedem Einwurf. Er übertreibt es so, dass sogar sein Mitspieler ihn irgendwann bremst. Der sagt aber nicht: ›Lass den rassistischen Scheiß und spiel!‹ Der sagt: »Pass mal lieber auf! Du weißt wohl nicht, wer das ist?«

Der Schiedsrichter, ein Mann um die 60, bekommt von der Sache während des Spiels nichts mit. Nach der ersten Halbzeit beschwere ich mich bei ihm, nach der zweiten Halbzeit beschwere ich mich bei ihm. Er holt den Gegenspieler ran, damit der sich entschuldigt und hinterher mit mir ein Bier trinkt. Was ist eine solche Entschuldigung wert? Einmal im Affekt, das kann passieren. Aber ein ganzes Spiel über? Nein. Das war ein rassistischer Vorfall.

So etwas passiert nicht nur in der bayerischen Kreisliga. Es passiert andauernd und zieht sich durch alle Ligen.

Ab und zu gibt es auch sofort starke Reaktionen auf dem Platz: Ende 2021 bricht ein Schiedsrichter das Drittligaspiel zwischen Osnabrück und Duisburg ab, wegen Beleidigungen gegen den dunkelhäutigen Aaron Opoku vom VfL. In der Drittligapartie Preußen Münster gegen die Würzburger Kickers Anfang 2020 macht ein Idiot Affenlaute in Richtung Leroy Kwadwo von den Kickers. Die anderen Zuschauer zeigen Zivilcourage und liefern den Rassisten aus. Es gibt »Nazis raus«-Rufe von Preußen-Fans. Die Mannschaften von Paris Saint-Germain und AC Mailand haben bei rassistischen Vorfällen sogar schon das Spiel abgebrochen und geschlossen das Spielfeld verlassen. So setzt man ein Zeichen.

Ohne das direkt vergleichen zu wollen, weil afrikanischstämmige Menschen es in Europa noch mal viel schwerer haben als wir Türken: Das ist der Unterschied zwischen Vereinen, die gegen Rassismus eintreten – und dem TV Parsberg, wo verantwortliche Funktionäre sinngemäß sagen: Ach komm, hör doch auf. Wieder so viel Papierkram. Sollen wir wegen so einem Vogelschiss jedes Mal vors Sportgericht? Er hat sich doch entschuldigt. Belassen wir's dabei. Vergessen wir es. Genau wegen dieser Haltung ändern sich diese Dinge nie.

Zu solchen Vorfällen kommt die fehlende Wertschätzung für den Aufwand, den ich betreibe, um 500 Kilometer von Berlin entfernt in der Kreisliga Tore schießen zu können. Es ist schade, aber mein Heimatverein kann mir gestohlen bleiben.

***

Es ist ein schöner, sonniger Tag. Nach langer Zeit treffe ich mich in Parsberg mal wieder mit Erkan. Wir gehen in den Park, legen uns auf den Rasen, unterhalten uns und chillen. Es ist großartig, diesen einen besten Freund zu haben, dem ich zu 100 Prozent vertraue, mit dem ich vor 30 Jahren bei Edeka geklaut habe, der nach 40 Jahren immer noch da ist, immer noch mit mir Schulter an Schulter steht. Er ist jetzt mit einer deutschen Frau verheiratet, die drei Kinder mit in die Ehe gebracht hat. So etwas tun nur wenige Türken. Diese Kinder lieben ihn, weil er so gut zu ihnen ist. Sie sagen Papa zu ihm. Darum beneide ich ihn.

Ich bereue sehr, dass ich Erkan für ein paar Jahre aus den Augen verloren habe, gerade als er private Probleme hatte und mir der Erfolg ein bisschen zu Kopf stieg. Zum Glück ist das vorbei. Wir schreiben uns wieder, der eine ruft den anderen an, wenn es ihm nicht gut geht. Wir sind erwachsen geworden. Reden über Familie, über Politik, über früher.

Es hat sich viel verändert. Damals war ich es, der über andere geschimpft hat. Wenn er das jetzt tut, sagen wir, über Kurden, dann bin ich es, der sagt: »Hör auf. Vielleicht hat der Mann aus Verzweiflung gehandelt. Du weißt nicht, was die türkische Armee ihm angetan hat. Vielleicht trägt er einfach einen menschlichen Hass in sich, wir kennen das doch.«

Und was höre ich von Erkan? »Es ist phänomenal, wie du redest. Wie du dich verwandelt hast – du bist ein Mensch geworden. Und du bist am Boden geblieben, trotz deiner Karriere. Ich wäre zu schwach. Ich würde komplett abheben.«

Dass er das zu mir sagt, ist für mich der größte Ritterschlag. Freunde loben selten so herzlich.

Ich antworte: »Ich habe 13 Gürtel, bin im Fernsehen, mache Selfies mit den Leuten, schreibe Autogramme, schreibe ein Buch. Alles schön und gut. Aber ich würde das alles sofort aufgeben für drei Kinder, die zu mir Papa sagen und zu mir aufschauen. Du hast drei fremde Kinder dazu gebracht, dass sie dich Papa nennen. Das ist ein echter Championtitel. Du bist der Champion. Du bist nicht schwach. Wärst du es, würden sie dich nicht akzeptieren.«

Wir werden auf eine attraktive blonde Frau aufmerksam. Sie ist mit ihrer kleinen, vielleicht fünfjährigen Tochter unterwegs. Früher hätten wir einen Spruch gemacht, jetzt sind wir beide über 40 und verzichten darauf.

Da zeigt das Kind mit dem Finger auf uns und sagt laut und für uns deutlich zu hören: »Schau mal, Mama, Kanaken!«

Erkan guckt mich an, ich frage ihn: »Hast du das gehört?«

»Konnte man das überhören?«

Wir fangen an zu lachen, Erkan kugelt sich, ich auch, wir kriegen uns gar nicht mehr ein. Halb rechne ich damit, dass die Mutter sich entschuldigt. Dass sie etwas sagt wie: ›Das hat sie nicht von uns!‹ Oder wenigstens zum Kind: ›Das sagt man doch nicht.‹ Aber die Frau wird knallrot und zerrt die Kleine hinter sich her, immer schneller, und verschwindet um die nächste Ecke.

Wir lachen immer noch. Es ist ein absolutes Geschenk, unter Türken über so etwas einfach nur lachen zu können.

EPILOG

VOR DER URTEILSVERKÜNDUNG

Dieses Buch ist mein wichtigster Titel. Ich habe darin nur die Wahrheit erzählt, ehrlich, ohne zu beschönigen, nach bestem Wissen, ohne mich zu schonen. Das hat mich oft an meine Grenzen gebracht.

Ich könnte so tun, als wäre ich heute, mit über 40 Jahren, der sogenannte Vorzeigetürke geworden. Aber ich bin kein Engel, und nach allem, was ich erlebt habe, kann ich das auch nicht sein. Es gibt noch einige Geheimnisse in meinem Leben, die ich lieber für mich behalten möchte, und auch einige Dinge, über die ich nicht öffentlich sprechen kann, weil ich andere schützen muss. Dinge, die ich lieber vergessen würde, aber nicht vergessen kann. Vieles von dem, was ich im Leben getan habe, bereue ich, aber ich würde alles genauso wieder tun.

Für den Weg, den ich gegangen bin, ist nicht jeder gemacht. Du musst immer an dich glauben und bereit sein, alles dafür zu geben. Niederlagen einzustecken. Verluste in Kauf zu nehmen. Du musst vieles aufgeben – Freundschaften, Beziehungen, Sicherheit –, um nicht deine Ziele aufzugeben.

Außenstehende können das nicht verstehen. Und irgendwann verstehen es auch deine Eltern und deine Freunde nicht mehr. Nicht weil die es dir nicht gönnen. Die sehen, dass du blind und besessen bist. Die wollen einfach, dass es dir gut geht. Dass du den sicheren Weg gehst. Die sagen dir: Hey, du verdienst kein Geld damit, hör lieber auf! Sie haben Angst, dass du unglücklich wirst, dass du keinen Job mehr findest und irgendwann auf der Straße stehst. Dann brauchst du die Kraft, so was auszublenden. Einfach nach vorn schauen, weder nach links noch nach rechts. Ich bin auf diesem Weg sehr weit gekommen, habe Tiefen überwunden, die sich viele Menschen gar nicht vorstellen können. Aber wer kann das schon?

Wenn ich 50 oder 60 bin und mit meiner ganzen Familie zusammensitze, will ich niemals sagen: Was wäre, wenn? Das würde mich umbringen. Ich will sagen: Ich habe alles genauso gemacht, wie ich es wollte. Wäre mir das alles nicht genauso passiert, wie es passiert ist, dann wäre ich heute nicht der, der ich bin. Auch wenn ich vielen Menschen wehgetan habe. Am liebsten würde ich mich bei jedem einzeln entschuldigen. Ich glaube, ich habe meine Strafe dafür bekommen, und ich hätte auch noch tiefer sinken können. Stattdessen hat der liebe Gott mich schließlich belohnt, indem er mich in die richtige Richtung gelenkt hat. Er hat mir wieder einen Weg gezeigt, hat mir eine Tür geöffnet, und ich bin durchmarschiert.

Zu Schulkindern sage ich immer: Wenn ich in der dicken Karre sitze, wer bin ich? – Ünsal Arık. Wenn ich zu Fuß gehe, wer bin ich? – Ünsal Arık. Also, was lernen wir daraus? Es ist nicht wichtig, wie erfolgreich du bist. Es ist nur wichtig, wie wertvoll du als Mensch für andere bist. Ich will ein wertvoller Mensch werden. Nicht erfolgreich und reich, sondern wertvoll.

Nach außen kann ich mich vielleicht nicht mehr als der Gute verkaufen. Weil ich gewisse Dinge getan habe, weil ich drogensüchtig war, weil ich nicht für meine Tochter da bin.

Aber im tiefsten Innern weiß ich, dass ich ein guter Mensch bin. Und ich versuche täglich, etwas Gutes zu tun, um ein besserer Mensch zu werden. Auch wenn ich den Schaden, den ich angerichtet habe, nicht wiedergutmachen kann. Denn wenn ich die Chance habe, etwas Gutes zu tun, aber nur zusehe, ohne zu helfen, dann bin ich nicht besser als die, die Böses tun.

Mein Weg ist noch lang, und ich weiß nicht, ob ich je das Ziel erreichen werde. Aber ich weiß eines: Ich werde immer gegen Rassismus kämpfen und die Stimme derer sein, die nicht gehört werden.

Ich wünsche mir, dass die Deutschen endlich die Türken in Deutschland als Türken anerkennen, ohne ihnen den Adler aufdrücken zu wollen.

Ich wünsche mir, dass die Türken in Deutschland endlich anerkennen, wie gut sie es hier haben, und sich trauen, es laut auszusprechen.

Ich wünsche mir Anerkennung – als Sportler, als Menschenrechtsaktivist, als Türke, der in Deutschland lebt, als Mensch mit Stärken und Schwächen.

Ich wünsche mir, das Grab meiner Mutter besuchen zu können.

Ich wünsche mir ein ruhiges, friedliches Leben, eines Tages, vielleicht mit einer Familie, in der Türkei.

DANK

Es gibt einige Menschen, bei denen ich mich bedanken möchte. An erster Stelle danke ich meiner Familie: meiner Mutter Ayse Arık, die jetzt mein Schutzengel ist. Meinem Vater Mustafa Arık, dafür, dass du mir nie meine Träume ausgeredet und mich immer unterstützt hast. Meiner Schwägerin Sandra und meinem Bruder Üstün Arık, für eure Hilfe, nicht nur in den schwierigsten Zeiten.

Xenia – was wäre ich heute ohne dich? Keine Danksagung kann in Worte fassen, was ich empfinde. Dir verdanke ich ein neues Leben. Wer mich für das liebt, was ich heute tue, sollte sich bei dir bedanken.

An den unbekannten afrikanischen Imam: Ich danke dir von ganzem Herzen, dass du mir genau zur richtigen Zeit die Augen und das Herz geöffnet hast.

Mein herzlicher Dank gilt folgenden Menschen, die mich inner- oder außerhalb des Rings unterstützen – nicht als Sponsoren, sondern einzig und allein aus Respekt und Liebe zu mir. Ihr alle seid gute Freunde, einige mehr als das: Özben Önal, Mustafa A., Uğur Yıldız, Sait Çelik, Dr. Christian Weißenberger, Öner Malcan, Manuela Raschke, Karl-Heinz Raschke, Leroy Raschke, Rechtsanwältin Nilgün Altındağ, Pelin Doğan, Horst Christel, Moritz Mühleck sowie die gesamte Pokerrunde aus Nürnberg. Ich danke Turan Tasa, der für mich mehr war als ein Freund – ruhe in Frieden.

Vielen Dank auch an Dalibor Ban, für alles. Ich hoffe, dass wir unser gemeinsames Ziel erreichen, und ich wünsche dir, dass dein persönlicher Wunsch bald in Erfüllung geht.

Mein besonderer Dank geht an Recep Tayyip Erdoğan. Du hast mir die Augen für viele Probleme geöffnet, für die ich früher blind gewesen bin.

Schließlich bedanke ich mich bei allen, die mich hassen, warum auch immer. Danke für zahlreiche Klicks, Hasskommentare und millionenfaches Teilen meiner Beiträge. Euch verdanke ich meine Bekanntheit. Euer Hass hat mich groß gemacht und euch klein. Ihr habt meine Freunde und mich unterstützt und dafür gesorgt, dass uns immer mehr Menschen hören. Ich liebe euch dafür.

Sara Maria Behbehani

Schwarzweißdenken

Was es heißt, ehrlich über Rassismus zu sprechen

Warum ist es so schwer, über Rassismus zu sprechen? Als der Schwarze US-Amerikaner George Floyd im Sommer 2020 ermordet wurde, gab es auch hier lautstarke Proteste. Wenn es allerdings um das geht, was jeden Tag in Deutschland passiert, herrscht oft dröhnendes Schweigen.

Sara Maria Behbehani zeigt, woran das liegt, warum es so schwerfällt, das scheinbar Fremde zu verstehen, und wie es gelingen kann, wieder aufeinander zuzugehen. Persönlich engagiert und voller Empathie für die »Anderen«: Ihr Buch weitet den Blick in einer verengten Debatte und beschreibt, wie eine polarisierte Migrationsgesellschaft sich mit sich selbst versöhnen kann.

DROEMER